想象另一种可能

理
想
国
imaginist

国史新论　　　　　　　　　　　钱　穆 著

雲南人民出版社

图书在版编目（CIP）数据

国史新论 / 钱穆著. -- 昆明：云南人民出版社，
2024. 8. -- ISBN 978-7-222-22895-5
Ⅰ. K207
中国国家版本馆CIP数据核字第20248Z79X2号

责任编辑： 金学丽
特约编辑： 赵　欣
装帧设计： 董茹嘉
内文制作： 陈基胜
责任校对： 柳云龙
责任印制： 代隆参

国史新论

钱穆 著

出　　版	云南人民出版社
发　　行	云南人民出版社
社　　址	昆明市环城西路609号
邮　　编	650034
网　　址	www.ynpph.com.cn
E-mail	ynrms@sina.com
开　　本	1092mm×787mm　1/32
印　　张	11
字　　数	209千
版　　次	2024年8月第1版第1次印刷
印　　刷	山东韵杰文化科技有限公司
书　　号	ISBN 978-7-222-22895-5
定　　价	68.00元

出版说明

钱穆先生著作简体版系列,经钱先生著作权合法继承人授权,以钱宾四先生全集编辑委员会所编、联经出版事业公司出版之《钱宾四先生全集》为底本,重排新校出版。

本书初编于一九五一年,收文五篇,分别为《中国社会演变》《中国传统政治》《中国智识分子》《中国历史上之考试制度》《中国文化传统之演进》。一九八八年,先生重编此书,增文九篇。编辑《钱宾四先生全集》时,复增入《中国历史上社会的时代划分》一文,并将《中国文化传统之演进》一文移于《中国文化史导论》一书末。

二〇二四年八月

目录

自　序 / i
再版序 / iv

一　中国社会演变 / 1
二　再论中国社会演变 / 40
三　中国历史上社会的时代划分 / 61
四　略论中国社会主义 / 71
五　中国传统政治 / 86
六　中国历史上的传统政治 / 124
七　中国智识分子 / 139
八　中国文化传统中之士 / 183
九　再论中国文化传统中之士 / 201

一〇 中国历史上的传统教育 / 216
一一 中国教育制度与教育思想 / 230
一二 中国历史上之考试制度 / 269
一三 中国历史人物 / 293
一四 中国历史上之名将 / 330

自 序

一国家当动荡变进之时,其已往历史,在冥冥中必会发生无限力量,诱导着它的前程,规范着它的旁趋;此乃人类历史本身无可避免之大例。否则历史将不成为一种学问,而人类亦根本不会有历史性之演进。中国近百年来,可谓走上前古未有最富动荡变进性的阶段。但不幸在此期间,国人对已往历史之认识,特别贫乏,特别模糊。作者窃不自揆,常望能就新时代之需要,探讨旧历史之真相,期能对当前国内一切问题,有一本源的追溯,与较切情实之考查。寝馈史籍,数十寒暑,发意著新史三部:一通史,就一般政治社会史实作大体之叙述。一文化史,推广及于历史人生之多方面作综合性之观察。一思想史,此乃指导历史前进最后最主要的动力。第一部分先成《国史大纲》一种,第二部分续成《中国文化史导论》一种,第三部分于四五年前,曾在昆明继续公开作四十次之讲演,而未整理成稿。①其他尚有《政学私言》一种,亦于第一、第二两部分有所发挥。积年所有杂文及专书,亦均就此三部分集中心力,就题阐述。要之,根据已往史实,平心作客观之寻求,决不愿为一时某一运动、某一势力之方便而歪曲事实,迁就当前。如是学术始可以独立,而智识始有真实之价值与效用。

顷来蒿目时艰,受友好敦促,拟继续撰写《国史新论》一种。大体所见,仍与前成各种无多违异。惟旨求通俗,义取综合,限于篇幅,语焉不详。其为前数种所已经阐发者,能避则避,能略则略。读者倘能就此新撰,进窥前构,庶可益明其立论之根据。总之,求在发明古史真相;其于国人现代思潮有合有离,非所计及。

诊病必须查询病源,建屋必先踏看基地。中国以往四千年历史,必为判断近百年中国病态之最要资料,与建设将来新中国唯一不可背弃之最实基础。此层必先求国人之首肯,然后可以进读吾书,而无不着痛痒之责难,与别具用心之猜测。至于语语有本,事事着实,以史籍浩瀚,囊括匪易,尚祈读者恕其疏失,匡其未逮。循此而往,中国历史必有重见光明之一日,而国运重新,亦将于此乎赖。特于刊布之先,再揭其宗旨纲要如此。

本书暂收论文五篇,第一篇《中国社会演变》,第二篇《中

---

① 编者注:先生在昆明时之讲演稿已收入《中国学术思想史论丛》(三)中。

国传统政治》，两文成于一九五〇年。第三篇《中国智识分子》，成于一九五一年。第四篇《中国历史上之考试制度》，乃是年冬在台北考试院之讲演稿。第五篇《中国文化传统之演进》乃民国三十年冬在战时陪都重庆之讲演稿，为拙著《中国文化史导论》之总提纲，一并附缀于此。前三篇曾刊载《民主评论》，并单印为《中国问题丛刊》；第四篇曾刊载于考试院《考诠月刊》之创刊号。兹汇编单行，特向民评社及考试院志谢。

钱穆于一九五〇年十月志于九龙新亚书院

读此书者，如能参读作者旧著《中国文化史导论》及《政学私言》，及随后所成之《中国历史精神》及《中国历代政治得失》诸书，当尤可明了作者之理论根据及作意所在。

再版序

余在一九五一年，曾收论文五篇，汇为《国史新论》一书，先后在港、台两地付印，迄今已二十余年矣。偶检新旧存稿，未编入其他各书，而体裁与此编相近，可以加入者，重为编目，仍以《国史新论》为名，再以付样。

本书各篇，有以分别眼光治史所得，有以专门眼光治史所得，有以变化眼光治史所得。每一论题，必分古今先后时代之不同，而提示其演变。而各篇著作有其共通之本源，则本之于当前社会之思潮。

余幼孤失学，本不知所以治史。增知识，开见解，首赖报章杂志。适当"新文化运动"骤起，如言自秦以下为帝皇专制政治，为封建社会等；余每循此求之往籍，而颇见其不然。故余之所论每若守旧，而余持论之出发点则实求维新。亦可谓为余治史之发踪指示者，则皆当前维新派之意见。

余自在北京大学任"中国通史"一课程，连续七年之久，贯古今，融诸端，自谓于国史大体粗有所窥，写成《国史大纲》一书。凡余论史，则皆出《国史大纲》之后。其以变化眼光治史成书者，如《中国文化史导论》，分别上古、先秦、两汉、隋、唐、宋、元、明、清各时代，而指陈其各有演变之所在。其以专门眼光治史成书者，如《中国历代政治得失》，虽亦分时代，分项目，而专以政治为范围。其以分别眼光治史成书者，如《中国历史精神》及此书等。虽属分篇散论，自谓亦多会通合一之处，而无扞格抵牾之病。

凡余治史，率本此三途。国史浩瀚，余初未敢以一人之力荟萃组织，成一巨编。然数十年来，自幸尚能不懈于学问，而所得终亦未见有先后大相违背处，故每以自恕。或所窥测，尚亦有当于国史之大体；而非余之浅陋愚昧所敢轻犯众意，以作狂妄之挑剔。

窃意国史具在，二十五史、十通之类，虽固浩瀚难穷，亦复一翻即得。余生斯世，岂敢轻视当世人之意见。然史籍详备，我古昔先民之郑重其事，吾侪亦不当忽视。余之治史，本非有意于治史，乃求以证实当前大众之意见而已。读余书者，若能效区区之所为，遇当前意见所趋，涉及古人，亦一一究诸旧籍；遇与当前意见不合处，非为欲回护古人，乃庶于当前意见有所献替。则诚所私幸。固非谓余之浅陋愚昧为必有当于古人之真相也。

一九七七年双十节钱穆识，时年八十有三

一九七七年秋，余曾检得存稿数篇，又特撰《再论中国社会演变》一文，拟加入此书重新刊印，并写成此《再版序》。后因病未及付梓。不意搁置竟逾十年。今年整理积稿，重新理出，又另作编排。本书所收，最早者在民国三十年，最后者即在去年一九八七年，前后相距已历整整四十六年之久。今付梓在即，仍保留此十一年前之《再版序》。又全稿均通体重读，略加修正。

一九八八年旧历六月初九九十四岁生日钱穆识

一　中国社会演变

一

中国是不是一个封建社会？这一问题，应该根据历史事实来解答。中国史上秦以前的所谓"封建"，乃属一种政治制度，与秦以后的"郡县制度"相针对。在西洋历史中古时期有一段所谓 Feudalism 的时期，Feudalism 则并不是一种制度，而是他们的一种社会形态。现在把中国史上"封建"二字来翻译西洋史上之 Feudalism，便犯了名词纠缠之病。

西洋 Feudalism 之起源，事先并非出自任何人的计划与命令，也没有一种制度上之共同规律。只因北方蛮族入侵，罗马政府崩溃，新的政府与法律不及产生，农民和小地主在混乱中无所依赖，各自向较强有力者投靠，要求保护；于是在保护者与被保护者间，成立了各样的契约。后来此种契约关系,逐渐扩大,连国家、国王、皇帝、城市乃至教会,都被卷入。这是一种由下而上的演进。

中国历史上所谓"封建",究竟始于何时,已难详考。据传说,远从夏、商时已有。古史渺茫,此当由专门古代史家经过严格考据来论定。但我们不妨说,正式的封建制度则始自西周。西周封建,乃由武王、周公两次东征,消灭了殷王室的统治权,逐步把自己的大批宗室亲戚分封各地,以便统制。先由天子分封诸侯,再由诸侯分封卿大夫,逐步扩张。这种演进是由上而下的。西方封建由统一政府之崩溃而起;东方封建则是加强政府统一的一种强有力的新制度。

若加进经济情形来讲,周代封建实是一种武装集团的向外垦殖。西周本是一个农耕部族,他们征服了殷朝,遂把他们的近亲近族,一批批分送去东方,择定交通及军略要冲,圈地筑城,长期屯驻;一面耕垦自给,一面建立起许多军事基点。在其相互间,并完成了一个包络黄河流域,乃至南达汉水、淮水,甚至长江北岸的庞大交通网。原有殷代遗下的几许旧的城郭与农耕区,被包络在这一个庞大交通网与许多军事基点之内的,也只有接受周王朝新定的制度,而成为他们统属下的侯国了。至于在此一两百个城郭农耕区域之外,当时中国中原大陆还有不少游牧部落。他们并不专务农业,他们也没有城郭宫室,还是到处流动迁徙。这些便是当时之所谓"戎狄"。

因此西周封建,同时实具两作用:

一是便于对付旧殷王朝之反动。

一是防御四围游牧人侵扰。

我们若把这一种形势和进程来比拟西洋史，周代封建实是当时以"军事"和"政治"相配合，而又能不断地动进的一种建国规模。远之颇像罗马帝国，近代则似英伦三岛之海外殖民。由一个中心向外扩展，由上层的政治势力来控制各地的社会形态。西方中古时期之所谓封建，则由各地散乱的社会渐渐向心凝结，在下层的许多封建契约上，逐步建立起政治关系来。由日耳曼诸选侯来公选日耳曼王，再由日耳曼王来充当神圣罗马帝国的皇帝。这又是中西封建恰相颠倒的一个对比。

若就社会形态言，周代封建确与西洋中古史上之封建社会有一相似处，厥为同样显然有"贵族"与"平民"两阶级存在。然此一形态，并非封建社会之主要特征。因希腊、罗马时代，同样有贵族、平民两阶级，但那时则并非封建社会。即就中国周代与西洋中古之贵族阶级作一比较，其间亦有许多不同。西洋中古时代之贵族地主，实际上多是在一块农田即他的领地上居住，筑有一所堡垒，一个像中国后来所谓庄主或土豪的身份而止。他的地位，在当时也只等如一个寺庙中的方丈或一个市镇上的镇长。而中国在春秋时代所见的诸侯卿大夫，则都是像样的政治领袖。如齐、晋、楚、秦许多大诸侯，实和十字军以后英、法诸邦的专制王室一色无二。

他们的疆土，即俨然是一个大王国；他们治下的许多卿大夫，如晋六卿、鲁三家之类，全部集中在中央政府共同执政，已经是像样的一个政府和王朝。当时的卿大夫各有自己的采邑，也各自派有官吏即家宰统治着。每一侯国的都城，有一所宗庙，同时也是一个工商业集中的都会。宗教、工商业和军事，都集合在一政府一王室当时称为"诸侯"的统率管理之下。

明白言之，春秋时代的贵族，显然是政治性的。而西洋中古时期，除却公国、伯国等外，还可有主教国（Bishop states），或城市国；同样都说是国，以分别于此后新兴的所谓现代国家。而中国春秋时代之侯国，论规模与体制，实已与此后西洋的现代国家相差不远。工商都市与宗教中心，都已控制在封建贵族的政治系统里。这又是一个应当注意的大差别。这一个差别，依然是上指西方封建是一个社会形态，而中国封建则是一个政治制度的差别。固然政治与社会相互间，并不能严格分离。但我们要研究某一时代的社会形态，决不该忽略了那时的政治制度。

一到战国时代，那种政治的演进更显著了。那时的国家都已有更辽廓的疆土，更谨严的政治组织。像齐国拥有七十多城市，全都直辖中央，由中央派官吏统治，不再是贵族们的采邑了。它的中央政府所在地临淄，据说有七万家住户，每户可得壮丁三人，一城便有二十一万个壮丁。想来全城居民，至少应在三十五万人以上。其他各国首都，像赵之邯郸，魏之大梁，楚之郢，其繁盛情形，亦大致与临淄相类似。这些都是政治中心同时又兼商业中心的大城市。每一次战争，一个国家派出二三十万战士并不很稀罕。各国政府中的行政长官，以及统兵大帅，几乎全是些平民出身的游士。偶然还有一二贵族封君，像孟尝、平原、信陵、春申之类，他们也并不像春秋时代一般贵族们，有经政治、法律规定允有的特殊地位和特殊权益。赵奢为政府收田租，平原君的九个管家违抗法令，给赵奢杀了；平原君还因此赏识赵奢，大大重用他。我们单凭战国政治局面，便可想见那时的社会形态，断断不能与西方中古时代所谓封建社会者相提并论。

现在再一检讨春秋、战国时代的平民生活。照中国古代的封建观念，一切土地全属于贵族，平民并无土地所有权。故说："四封之内，莫非王土。食土之毛，莫非王臣。"懂得了这一观念，才可来讲那时的"井田制度"。诸侯们在其所居城郭之外，划出一部分可耕的土地，平均分配给农民，按着年龄受田还田。每一农民，在封建制度下，绝不许有私有的土地，但税收制度则甚为宽大。依照井田制的标准形式论，每一家受田百亩，这是所谓"私田"。八家又共耕"公田"百亩。但所谓私田，只照收益言，并不指土地的私有。每一农民二十岁受田百亩，六十岁还归公家。在此期间，他一面享有这百亩田的私收益；但须连合其他七家，参加耕种公田百亩之义务。这一百亩公田，成为一个小型的集体农场，由环绕它的八家农民共同耕作。在贵族握有土地权者之收益言，只等于征收田租九分一。后来这制度稍稍变通，把公田取消，每一农民在其私田百亩内，向地主即贵族贡献十分一的田租。大概这两制度，有一时期曾同时存在着。离城较近的田地，授与战士或其他较优待的农民，是没有集体耕作的公田的，按亩什一抽税。离城较远的地区，则仍行八家共耕公田的旧制度，公家得九分一的收入。

但这一制度，在春秋末战国初一段时期内，便逐步变动了。主要是税收制度的变动。起先是八家共耕公田百亩，再各耕私田百亩，此所谓"助法"。其次是废除公田，在各家私田百亩内征收十分一的田租，此所谓"贡法"及"彻法"。贡法是照百亩收益折成中数，作为按年纳租的定额。彻法是照每年丰歉实际收益而按什一缴纳。再其次则贵族只按亩收租，认田不认人，不再认真执行受田还田的麻烦，此所谓"履亩而税"。更其次则容许农民划去旧制井田的封岸疆界，让他们在百亩之外自由增辟耕地，此所谓"开阡陌封疆"。而贵族则仍只按其实际所耕，收取十分一的田租。此在贵族似乎只有增添收入，并不吃亏。然而这里却有一个绝大的转变，即是土地所有权由此转移。

在春秋时代，照法理讲，农民绝无私有的土地，耕地由贵族平均分配。照现在观念来说，土地是国有的，农民是在政府制定的一种均产制度之下生活的。现在税收制度改了，贵族容许农民量力增辟耕地，又不执行受田还田手续，贵族只按亩收租；循而久之，那土地所有权却无形中转落到农民手里去。

这一转变，并未经过农民意识的要求，或任何剧烈的革命，也非由贵族阶级在法理上有一正式的转让令；只是一种税收制度变了，逐渐社会上的观念也变了，遂成为"耕者有其地"的形态。此即封建制度下井田之破坏。

井田制破坏了，现在是耕者有其地，土地所有权转归给农民了；然而相随而来的，则是封建时代为民制产的一种均产制度也破坏了。从前是一种"制约经济"，现在变成"自由经济"了。有些农民增辟耕地渐成富农，有些贫农连百亩耕地也保不住，经由种种契约卖给富农。既是土地所有权在农民手里，他们自可世代承继而且自由买卖。与私有制相引而起的，则是贫富不均，此在中国史上谓之"兼并"。农民有着自由资产，中间便有着贫富的阶层。富农出现了，渐变成变相的贵族，从前平民、贵族两阶级的基础也连带摇动。所以井田制度破坏，必连带促进封建制度之崩溃。

再次要讲到耕地以外之非耕地，包括草原、牧场、泽地、猎区、鱼池、山地、森林、矿场、盐池、盐场等，这些在古代称为"禁地"，指对井田之为开放地而言。照法理言，禁地亦属封君贵族所有。他们特设专员管理，不容许农民自由侵入。贵族们凭借这些禁地，占有一切小规模的工商业。工人商人全由贵族御用，指定世袭，只受贵族额给的生活酬报费，并无自由私产，更谈不到资本主义。

但到春秋末战国初，这一情形也连带变动了。农民们不断侵入禁地捕鱼、伐木、烧炭、煮盐，作种种违法的生利事业。

贵族禁不胜禁，到后来让步了，容让他们自由入禁地去，只在要路设立关卡，抽收他们额定的赋税。但在土地所有权的观念上，却并未像耕地般顺随转变。因此自战国一直下至秦汉，山海池泽的所有权，仍都认为是国有的，在那时则认为是王室所私有。因此秦汉两代的税收制度，把田税归入国库，"大司农"所管。把山海池泽之税归入王室之私库，"少府"所管。这一分别，除非明了春秋封建时代"井田"与"禁地"的所有权之法理观念，及其逐渐转变的历史过程，将无法说明。

连带而来，正因为在春秋时代，最先侵入山泽禁地，营谋新生利事业者，是被指目为盗贼的；因此直到秦汉时人，尚认自由工商业为不法的营业，而称之为"奸利"。汉初晁错等人重农抑商的理论，以及汉武帝时代之盐铁国营官卖政策，皆该从此等历史演变之具体事实来说明。

汉武帝的盐铁政策，在近代看法，极近似于西方新起的"国家社会主义"。然在汉时人理论，则山海池泽之所有权既归属于王室即公家，则遇王室有需要时，自可收归自己经营。而且汉武帝是把这一笔税收来津贴国防对付匈奴的，那更是名正言顺，无可疵议了。但自由经济思想，仍在汉宣帝时，由民间代表竭力主张而再度得势。当时政府财政当局与民间代表，对此政策之详细讨论与往复辩难，曾记载在有名的《盐铁论》里面，此书直保留到现在。但下到王莽时代，政府中制约经济派的理论又重新抬头。连一切田亩，完全收归国有，由中央重新平均分配。盐铁官卖的政策，又复严厉推行。这只是延续汉武帝时代的理论，进一步来恢复春秋封建时代的经济政策，即一种制约的平均分配政策。这些全都渊源于春秋时代之井田、禁地及一切土地所有权公有之一观念上，演变产生。

依据上述，春秋封建时代上层贵族阶级世袭的政治特权，到战国时取消了。下层平民阶级农工商诸业被制约的均产经济，到战国时也解放了。在上既无世袭特权的贵族，在下却兴起了许多富农新地主，以及大规模的私人工商企业与新富人。若说春秋社会有一些像西洋中古时期的封建社会，到战国，可说完全变样了。同时我们还该注意到，介在贵族君、卿、大夫与平民农、工、商两阶级中"士"的一阶层。

士可分为文、武两支。在西洋中古封建社会里，有一种骑士出现；但在中国春秋时期，则根本无此现象。军队全由贵族子弟所编组，平民没有从军作战的资格。又在西洋封建社会里，教师、牧师，亦是一份极重要的角色。中国春秋时代，宗教早为政治所掩蔽，所消融，没有能脱离政治而独立的宗教。虽有一大部分智识亦保留在宗庙里，但中国的宗庙，与西洋教堂不同。在宗庙服务的，不是僧侣，而是政府指定的一种世袭官吏。当时也只有贵族子弟得受高深教育，平民是没份的。偶有特殊英武或聪秀的平民子弟，有时获蒙挑选到军队或宫廷中去，这便是所谓"士"了。

"士"的一阶级，乃由贵族阶级堕落，或由平民阶级晋升而成的一个中层阶级。他们在军役或文职中，充当一种下级不重要的职务,有些像西方骑士和牧师般,而实在则大不相同。在此也可见要把中西历史一一相拟,这中间是有绝大出入的。

一到战国时代,情形又大变。贵族军队解体,平民军队代兴。平民普遍参加军役,因而有立军功而获高官厚禄,变成新地主新贵人的。而平民学者之兴起,更为当时社会一绝大变迁。那些平民学者,代替贵族阶级,掌握了学术文化智识上的权威地位。战国时代各国一切武职文职,上及首相统帅的崇高地位,几乎全落到这辈新兴的平民学者所谓"士"的手里,这已在上面说过了。更重要的,这辈平民学者,绝没有像西洋中古封建社会里所谓"有限度的忠忱"那样的心情。他们绝不肯只忠于他们所隶属的领地,或市镇,或基尔特,或某家族某国君之下。他们当时,可称为全抱有超地域、超家族、超职业,或甚至超国家的"天下"观念或"世界"观念,而到处游行活动。

他们这一种意识形态,亦可由历史演变来说明。因中国周代封建,本是西周王室一手颁布下的一种制度。这一制度之用意,本在加强中央统一之政治效能的。后来经过一段长时期的持续,这一制度之实际效能,充分表现了。不论西周氏族,乃及夏氏族、商氏族及其他氏族,全在此制度下,逐渐酝酿出一种同一文化、同一政府、同一制度的"大同"观念来。

在春秋时代,西周王室虽早已覆灭,但由它所分封的诸侯们,却逐渐形成一坚强的同盟团体。在名义上,他们仍服从周天子"共主"的尊严；在实际上，也尽了他们保存封建文化即当时城郭耕稼文化的责任，来压制消灭各地游牧文化之骚动与威胁。这便是春秋时代之霸业。但春秋列国君卿大夫，他们究竟同是贵族，在他们各自的领土上拥有特权，因此他们只能做到他们那时所能有的一种"国际联盟"而止。但平民学者兴起，他们并不承认贵族特权，而他们却忘不了封建制度所从开始的天下只有一个共主，一个最高中心的历史观念。因此他们从国际联盟，再进一步而期求"天下一家"。他们常常在各国间周游活动，当时称之谓"游士"，即是说他们是流动的智识分子。其实凡属那时的智识分子，无不是流动的，即是无不抱有天下一家的大同观念。他们绝不看重那些对地域、家族有限度的忠忱，因此而造成秦汉以下中国之大一统。

西洋在中古封建社会里，算只有基督教会，抱有超地域、超家族的天下一家的理想，竭力要凭他们的宗教教义，在封建社会上，重新建立起一个神圣罗马帝国，来恢复古罗马的统一规模。这与它们封建社会所由形成的历史趋势，恰相违逆。因此宗教势力在政治上的作用，也必渐渐降低，终于在地域与家族之基础上，造成许多近代的新王国。他们在政治上的契约的理论、民权的观念、民主政治和议会选举种种的制度，西方历史学者都能指出它们的渊源，多半由中古封建时代所酝酿，所孕育。

但中国西周以下的封建，大体上并不与西洋一般。因此

一　中国社会演变

在中国封建政治下，酝酿出秦汉统一，酝酿出汉武、王莽以下，一连串的制约经济与均产运动。中国虽无教会，而中国历史却能制造出像西洋中古时代耶稣教士所想象的天下一家的大同政治。若使不能尽情抹杀历史事实，试问可否说孔子、墨子以下的那批战国游士们的抱负，全是像近人所咒骂唾弃的所谓"封建意识"呢？

二

秦汉时代，更和战国不同。那时整个中国，只有一个中央政府。据汉代言，地方行政分着一千三百多个低级行政区"县"，一百多个高级行政区"郡"。中央乃至地方官吏，全由政府选拔贤才任用，在政治上更无贵族世袭特权之存在。在汉初，固然一时反动，有封王封侯的。然王国不久全归消灭，封侯的只能衣租食税。在名义上他们都有封土，实际上地方民政、财务、军权全不经他们手，只由中央指定的地方行政长官每年派给他们一份额定的税款，无异是由政府长期赠送他们一份无职位的年俸而止。他们并一样受政府法律管制，往往因私通家里婢女，或是勾结商人共同经商一类的罪名，因人告发而丧失了他们的爵位。若因当时尚有许多爵名存在，而说这是封建社会，我们能不能说近代英国也还是封建社会呢？

再就经济言，全国农民乃及工商业，只向一个政府纳同一规定的赋税，担当同一规定的兵役，遵守同一种法律，享受同一规定的权利。这样的社会，能不能算是封建社会呢？在法律上，全体人民地位是平等的，全是国家公民，并无贵族、平民阶级之对立。经济是自由的，因此形成贫富不均的现象。这些都不能算是封建社会的特征。

在西洋史上，诚然可说是由封建社会转而为资本主义社会的。有人说，中国则永远是农业社会。但农业社会并不就是封建社会。而且自战国以来，工商业早极发展，但中国却亦没有走上资本主义社会的路。此因中国始终忘不掉古代的制约经济与均产精神。汉代对商人收税特重，又不许服务政府的官吏兼营商业。到汉武帝时，把铸币权严格统制在政府手里，又把几种人人日常必需的重要工业，如煮盐、冶铁之类，收归国营，或官卖。纺织业中像贵重的丝织业，也由政府设官按年定额出品。酿酒业亦由政府统制。运输业中重要部门，亦由政府掌握，定为均输制度。市价涨落，由政府特设专官设法监视与平衡，定为市易制度。试问在此种政治设施下，商业资本如何发展？其多拥田地的，政府也屡想规定一最高限额，此所谓"限民名田"。直到王莽时代，并要把全国田亩尽复收归国有，重新平均分配。这是中国经济思想史上一条大主流，而且此项经济政策之实施，在此后历史上还是屡见不见。所以中国绝非一纯粹的农业社会，工商业早已繁盛；只没有像近百年来西方般，发明科学的新机械。这固然是中国社会没有走上资本主义的原因，但中国传统经济理论与经济政策，也足裁抑资本主义之演进，此层绝不该忽略。

最近又有人认汉代为"奴隶社会"的，此层更无理据。汉代固有大量奴隶之存在，但汉代全国人口，据历史记载，总在两千万之上。奴隶数最多不超过两三百万。每十人中拥有一奴隶，这不能便说是奴隶社会了。而且汉代所谓奴隶，只是他们的法律身份与一般公民不同。论其社会地位以及生活境况，往往转有在普通自由平民之上的。

汉代奴隶之来源：

一因汉代有人口税及义务劳役，若纳不起人口税或逃避劳役的，政府可以没收他为官奴隶，于是社会上遂多自卖为奴来逃避这一种惩罚的。

二因汉代商业与后世不同，生产、制造、运输、推销，各项经营，尚多混合不分，由同一个私家企业来执行，因此需要大量的人力。一个平民自卖为奴，有时是参加了一个大的企业组织，正如近代一农民走进大公司当职员，他的生活境况自然会提高。政府只是加倍增收他的人口税，或限制他的政治出路，却不能压低他的生活享受。而拥有大群奴隶的，纵是加倍缴纳了人口税，依然还有利。

当知汉代奴隶，并不专是农奴或苦役，奴隶市场上出卖的奴婢，多数是投进奢侈圈中，不是走近劳役阵线的。汉代的大地主，只在田租上剥削，并没有使用大量田奴。凡此所说，只须细看当时历史记载便可知，哪可说汉代还是一个奴隶社会呢？

历史研究贵于能根据客观记载，再加上一种综合的阐明。由奴隶社会进入封建社会，再进入资本主义的社会；此乃西方史学界中之某一派，根据西方历史而归纳为如此说法的。这种说法，也并未为西方史学界所公认。说中古时期是封建社会转入近代资本主义的社会，尚可说是较近实情；若把希腊、罗马乃至埃及、巴比仑遥长时期的西方古代社会，统统包括在一"奴隶社会"之概念下，却不能扼要阐明那时种种的史实。因此这一观点，在西方史学界中便已很少应用了。

中国史与西洋史是否走的同一路程？这应该根据双方史实，详加分析研究，先寻出其间的异同，再加以更高的综合，始合所谓科学方法的客观精神。若硬把西方某一派的观点套上中国史，牵强附会，哪能免武断歪曲，笼统演绎，种种的毛病！

现在就中国史本身来说中国史，来分析中国史上的社会形态。我想先提出两概念。大概有几个时期，社会形态比较凝固，比较有定型可指。有几个时期，社会形态却比较变动，比较难指出其某种的定型性。这两种社会显然不同。所谓较"有定型"者，乃指那时社会上有某一种或某几种势力，获得较长期的特殊地位，而把历史演进比较地凝固而停滞了。有时则旧的特殊势力趋于崩溃，新的特殊势力尚未形成，那是变动的，"无定型"的时期。这些时期，可能是黑暗混乱不安定，但亦可能是活泼动进，有一种百花怒放、万流竞进的姿态。我们可以把下一时期的情形，来衡量上一时期对历史价值之贡献。若下一时期黑暗而混乱，则因上一安定时期把历史生命力消蚀了，摧残了。若下一时期活泼而前进，则因上一时期把历史生命培植了，护养了。

我们不妨说西周及春秋是"封建社会"，惟此所谓封建社会，仅就中国固有名词来讲中国史，并不是说那时的社会形态即相似于西方的中古时期。在那时期，上层由某几个家族之取得政治上世袭特权而形成贵族阶级，下层有被一种均产精神的制约经济所管束而形成的平民阶级。贵族与平民两阶级之长期对立，使那时期的社会，形成一较"凝固的定型"。但一到战国，世袭特权推翻，制约经济解放，凝固的定型消失了，许多新的力量都在潜滋暗长，都在迈步向前。战国如此，西汉也还如此。我们不如说这两个时期的社会是在"无定型的动进"状态中，比较稳妥。

在这时期，有两种新兴势力最值得我们注意：

一是自由经济。
一是平民学术。

自由经济走向下层，平民学术却走向上层。战国时期是此两种新兴势力平流齐进的时期，因此战国社会更活泼、更前进。下一时期，即西汉时期，平民学者在政治上把握到较稳定的地位，来设法抑制下层的自由经济之继续进展；因此西汉社会比较战国，是一段在活泼动进中又回头转向凝固安定的时期。

若论那辈平民学者的出身,小部分是由贵族阶级递降而来,大部分是由农村社会凭借中国北方大陆之农隙余暇,在半耕半读的纯朴生活中孕育茁长。因此在那时期的平民学术,先天性地含有向上注意争取政治权、向下偏于裁抑自由经济贫富不平等发展之继长增高的内在倾向。因此中国历史依然走上由政治来指导社会,不由社会来摇撼政治;由理想来控制经济,不由经济来规范理想的旧路子。这里面也可以说明另一契机,何以使中国封建社会崩溃之后,不走上资本主义社会的路上去。

三

我们若把握住中国历史从春秋封建社会崩溃以后,常由一辈中层阶级的智识分子,即由上层官僚家庭及下层农村优秀子弟中交流更迭而来的平民学者,出来掌握政权,作成社会中心指导力量的一事实,我们不妨称战国为"游士社会",西汉为"郎吏社会"。

武帝定制,凡进入国立太学的青年,其成绩优异者补"郎",为服务宫廷一庞大侍卫集团;成绩较次者,各归地方政府为"吏",为隶属于各行政首长下之各项公务人员。在地方为吏经过一段时期,由其私人道德及服务成绩,仍得经其所隶首长之考察选举,而进入中央为郎。政府内外一切官长,

一 中国社会演变

大体由"郎"的阶段中转出。因此战国的游士参政是无制度的，更较活动的；西汉之经由太学生补郎补吏的法定资历而参政，则是较凝固较有轨辙的。然在政治上虽有一套固定的制度，在社会上则并无一个固定的阶级，因此西汉社会依然是动进无定型的。

但不幸到东汉，而终于慢慢产生出一个固定的阶级来。一则当时教育不普及，二则书籍流通不易。在政府法律下，虽无特许某个家庭以政治上世袭的特殊权益；但此家庭只要把学业世袭了，在政治上的特殊权益也就变相的世袭了。于是有东汉以下的世家大族所谓"门第"的出现。

门第势力，已在东汉中叶逐渐生长。此后又经黄巾之乱、三国鼎立的一段长时期纷扰，中央政府不存在，平民失却法律上之保护，各各依附到世家大族既成势力下求庇荫。经过相互间的私契约，一般平民从国家公民身份转变成门第的私户。那些世家大族，把私户武装起来，成为一自卫团体，一面筑坞，即犹堡垒，凭以自守，一面屯垦自给。依随他们的私户，则成为部曲或家兵。不像样不稳固的新政权，因要获得他们之归附，在事实困难上，只得承认他们相互间的私契约。于是政府与社会中间，隔着一道鸿沟，政府并不建筑在公民的拥护上，而只依存于世家。世家挟带私户，来与政府讲条件。直到西晋，昙花一现的中央政府不幸短命，五胡割据，东晋南渡，大批平民跟随大门第渡过长江。留在北方的，亦赖借大门第所主持的集体势力，而避免胡族政权之蹂躏。如是而社会上门第势力，无论南北，都更见壮大。

这一情形，却极像西洋史上蛮族入侵罗马帝国倾覆后的一段。而且那时印度佛教东来，宗教势力兴起，寺庙僧侣也掌握到社会上绝大一部分力量，为一辈平民所依附。因此近代研究中国史的，又有人说，中国真正的封建社会不在西周与春秋，而在魏晋南北朝。在此点上，遂引诱他们提起把西汉当作奴隶社会的兴趣了。

但我们进一步仔细推寻，则自见魏晋南北朝时代的门第社会，和西洋中古时代的封建社会，依然有它极大的相异处。最要的还在政治上。秦汉大一统政府种种法理制度的传统精神，早在中国史上种下根深柢固的基础。三国、两晋、南北朝的中央政府，虽则规模不如秦汉，但在政治观念上，依然还是沿袭秦汉政府之传统。当时的大门第，虽则因缘时会，获得许多私权益。但在国家制度上，并未公开予以正式的承认。他们虽是大地主，但并不是封建贵族，因他们并没有政府正式颁赐的采邑。他们虽世代簪缨，但这是凭借一时的人事机缘，像"九品中正制"之类，却并不是政府特许的爵位世袭。而且在政府方面，还屡屡想把他们的私权益据理调整。当时政府本身，即是一个门第势力所支撑而形成的政府，而时时想裁抑门第；此即证明是秦汉以来历史传统的潜存势力在发挥其作用。

我们还得一述当时农民的地位。春秋、战国时的田租，大体是十分而税一。汉代更宽大，折半减收，法定的租额是

一　中国社会演变

十五税一。但实际征收又减一半，只是三十税一。而有些豪门的私租额，最高到十税五。因此政府的宽政，有些处达不到民间，而转增了豪门的剥削。这是秦汉沿袭战国，改采自由经济的流弊。王莽针对此弊，要把田亩全收归国有，重新分配，恢复井田制，即是恢复制约经济，恢复均产精神。但他失败了。一到三国、两晋时代，全部农民，几乎都转入豪门，受其荫庇。据历史记载，当时的田租额，提高到百分之六十，最高有到百分之八十的。薄弱的中央政府，很少直辖公民，财费无着。因此政府田租也依照豪门租额征收。虽想与豪门争夺民众，终鲜实效。直到北魏"均田制"出现，农民地位，始见改善。这一新制，依然是由北方门第中的中国智识分子，根据历史传统所提供。最要的是把租额锐减，还复汉制；如是则农民们与其为豪门私户，宁愿为政府公民。于是户口田亩的实际数字，很快地由农村直接呈报到各处地方政府来。大门第荫庇下的私户，轻轻一转手间，又成为政府之公民。中国政府凭借广土众民之支持，本来不需横征暴敛，政费是不愁不足的。这又是历史上一番大革命，但也没有经过下层民众的暴动流血，强力争取，只由政府自动地在法律制度上改进一番，而和平地完成了。

其次要说到农民对国家之服役。这与纳租，成为农民对国家之两大义务。在西汉，推行全民义务兵役制，每一个农民都需要服兵役，但分派时期不久，很易负担。汉末大乱，农民转到私家门第下当部曲，国家公民少了，尽量抽丁，那时则农民全成为军队。粮食不给，再由军队抽空屯田。在法理上，是兵队耕种政府的田，正与私家部曲耕种大门第的田一般。因此田亩收入，尽归国有，农民即屯田兵所得只是最低限度之生活费。上文所说百分六十的税收，便由当时"屯田制"演成。五胡以下，在北方是胡人的部族兵，中国民众则在"抽丁制"下临时加入军役。在东晋，则因门第势力之阻梗，连抽兵也难顺遂推行，于是逐渐改成"募兵制"，借此勉保疆土。直到北朝末期的北周，再根据历史传统来创立"府兵制"。在汉是"全农皆兵"，在北周则成为"全兵皆农"。农民不需全服兵役，而服兵役的，政府一一给以一份定额的耕地。在政府不再有军饷之支出，在兵队却各有家庭，各有一份优厚生活的保障。田租与兵役制度改进了，农民的政治地位和经济情况也改进了。于是整个时代，也因而转运了。所以我说要研究社会状况，不应该忽略了政治制度。因政府控制着社会，社会常随着政府之法制而转形。北朝因有"均田"与"府兵"两项新制度，遂造成了此下隋、唐两代之复兴盛运。而此两项新制度，则全由当时北方门第中智识分子，从研究古代经史而建立。

　　当时南方学者讲庄老新思想，北方却守旧，仍着重传统经史之学。尤其是一部《周礼》，成为当时国际间共同看重研讨的对象。创造府兵制的苏绰，便是研究《周礼》的专家。此后北周军队打进北齐都城，北齐的《周礼》权威学者熊安生告诉他家人说，北周皇帝一定会先到他家来拜访，嘱先打

一　中国社会演变　　21

扫门庭。结果北周皇帝果然不出所料,随着大军进城,首先下令到熊先生家去。

以前王莽早已根据《周礼》来变法,以后北宋的王安石,又复根据《周礼》来变法。《周礼》是战国时代一个不知名的学者,假托周公封建,来伪造的一部订有精详的具体制度的"东方之理想国"。虽是一部伪书,但也保存有许多周代封建时期的实际史料,又有许多在封建崩溃之后一种理想的封建制度之再计划。因此,我们要研究中国的封建社会与封建思想,这一部书至少该参考。

至于说到那时的商业,比两汉,只见更活泼,更繁荣。就南朝论,当时说,广州刺史只经城门一过,便可得三千万。就北朝论,魏孝文迁都洛阳,其新都建筑规模,尚有《洛阳伽蓝记》可证。我们一读此书,便可想象当时北方商业繁华之一斑。若我们一定要把西洋社会来比拟中国的,则试问:全国各地,散布着繁盛的商业都市,散布着自由的中产阶级,那样的社会,是否便即是封建?于是有人又要说:那时的中国,便已是前期资本主义的社会了。总之,说通了这些处,又说不通那些处。说近了这边,又说远了那边。勉强比附,终无是处。

下面讲到隋唐。

四

隋唐的"府兵制",沿袭了北周成规;而唐代的"租庸调制",则由北魏"均田制"所蜕变。汉代租额三十税一,唐代更轻,只四十税一了。汉代农民服役,每年一月,唐代减到二十天。更重要的,是唐代沿袭北周,接受了古代井田制度"为民制产"的精神,每一农民都由政府授以耕地,使在轻徭薄赋的传统精神下,人人有一份最低限度的生活凭借。但唐代对工商业却转采自由政策,一切免税。我们把汉、唐两代的经济制度作一对比,汉代只注意裁抑工商资本之过度发展,而没有注意到下层农民最低生活之保障。唐代颇注意农民生活之保护,而放任工商业之自由发展。汉代立法,像是不许有过富的,却可能有很穷的。唐代立法,像是许可有过富的,却不许有过穷的。因此唐代社会经济较之汉代更活跃,更繁荣。

最要的是隋唐公开考试制度,即所谓"科举制度"之确立。任何一公民,皆可自动请求参加考试,以获得进入政府的一种最有保障的资格。这一制度推行了,以前门第那一种变相的贵族,便逐步衰退而终于消失了。这又是中国历史上关于社会形态一番极大的革命过程,但仍非由下层民众掀起流血狂潮经斗争而获得,仍是由上层政府在制度之改革上和平达到。

唐代在大一统政府下,全国民众,受着举国一致合理而宽大的法律保护。旧的特权势力,在逐步解体。有希望的新兴势力,在逐步培植。那时的社会,也如西汉般,在无定形的动进中;我们断难称它又是一个封建社会。然而历史演进是永远有波折的。唐代到中、晚期,租庸调制、府兵制都破坏了，另一种变相的封建势力又产生，此即安史之乱以后所谓的"藩镇"。这是一种军阀割据。因唐代长期向外开疆拓土，边防将领除带兵外，又逐渐掌握地方行政、财务之实权，外重内轻，尾大不掉，而引起安史之乱。政府对叛乱势力不能彻底肃清，姑息妥协，于是遂有"藩镇"。他们拥兵自强，又互相勾结。政府虽没有准许军权世袭的明文规定，但他们用种种方法强迫政府，期求变相的世袭。

若说魏晋南北朝的门第，是文官家庭之变相世袭；则唐中叶以后之藩镇，是武将家庭之变相世袭。门第造成社会不平等，藩镇造成政治不统一。若使我们把社会不平等和政治不统一，认为那作梗的都是些封建势力，则门第和藩镇可谓各得其半。若我们要权衡两者间之病害轻重，则又似各有得失，颇难遽下定论。门第势力造成政府之弱势，但传统文化还赖它在乱离中保住。藩镇割据，把中国当时的对外国防幸算勉强撑持，但在军阀统治下，普遍地文化窒息，而且几乎连根铲灭了。历史告诉我们，南北朝之后，紧接着隋唐盛运之来临。而唐中叶以后，终至演成五代十国之黑暗，以及北宋统一后之长期衰弱。因此我们知道，在确保对外的国防武力之上，应该更先注意的是，社会上文化传统之养育与保护。

北宋初年，在文化上、经济上已经赤地一片，都需要重新建立。首先是没收军阀兵权，加强中央政府之统一。其次是竭力提倡文化与教育，要社会一般风气看读书比当兵为高贵。为近人所诟病的，中国人之"尚文轻武"的风气，正是北宋初年用尽全力扭成的。若在五代十国，公民想求出路，只有去当兵，否则出家做和尚，读书人则早快绝迹了。经过宋代将近一百年的培植养护，政府又变成像样的读书人的政府。那时遂又有王安石变法和新政运动：

首先是要训练民兵来替代职业兵。于是有"保甲制"，期于农隙中来武装农村。

其次注意到减轻社会富农对国家劳役之过重负担。那些全是中唐以下，直到五代十国，军阀统治所积累增加的。于是有"免役制"，把普遍摊款来代替偏差任役。

其次又想清丈田地，整顿税收，来逐步走上中国读书人一向想念的古代封建社会下的那种制约经济与均产精神。于是有"方田制"，即丈量田亩。

又想裁抑商人资本。其实那时的商业资本早已有限，只因政府穷困，政费无着，不在农民身上打算，便转到商人身上起念；于是有"均输制"与"市易制"，由政府来转运物资及平衡物价。

又想把农民的困乏，在地主与富人的剥削下解放；于是有"青苗制"，由政府来贷款，收回轻微的利息。

上述这些仍是中国传统政治下一套传统的经济理论。他们依然是根据《周礼》来做新政的理论上之护符。

那些新政，终于因多数反对而失败。当时反对新政的也有他们的理由。宋代最大症结，还在它养着一百几十万不生产的职业兵，把整个经济拖垮了。王安石要在这上下困乏的环境下推行新政，增加税收，那是利不胜害的。

自从唐代"租庸调制"破坏，改行杨炎"两税制"，自由经济又抬头。农田兼并，再度造成小农与大农。直到宋代，南方长江流域，是当时中国经济的新兴区，比较多自耕农。而北方黄河流域，因唐代门第与军阀势力的遗毒，比较多佃农，在宋代称为"客户"。据当时政府户口统计，北方客户比较多，南方客户比较少。南北经济情况不同，因此王安石的新政，在南北两方利害亦不等。如青苗、免役诸法，南方比较多赞成，北方比较多反对。民兵组训即保甲制，亦先在北方推行，因此北方人更多反对。由中央政府制定一种统一的法令来推行全国，北宋以后，是比较困难了。

五

宋代以后的中国社会，开始走上中国的现代型。第一是中央集权之更加强，第二是社会阶级之更消融。魏晋以下的门第势力，因公开考试制度之长期继续，已彻底消灭；商业资本难于得势，社会上更无特殊势力之存在。我们若把分裂性及阶级性，认为封建社会之两种主要特征，则宋代社会可说是距离封建形态更远了。然而正为此故，遂使宋代社会，在中国史上，显为最贫弱，最无力。一个中央政府高高地摆在偌大一个广阔而平铺的社会上面，全国各地区，谁也没有力量来推动一切公共应兴应革的事业，像水利兴修，道路交通、教育、宗教一切文化事业；社会没有力量，全要仰赖中央，这是不可能的事。一到金胡南下，中央政府崩溃，社会上更无力量抵抗或自卫。其所受祸害，较之晋代五胡乱华一段，更深刻，更惨淡。

中国传统政权逐步迁移到南方，蔡京、秦桧、韩侂胄等权臣，先后在南方长江下流经济新兴区大量收买农田，南方农村也落在大地主手里。他们的私租额，也和晋代百抽六十差不多。政府争不到田租收入，于是在商税上拼命刮削，结果弄得民穷财尽。一辈知识分子，于是又高倡井田均产的老调。到南宋亡国时，贾似道听了他们意见，回买公田，把权家田亩全部没收。但公家的租额，依然遵照私家规定。那是以暴易暴，并不为民众所欢迎。元人入主，仍依照南宋旧规收租。于是江南社会，永沦入水深火热中。而北方社会，经过金胡长期屯田兵圈地霸占，更不成样子。

我们若要从中国历史上，寻出一个比较近似于西方中古时期所谓封建社会的时期，或许只有元朝了。那时虽有一个统一的中央政府，但蒙古一切政制，并不沿袭中国旧传统。那时在政治上经济上，有许多不合理不合法的特殊权益，分配在蒙古人（即军人、征服者）、色目人（即商人），以及庙寺僧侣、土豪地主的手里。一切田地被霸占，一切工匠被掠夺。社会上是阶级重重，政治上是处处分割，各地方各阶层，到处有许多世袭的特殊权益在压迫民众。下层民众惟一躲藏逃避的方法，只有向某一特殊势力去投靠。但这些特殊势力，

一 中国社会演变

大部分从社会外面加压上来,并非由社会内层自己长成。这又是中国元代社会与西洋中古时期一绝大不同点。

经过元末革命,中国社会又渐渐扭转了蒙古人的封建统治,回复到传统的固有形态来。

第一是把蒙古的部族兵队制取消了,重新创行新府兵制,即"卫所制度"。一面可省国家的养兵费,一面仍使全国大部农民可以避免义务兵役。

第二是把户口与田亩登记,彻底整顿黄册与鱼鳞册,来清除豪门大户逃避田租的积弊。这是王安石"方田法"以及朱子所盛推的"经界制度"所想做而未成的。但政府对江南的田租,却依然承袭元旧,照南宋以来的私租额征纳。这不能不说是一大缺点。直到清代,始络续经地方疆吏之申请而轻减。大概直到清末,全国田亩,在国家法定租额上,仍是很少超出十分之一以上的。

其次是晚明万历时代之"一条鞭制",把徭役摊算在田租内,一并征收。这依然沿袭历史上传统法制之用意,要求解放农民的劳役负担。

因此从北周、隋唐"府兵制"以下,农民已从兵役中解放。从唐中叶杨炎"两税制"以下,农民又从对公家其他的劳役中解放。虽则中间常不免许多反复波折,但法制传统之趋势在朝向这一面,则不可否认。其他明清两代在不断裁抑商业资本上之继续注意,也不待再缕述。只是明代的优待宗室,清代的特别袒护满洲部族特权,成为一时之秕政,显然违反传统政治意识，则早为当时所不满。

大体论之，明以后的社会，仍与宋代相似。在政治上，没有特殊的阶级分别。在社会上，全国公民受到政府同一法律的保护。在经济上，仍在一个有宽度的平衡性的制约制度下，不让有过贫与过富之尖锐对立化。除非我们想法罗举许多特殊的偶出事项或变例来，故意挑剔与指摘，否则就历史事实之大体论，则宋明以下的社会，不能说它相似于西洋中古时期的封建社会，是绝无疑问的。

六

现在我们若为唐以下的中国社会，安立一个它自己应有的名称，则不妨称之为"科举社会"。这一种社会，实在是战国游士社会、西汉郎吏社会之再发展。这一种社会之内在意义，仍在由代表学术理想的智识分子来主持政治，再由政治来领导社会，这一套中国传统意识之具体表现。这一种社会，从唐代已开始，到宋代始定型。这一种社会的中心力量，完全寄托在"科举制度"上。科举制度之用意，是在选拔社会优秀智识分子参加政府。而这一政府，照理除却皇帝一人外，应该完全由科举中所选拔的人才来组织。

由有科举制度，遂使政府与社会紧密联系，畅遂交流。不断由规定的公开考试中，选拔社会优秀智识分子，加进政府组织。政府亦由此常获新陈代谢，永不再有世袭贵族与大

一　中国社会演变

门第出现。而科举制度又规定不许商人应考，又因官吏不许经商，因此官僚子弟仍必回到农村去。那一批参加科举竞选的智识分子，遂大部出身农村，因此也抱有传统的防止商业资本过度发展，及加意保护下层民众最低限度水平生活的政治意识。这一种社会之最大缺点，则在平铺散漫，无组织，无力量。

既无世袭贵族，又无工商大资本大企业出现，全社会比较能往平等之路前进。但社会不平等固是一弊，而组织与力量，则有时需从不平等带来。直到现在，人类智慧尚未发现一个既属平等，而又能有组织有力量的社会。那种平等性的社会，若范围较小，弊害亦可较轻。不幸中国又是一个绝大范型的社会，而时时处处用心在裁抑特殊势力上。封建贵族社会崩溃了，资本主义的社会始终未产生。门第社会消灭了，军权社会也难得势。终于走到科举制的社会上，而停滞不前。这是中国社会在其已往演变中的一个客观历史的真相。

这样一个平铺散漫，无组织、无力量的社会，最怕的是敌国外患。北宋为金所灭，南宋的学者们已深切感觉到中央集权太甚，地方无力量不能独立奋斗之苦，而时时有人主张部分的封建制度之复兴。直到明末满清入关，中央政府倒了，各地虽激于民族义愤，群起抵抗，也终于全部失败。那时著名学者如顾炎武、王夫之、颜元等，他们都更同情于古代的封建，要想斟酌模仿复位一个理想的新制度。他们在大体上，还是注意到一般平民在制约经济下之均衡状态；但更偏重的，则为如何在社会内部自身，保藏着一分潜存力量，不要全为上层政治所吸收而结集到中央去。

七

上面述说中国史上社会演变一个大体的轮廓。这是完全依据历史客观事实，经过分析综合而来的。但最近期的中国社会，在此一百年来，又开始变动，而且愈变愈剧，还未见有转向停止安定的迹象。这不得不特地再加以叙述。

首先是中西双方两种不同型社会之骤相接触。中国社会一向栽根在农业经济上，骤然接触到近代商业经济性的西洋社会，而手足无措了。自从五口通商，历年的贸易入超，已经迫得中国农村经济逐步干涸。而商业资本，则始终宛转在次殖民地的买办利润下求生存。这是经济上一个大转变。

说到政治，远从洪杨直到辛亥，地方封疆势力抬头，满清中央政权由低落而崩溃，造成军阀割据。更重要的是，晚清末年取消自唐以来绵历一千年的科举制度，而西方民主自由的地方选举急切间未能学得，于是政治失却重心，实际上握有军权即握有了政权。学校教育又只在小学、中学国民教育方面稍有基础，大学教育不仅发展较缓，而且始终未能达到学术独立之水平。全国最高教育托命在留学制度上，因此只在科学技术方面粗有绩效；至于传统文化与立国精神，在本国最高学府中，从未正式注意到。作为全国中层阶级指导社会的智识分子，长期在搞党与革命两条路上转侧徘徊，非此则没有他们转上政治的其他门路。党的支撑，则不在民众而在军队。因此党争就是革命。社会并没有力量去影响政治。政治脱离了社会，没有安定的重心。社会脱离了政治，没有集中的领导。政治动摇，社会没有力量控制。内部是军阀，外面则仰赖帝国主义之发踪指示。帝国主义的力量，又远超在本国军阀力量之上。于是不论学术、政治、军事，也全形成一种次殖民地的买办姿态。举国重心，都不由自主地外倾了。这是这一百年来，中国社会在转型期中，一最显著的特征。我们若勉强要替它安立一名称，不如称之为一个"殖民地化的社会"。

我们综观这一段最近时期的中国社会演变，除却满清政府狭义的部族政权是例外，其他实在没有一个能阻碍社会前进的特殊势力该打倒，而是要有一个能领导社会前进的中心势力该建立。不幸这一个中心势力迟迟未能出现。于是社会无一重心，一切不成势力的势力乘隙作祟，全国上下，终于酝酿到两个口号下不断兴奋：对内是"打倒封建势力"，对外是"打倒帝国主义"。对内没有安定，没有健全，对外"打倒帝国主义"终成为一句有气无力的口号。于是实际活动，不期然而然的集合在对内"打倒封建势力"的旗帜下。

若我们把所谓"封建势力"的实际内容，归纳到指摘政治上一种脱离中央、违背统一的地方性割据，在经济上一种阶级性的不平等，凭着政治黑暗脱离劳苦大众而走向私家经济的特殊权益，则我们不能不说这两种势力，确在最近期的中国社会里，不断的兴风作浪，造成了目前一切的灾祸。但这不仅最近期的中国社会是如此，远从有史以来，只要政治不上轨道，没有一个中心的指导力量来控制社会，社会自然趋势，永远会向这两条路迈进。人类永远有想攫取权力财富，来在社会上形成一特出地位的一套私意。西洋中古时期的封建社会，正亦由此形成。近代西方资本主义之兴起，也在封建主义下转进。只要那一个领导社会的中心力量不出现，那种分裂而不平等的封建势力仍将此仆彼起，无法消弭。不幸而近代中国的革新工作，偏偏多在社会方面来打倒与推翻，却不在政治方面来建立与革新，循至社会元气逐步斲丧，更不易生长出一个中心力量来，而政治遂一无凭借。如是，则革命只是破坏。破坏愈彻底，建设愈困难，终将造成中国前途一大悲剧。

因此我们虽则承认，近代中国社会确有不少变相的封建势力在盲动，却不能说中国二千年来的社会传统，本质上是一个封建。更不能本此推说，中国二千年来的文化传统，本质上也是一封建。"封建"二字，应有一明确的界线。若连家人父子的一片恩情也算是封建，人民对国家民族传统文化历史的一片崇敬爱护之心也算是封建，如此漫无标准，则打倒封建，无异打倒一切。政治建基在社会上，社会建基在文化上。现在要凭一时的政权，恣意所在，连根来铲除社会传统，扑灭文化传统，一切人性人道，只为我所不快的，全求打倒；

这不是社会向政府革命，而是政府向社会革命。试问这一个政权，凭借何种力量来完成此大业？如上分析，在内则仍只有凭军队，在外则仍只有凭外力。那些是否可资凭借，兹且不论，但你攀登树巅来自伐树根，伐木者只有随木俱倒。幸而这老树根深柢固，然而旦旦而伐，终有根断株绝的一天。

在西洋的史学家，固已委悉指陈了他们近代的民主代议制以及工商企业组织，远在中古封建时代已经早有根苗。社会上一切新生机，不会从天外凭空飞来，否则历史将不成为一种学问，要人去研究。即就马克思理论言，无产阶级亦必在资本主义社会下获得长期的高度训练，待其知识程度与组织能力达到一理想水平，才能脱颖而出，代替资本主义来掌握政权。

至于苏维埃共产革命，一面是推翻了沙皇专制，一面却由共产党的极权来承袭沙皇，而再由此机构来替代西洋先进国家的资本势力，加紧制造无产阶级，而施以强力的训练。我们也可说，近代苏维埃共产极权政治，正由沙皇政治所培植。所以苏维埃共产革命，还是随顺帝俄历史，有其本身之渊源，而非随马克思预言凭空跃起。马克思预言，根据于一套历史哲学。而苏维埃革命，则根据帝俄历史。

至于当前的中共革命，几乎是针对了民族文化和社会传统之整个命脉，针对了中国历史之全部传统。中国社会是封建的，该打倒，但凭何种力量来完成此打倒？他们说，根据马克思预言，以及苏维埃革命的历史教训。假使那样的一种革命而获得成功，则只是远站在中国以外的一种帝国主义之成功。这一种革命意识，依然摆脱不掉殖民地化的意识。最多的成功，也不过加深近代中国社会殖民地化之程度而止。

目前的中国问题，还是要在中国社会本身内部，找寻一个担当得起中心指导的力量。若就上文所分析，贵族封建势力，早已崩溃。工商私人资本之企业组织，也并未成熟。广大的穷苦民众，说不上是无产阶级，在智识技能上，在组织秩序上，绝未经有严格的训练，与马克思预言中之无产阶级不类似。而传统的政治意识与政治习惯，又距离帝俄沙皇的黑暗专制太远了。因此，在精神及训练上，亦绝不能如影随形般，来一个酷肖苏维埃的共产极权。

中国社会的自身渊源，是唐代以来的科举社会。它的病痛在平铺散漫，无组织，无力量。而所由得以维系不辍团结不散者，则只赖它自有的那一套独特而长久的"文化传统"，与由此所形成的强固"民族意识"。若并消灭此二者，则中国社会将剩四亿五千万个生活穷苦的个人生命，外此一无所有。

因此要谋中国社会之起死回生，只有先着眼在它所仅有的文化传统与民族意识上。而这一个文化传统与民族意识之鲜明透露，则仍不得不期望在社会之智识分子，此乃自唐以来中国科举社会之中坚。但一则因科举制度取消，他们在政治上无合法的出路。一则农村崩溃，他们在生活上无安定的保障。一则教育制度更新，他们在精神上无亲切的安顿。这一个自唐以来一向成为中国社会中心的"智识分子"，也已开始动摇,开始崩溃。最近期中国社会之一切乱象,智识分子该负最大的责任。非这一辈智识分子先得救,中国社会仍将不得救。

今天则问题更严重,已非智识分子得救与否的问题,而将转落到并无真正的中国智识分子存在的问题。这已走近了唐末五代时情况。如何来再教育再培植一辈真正的中国智识分子,来挽救中国的厄运,当前的中国,已和北宋初年相仿。这将成为中国得救与否之唯一该先决的问题。

八

社会有它本身内在必然的发展。中国社会不会长停留在殖民化的状态下,也决不会再回复到宋明以来科举社会的老路去。然则中国社会最近将来的发展路向又是怎样呢?这一层虽不能像预言家般确切指出,但有几点也该可以提及。

第一,是中国社会决不能常靠古老的农村经济作中心,而且古老的农村经济也早已在此一百年来,给外来的资本主义荡溃无存了。但中国究竟是一个大农国,将来的发展也决不会脱离农业的基础。而且世界趋势,也正在从海洋岛国、工商配合经济的殖民帝国时代,转换到大陆农国、工农配合经济的新霸权时代。中国社会之必将工业化,走上以新科学工业配合农业,先复兴本国社会经济,然后再配合上国际贸易,来在整个世界经济圈中占一席位。这一趋势,人人能言,断无疑义。

第二，是中国社会决不能且亦断不该走上资本主义社会的路。这是了解中国传统文化历史及现代世界潮流趋向的人，所同样首肯的。

第三，则中国社会发展，必将在其内在自身获得一种自发的生机。即是从它传统历史文化所形成的国民性中，获得一种精神上之支撑与鼓励，领导与推进。而决不能从外面如法泡制，依样葫芦地模仿抄袭。这一层，虽有这一百年来的历史现实做最亲切显明的证据，而不幸这一百年来的中国智识界，却始终没有勇气来接受此教训。他们老只在争论应该抄袭谁，模仿谁。换言之，哪一个外国可为我们的标准。绵历几十年，流了几千百万民众的血，凭借武力胜败，作为此一项理论是非之判定。这正是上述殖民地化社会，一种最可惨痛的悲剧。也是中国现代殖民地化的智识分子，所该担当的莫大错误与罪恶。我们若用孙中山先生的话来说，不如谓这一现象，乃是中国社会从"次殖民地化"挣扎向"殖民地化"的一种可悯与可耻的努力。

中国现阶段中之智识分子，正在模糊地崇拜西方，积极从事于"全盘西化"不着边际的憧憬，恳切期求跃进于某一西方国家化的新范畴。这在某一观点看，也可算是一进步；但在另一观点看，则不能不说是更退步，退向更深的次殖民地化之阶段上去。

若我们要真个期望有一个真正中国的新社会出现，必先有针对中国自己社会的一番新智识与新理想。姑举共产主义言。我这里并不想对马克思、恩格斯的唯物史观与阶级斗争的学说作学理的争论，但马氏一派的理论，在苏维埃社会实现，也已经过列宁、史太林诸人针对俄国国情的好几番变动。中国至少也该有中国自己的列宁与史太林，这至少是在中国热心马克思思想运动的志士们所该首先憬悟的。中国目前实在是尚在次殖民地化社会的阶段中。必先期求摆脱这一阶段，乃可期望有真正合理的中国新社会出现。这一点只要中国智识分子稍能平心静气一加思索，似乎也该可得共同的首肯。

第四，于是又转到如何培植真正的中国智识分子一问题上来。没有知识分子，则对社会发展之前途提不出理想，提不出方案。社会不会在盲目中发展。即使能在盲目中发展，但仍必先有知识分子的理想与方案出现。今天中国大陆所热切希望拼命追求的，无可讳言，只是一套苏维埃的现成的理想和方案。我们若先承认中国是中国，苏维埃是苏维埃，则至少该有一个取舍从违。近百年来，我们盲目抄袭德、日，失败了。又盲目抄袭英、美，失败了。转而盲目抄袭苏联，必然同样地要失败，至少是不获成功的。这正如百年前的盲目守旧一般。若明白这一点，旧的并非全该推翻，德、日、英、美也非全要不得，目前大陆共产党所热切向往的苏联自然也有些可学。在这古今中外的复杂条件中，如何斟酌运用，这需一种智慧。明白得智慧之重要，才知我们该如何培植知识分子，及如何样来培植。要之，这决不是把我的抄袭图样来革你抄袭图样的命，如是简单直捷所能胜任而愉快。这一层紧衔着上一层，也该要求我们的所谓知识分子之首肯。

以上所言，好像全是些最平易的常谈。然而正为如此，才可以在这上面建立起"共信"与"国是"。有了一种共信与国是，新社会之出现，才可说是有了端倪与曙光。而不幸一百年来，即是建立在这样一个平易常谈上的共信与国是，也终于没有建立起。于是任何一国的海上奇方，都变成旧中国起死回生之神药。这些神药，任谁身边也有，谁都说不服谁。除非世界一统，次殖民地化的中国社会，将永远会在革命与动乱中牺牲，将永远更加深它次殖民地化之程度，老困在此陷阱中，再也跳不出，而终成为一个地道标准的次殖民地；那又再有何话可说呢？

（一九五〇年十、十一月香港《民主评论》二卷八、九期）

二 再论中国社会演变

一

近人治学，慕效西方，每好分别以求。如治史，从政治史外又必分出经济史、社会史等，条分缕析，可至一二十种以上。然合固可求其分，分亦必贵于能合。中西双方历史，本非先有限定，必走同一道路。

如言社会史，中西显相异，进程亦不同，治史者必强纳之于一型。马克思分西方社会为农奴社会、封建社会、资本主义社会、共产社会诸阶层，此据西方史立论，其是否尽当且勿究；但国人治中国史，何时为农奴社会，何时为封建社会，争辨纷纭，莫衷一是。惟中国社会，显未走上西方道路，则已明白无疑。而国人遂群认中国至今仍是一封建社会，相当于西方之中古时期，一时若几成定论。

余尝谓中国古代有"封建政治",与西方中古时期之"封建社会"有不同。中国封建政治,远自夏、商迄于周代,已有长时期之演进。其前亦如西方曾有农奴社会与否,古史渺茫,可勿究。而在夏、商、周三代封建政治下,固亦可称其时乃一"封建社会",显分贵族、平民两阶层,但平民决非农奴,此就西周一代种种文献足可证。而在贵族、平民两阶层间,又有一中间阶层,此即当时之所谓"士"。《管子》书起于战国,其书中已明白提出士、农、工、商四阶层。余故谓中国社会自春秋战国以下,当称为"四民社会"。而自战国以下,又递有演进,仍可续加分别,以见与西方社会之进程有不同。

二

"士"之一阶层,起于何时,暂不详论。然如管仲、鲍叔牙在齐桓公时,其出身显非贵族,而当系一士。在此以前,亦尚有士。以后更层出不穷。至孔子而"士"之地位始确立。后人又称之曰"儒"。《说文》:"儒,术士之称。"可见儒即士。术士犹云艺士。礼、乐、射、御、书、数为当时之六艺,能通一艺以上,即可上通贵族阶层,以供任用,甚至可当国政,为卿相。一部《春秋左氏传》中,自管仲至孔子,其他尚多其例,兹不列举。

儒之后有墨。墨亦士,其自称则曰"兼士"。儒、墨以下,百家竞兴,亦皆属士。因于士阶层之兴起,而贵族阶层渐趋没落。我故名战国时期曰"游士社会"。至秦灭六国，封建政治终歇，继起者为郡县政治，而社会则仍为一游士社会。就秦而言，擢用东方游士，远自商鞅、范雎、蔡泽，迄于吕不韦及其宾客，皆游士。李斯为相，亦游士。蒙恬为将，其先世由齐来，亦一游士。博士官七十人皆游士。秦始皇帝之一朝，概多游士，嬴姓贵族不见有掌握政权者。其太子扶苏，亦在蒙恬军中。然则纵称秦代为"专制政治"，而其决非贵族政治则可知。政治影响社会，社会亦影响政治。其时中国乃为一游士社会，政府亦莫能自外。即论秦之统一天下，其主要动力，亦在六国之游士，而不在秦之贵族。

汉高祖崛起，当时之从龙集团实亦一士集团。能通一艺即为士，不分文武。萧何、韩信皆士。张良、陈平更当称为士。叔孙通、娄敬、陆贾、郦食其之徒，亦何莫非士。即如商山四皓，亦显属士。汉高祖不明时变，乃欲恢复古代之封建，"非刘氏不得王，非军功不得侯"，尚欲成立一贵族与军人配合之政府。其意亦何尝不想刘氏一姓世世为王，以迄于万世。就此一层言，汉高祖之政治意识，实较秦始皇帝为逊。惟高祖以平民为天子，与皇帝之以贵族传统为天子者究不同。后人独称汉初为"平民政府"，其实如吕不韦、李斯、蒙恬之伦，皆平民跃起。故秦始皇帝时已非一贵族政府，汉高祖何得再创一贵族政府。其事之终不可久可知。

汉初分封，异姓王侯加诛灭。同姓诸王中，游士麇集。尤著者，在南如淮南王安，在北如河间王德，群士归附，较中央政府为盛。景帝时，吴楚七国之乱已平。武帝时，中央政府之规模体制，亦不得不变。最主要者，厥为将开国以来贵族、军人之混合政权，明白转变为此下之士人政权。其先非封侯不得相，而武帝拜公孙弘为相，乃特封为平津侯。公孙弘乃东海一牧豕翁，治《公羊春秋》，膺贤良之荐入政府；非贵族，非军人，以社会上一"士"的身份而为相。

武帝时又始建太学，太学生出身，高者为郎，低者为吏。"郎"为王宫侍卫，"吏"乃地方政府之科员。为吏有成绩，重得进身为郎，然后由郎再获分发出任朝廷内外各官职。由于此一制度，自汉宣帝以下，凡为相者，乃无一非由士出身。朝廷内外官僚，皆由士充之。故汉代政府，由武帝以下，乃确然成为一"士人政府"。高祖意欲恢复封建政权之意想既失败，而汉武以下，天下归于一统，游士亦匿迹。故余特称汉武以下为"郎吏社会"。虽属创说，明有史证。

其先自儒、墨兴起，游士已代贵族阶层而为社会领导之中心。自秦始皇与汉武帝，在上之政府皆无法转变此趋势，乃不得不正式成立士人政府以与社会相因应。故当时之社会既不得称为一封建社会，当时之政府亦不得称为一专制政府。此皆有史实作证，不得空以名词相比附。

当时太学教育，乃以五经博士儒家思想为主。社会农村中一士，由太学生转为郎吏，膺任政府官职。退而在野，则敬宗恤族，以养以教，不仅止于其一家之门内。此种宗族观念，远自封建时代传递而来。自儒家言之，固亦不得谓之非。"黄金满籯，不如遗子一经。"世代传经，即可世代为卿相。于是虽无世袭之贵族，而逐渐形成了世袭之"士族"。

三

士族形成，在东汉之晚季。下至三国，中央政府崩溃，郎吏社会亦转成为门第社会。如袁绍一家，其先四世三公，即为一大门第。又如诸葛亮，其先家世二千石，亦一大门第，故兄弟三人分在魏、蜀、吴三国，皆知名。其他不胜列举。惟曹操崛起寒微，对门第深抱忌刻心，孔融、杨修、荀彧，凡出门第，皆遭忌见祸；然亦终无奈于社会之大势。故魏晋转移，而政府亦渐由门第操纵。此下东晋、南北朝，政府更迭，而门第旺盛，不随政治而摇动。余故称此时期为"门第社会"。

门第社会远始于晚汉，直迄唐之中晚而始衰，绵亘当历七百年以上。门第特权，初非由政府规定，与以前封建不同。又经乱世，如三国分裂，东晋偏安，五胡云扰，南朝之递禅，北朝之分东西，南北政权又相继亡灭，隋代亦继之颠覆。政治局势极度动荡，南方门第支撑于长江一带之新造区域，北方门第则崎岖于胡族政权下，而始终保其存在。及至唐代统一，盛运再临，而门第仍屹立。此当有其所以然之故。

余曾有《略论魏晋南北朝学术文化与当时门第之关系》一长文详论其事。盖此一时期之门第，不仅能自保，而中国传统文化亦赖以维系。两汉经学以外，文学、史学，莫不有继续茁长之势。政治乱于上，而社会定于下。自汉迄唐，历史民族生命之护养，亦胥当时门第之力。纵谓当时门第乃一种变相之贵族，然固不得加以轻视。

近人率以庄老清谈与当时门第并为一谈，此亦不然。门第维系，断非清谈之业绩。清谈仅在东晋南朝门第中有此一姿态。北朝及隋唐，清谈显不占地位。故欲深究当时门第之共同实质与其一贯精神，断当自中国传统文化中求之，而儒学尤其一要端。要之，门第乃形成于士族，门第中人，亦皆中国传统社会中之所谓士；上接两汉，下启隋唐，中国仍为一四民社会，士之一阶层仍为社会一中心。会合政治史、学术史而融通一体求之，则当时之所谓士，率多囿于门第，有其一种特殊之形态与风格；其不同仅在此。

再换言之，当时所谓士，或偏安于南方，或胡汉合作于北方，或努力于再创统一盛运而更加以发扬光大如隋唐；其主要人物，多数皆产生于门第中。当时门第中人，决不当划出于中国传统社会领导中心"士"之一阶层之外。此一义，断当加以深沉之认识。

至于门第内容，细言之，有晚汉三国西晋、东晋南朝、五胡北朝、隋唐时代之四种分别相；亦当探讨其相异所在，更进而求其会通合一，又进而求其与前汉后宋一贯相承之所在。此当从社会史、政治史、学术史会合求之。知其分，又当知其合。知其变，又当知其常。固不得因此时期有门第存在，而遽目之为犹是一封建社会。

二 再论中国社会演变

及唐之中晚，北方藩镇割据，朝廷以诗赋文学取士，门第传统终于衰灭。继之者为进士轻薄。其时之所谓士，既失门第护养，又无朝廷公家特施教育之培植，大体上已失其所以为士之内在精神。而社会亦失其领导中心，政治、学术相次溃败。唐亡而五代继起。就历史形势言，晚唐与五代十国，断不能与晚汉以至三国之一段时间相提并论。中国历史自秦以下，亦不断有衰乱世，但亦不得谓之黑暗世。若必求中国历史上之黑暗世，则惟晚唐与五代差可当之。其时，政治乱于上，学术衰于下，士之一领导中心已失其存在，而传统社会则犹未彻底崩溃。尤其在南方十国中，社会基础尚未大变，文化命脉尚未全绝，惟在极端摇动中。无以名之，则姑可名之曰"黑暗社会"。

四

宋代兴起，政治粗安，朝廷乃知极端以养士尊士为务。然就中国历史言，传统的士阶层之正式复兴，则已在宋兴六七十年后。教育界有胡瑗，政治界有范仲淹，必待此两人出，乃重见有中国传统之所谓士。然其时社会已不再有门第，政府以考试取士，而进士皆出自白衣。此一形势，直至清末，余特为定名"白衣社会"。白衣率从农村中崛起，其形势略同于汉武帝之时。所不同者，政府考试制度已大为开放，民间又有印刷术发明，书籍流布较前远易。故两汉察举制度兴起以后有门第，而宋代士阶层复起，终不能再有门第形成。

其时民间学术传布，印刷术之外，复有书院讲学。印刷术与书院，均已远起于唐代。而在社会上发生大影响，引起大作用，其事则始于宋。宋代政府贫弱，远不能与唐相比，而社会学术之盛，则唐亦不能媲于宋。南宋政府益贫弱，而学术转益兴盛。

蒙古入主，政治形势大变。其时学者，即传统之所谓士，相率杜门不仕，而隐于民间，以讲学为务。书院之盛，上凌宋，下躐明。宋以下一千年来之书院林立，惟元最盛，莫与伦比。故元代之学术，经、史、文学，纵不能继步两宋，然较之明代，则未见远逊。元代初期如黄东发、王厚斋、胡身之、马端临，皆不愧为旷世巨儒。中国历史上亡国时代，惟元初学术最盛。明代开国，如刘基、宋濂之徒，亦皆培养于元代。论其规模，亦未逊汉、唐、宋诸代之开国，而抑若犹有过之。明代科举之制，亦承袭于元。所定《四书大全》《五经大全》，为科举标准者，亦自元抄袭。故在元代，政治大变于上，社会固未随之大变于下，学术文化传统依然如旧。其时已无门第，而白衣之士阶层，仍不失其为社会之领导中心。士阶层凭何力量而得如此？此当从胡瑗、范仲淹以下，在学术之潜在精神中求其深源。而濂、洛、关、闽理学之贡献，亦自可见。

满清入关，明遗民志节之高抗，学术之深邃，一时人物蔚起，声光炳焕，尤过于元初。历代政权更迭之际，殆无其匹。政府亡于上，顾亭林谓之是"亡国"。而社会士群，则仍能

"存天下"于下，中国历史文化依然保存其大传统。清廷异族政权虽控御中国逾两百四十年之久，然中国社会则依然凝固，精神犹昔，文物递盛。直接间接，莫非明遗民所赐。清末辛亥以前，国人倡导革命，即以明遗民为号召。尤著者，乃见于当时群相诵读之《国粹学报》。风声所播，人心奋昂，影响深厚，远较宣传西方美法革命为尤过。下层社会之影响上层政治，自本自根之文化传统较之外在影响之鼓舞歆动，其为力之宏大，收效之迅速，即此可见。

五

如上所述，中国自古代封建贵族社会移转而成四民社会，远溯自孔子儒家，迄于清末。两千四百年，士之一阶层，进于上，则干济政治；退于下，则主持教育，鼓舞风气。在上为"士大夫"，在下为"士君子"，于人伦修养中产出学术，再由学术领导政治。广土众民，永保其绵延广大统一之景运，而亦永不走上帝国主义、资本主义之道路，始终有一种传统的文化精神为之主宰。此非深明于中国所特有的"四民社会"之组织与其运用，则甚难明白其所以然。

近人每谓中国尚停滞在农村社会的阶段，不知中国城市兴起，亦已历两千数百年。其为历代首都所在地，如长安、洛阳、南京、开封、杭州乃及燕京，与夫其递盛递衰，如战国齐之临淄、赵之邯郸及陶，又如宋代特起之四大镇等，且不计。如春秋末之吴，秦代统一后之广州，汉兴以下之广陵即扬州，以及如四川之成都，此等大城市，皆绵亘两千年以上。唐人诗："腰缠十万贯，骑鹤上扬州。"黄巢之乱，广州大食商人被难死者达十万人。金兀朮渡江南下，苏州一城死者五十万人。即略读《马可·波罗游记》，亦可见其时中国各地城市遍布之盛况。钞票始行于南宋，至元而大盛。银号汇兑制度，亦在清初成立于山西。至如商品远出国外，如汉丝、唐茶、宋瓷，人人所知，不烦详举。故中国社会，两千年来，即为一农、工、商并盛之社会。

至于全民兵役制，则确立于汉代。三国以下有屯田兵，唐有府兵，明有卫所兵，虽非"全农皆兵"，亦必求其"全兵皆农"。兵农合一，永为中国历史上一传统制度。对外武力，如汉代对匈奴，唐代对突厥，其征战辉煌之绩，亦彪炳莫盛。凭其富，不产生资本主义。凭其强，不产生帝国主义。历史上不断有此机会，而永不迈进此境界，永保此和平安定四民社会之体制。于农、工、商、兵诸色人等之上，尚有士之一品，主持社会与政治之领导中心。

以较西方社会，希腊、罗马有农奴，而中国无之。中古时期有封建贵族、武装堡垒与夫教堂大地主，而中国无之。文艺复兴城市兴起以后，其海外殖民以至于资本主义大企业之兴起，而中国亦无之。中国社会有士之一阶层，掌握政治教育之领导中心者，西方亦无之。果能平心从历史演进中尊重具体实例，一一加以比较，则中西方之社会相异，显然可见。

社会体制既不同，建立于其上之政治，自亦不同。如西方古希腊之市民政权，只建立在每一小城市中，尚不能扩充成为一国家。罗马帝国之军人政权，以及中古以后现代国家兴起，有所谓神权、君权、民权之演进，在中国史上，皆无其例。秦汉以下，全国大一统之中央政府，非神权，亦非民权，但亦不得目之为君权。

西方现代国家，疆土仅如中国一省区，尚可凭君权统治。中国自秦以下，传统政治，论位则君最高，论职则百官分治，论权则各有所掌，各自斟酌。如汉代之选举，唐代以下之考试，皆有职司，其权不操于君。朝廷用人，则一依选举考试之所得。故中国自秦以下之传统政府，仅可称之曰"士人政府"，或可称为"官僚政府"，官僚即由士人为之；而决非贵族、军人或商人政府。

又且皇帝与政府亦有别，不能即认皇室为政府。百官分职，皆有规定，不由君权，又乌得目此政府为君权专制之政府。君位在政府中为最高，自君以下，卿相百官皆出于士；在四民社会之上，而有士人政府之建立，使政府社会融成一体。而且选举考试，录取名额全国皆定量分配。户口众，赋税重，则选举考试之录取名额亦随而增。故政府官僚，率平均分配及于全国之各地区。惟在铨叙制度之升降黜陟中，偏远地区，文化较低，人才稍次，较难得卿相高位。君位虽世袭，然储君必与士人受同样教育。正位为君，亦时择群臣中学问才德胜者进讲授业。则君亦士也。君臣上下之能沆瀣一气，其端在此。故中西社会不同，政府亦不同。暂不论其高下得失，而双方相异，则历史具在，可以覆按。近人好据西方历史来解释中国，则宜其不相当。

六

近百年来，中国备受西方帝国主义、资本主义之欺凌压迫，思欲一变传统，以效法乎彼。于是社会剧变，历两三千年来为社会领导中心之士阶层亦日趋没落。至于最近，几失存在。往日之士精神，已渺不复见。而工商企业之资本家，则尚未成熟，未能确然负起领导社会之责任。于是整个社会乃真如一盘散沙，不得不待政府之排布。而政府又高呼民主，民实无主，何能主政？抑且西方近代资本社会与其民主政府，亦经长时期之禅递推进而有今日。其所成就，何可一蹴即几？今日中国社会传统架构已被毁。而其基础，则两三千年来，深埋厚筑，急切犹难挖掘净尽。此下之中国社会，将成何态，非有高见卓识深谋远虑之士，难窥其仿佛。"盲人骑瞎马，夜半临深池"，洵堪为今日之中国社会咏矣。

抑尤有进者。互观中西双方历史，而论其政府与社会之比重，可谓中国政府乃以社会为基础。西方政府则仅以社会为凭借。故中国政府自秦以下，实皆由社会士人组成。王室虽在政府体制中占高位，受尊崇，然决不得谓皇室即政府。外戚、宦官预政，政府随即崩溃，但社会传统则赓续如旧。

所以顾亭林有亡国、亡天下之辨。自宋以下，蒙古、满清两度以异族入主，而中国社会传统则迄未有变。朝代兴替，政府更迭，自秦以下屡有之，惟元、清两代为大变，然仍必以中国社会为基础。故依宋、明两代言为亡国，而中国历史传统文化精神之建本于社会基层者，则固前后一贯，大本未摇，故可谓仍是中国传统之天下。

以较西方历史，希腊未有国，罗马有国，然其国由政府建立，而非建立于社会。故罗马帝国非即罗马人之天下，帝国亡仍若与罗马人无关。欧洲现代国家兴起，最先亦建立于政府。若果以社会建国，则至少葡、西不必分建两国，比、荷、瑞典、挪威均然。而奥、匈则不得成一国。而且中古时期以下，全部西欧同操拉丁语，同信耶稣教，亦尽可成立为一国。欧西社会，乃在同一天下中，而始终成为多国。

故中国历史实可谓"有社会，有国家"，其言盛衰兴亡，盛衰乃指社会言，而兴亡则指国家言。但亡后复有兴，衰后复有盛。以观西洋史，则实当可谓"有社会，无国家"，故西洋史各地有盛衰而无兴亡。如希腊至今仍是一希腊，罗马至今仍是一罗马，而其每一地则衰后不复盛。当前之现代国家，如葡、西、荷、比，以至英、法等，葡、西、荷、比已一衰不复盛，英、法恐亦将皆然。此乃西洋史与中国历史相异一大要端，诚不可不知。

惟其如此，故近代西欧人，好言自由，力争民主，而屡起革命。此乃对社会言，非可对国家言。而中国历史则诚如近儒梁任公言，乃无革命。实可称西方革命，乃限于社会性，非可谓是国家革命。至如中国古代史，尧舜禅让，汤武革命，中国传统之所谓"革命"，实属国际性，而非社会性。依西方史言，则不啻一国对另一国之征伐，又何可言革命？

七

今再深一层言之，亦可谓西方文化，实仅停止在社会财货生活一阶段上，并未能进入更高层，如中国人所谓"治国平天下"大群集体人生中之政治道义阶段上去。故近代西方民主政治，仅尚社会一时多数人意见，而并无超社会以上更高一层之规矩道义可言。以此较之中国文化传统中之治平大道，其相互间之距离，实甚相远，未可并论。

再自中国史言之，秦代一统，固可说由秦消灭了六国。深一层言之，乃是当时中国社会新兴之士阶层代替了古代之封建贵族阶层。故秦始皇帝时代之政府，早已具一士人政府之雏形。汉高祖以平民为天子，至汉武帝则士人政府乃确然正式成立。中国之士阶层，乃由社会产生，不由政府产生。故中国史上自封建而改为郡县，实可谓乃中国政治史上一大革命，一大进步。下至三国，魏之曹氏，晋之司马氏，自此以下，除五胡北朝为外族政权外，南方诸政府，何尝不由社会中士阶层来建立。即五胡北朝，亦必与中国社会中之士阶层合作，而始能成立其政府。甚至下迄元、清两代，亦莫不然。

近代西方之民主政府，议会政党政治，亦乃是由社会来组织政府，非可谓其政府乃能超出乎其社会之上。故在西方社会中，仅可谓有知识分子，不得谓如中国之有士阶层。故西方社会中之获得预闻政权，乃至掌握政权，皆由其社会中之资产阶层发动。其先议会选举，皆论资产，由纳税人资格而获选举权与被选举权。故近代西方之民主政府，则必然需采取社会中资产阶层之意见，于是使其社会迅速成为一资本主义之社会，而其政府亦迅速成为一帝国主义之政府，向外获取工商原料，推销工商成品，使其本国资本社会可以不断向荣；而其相因而起之一切毒素，亦可向外发泄，使本国社会暂时见其利不见其害。但自帝国主义崩溃，资本主义之毒素乃转向内泄，于是其社会乃开始日趋崩溃，而若有汲汲不可终日之势。亦可谓乃先有其内在资本社会之病痛，而始有帝国主义之崩溃。

任何一社会，经历某一段时期，无不需变。即论中国社会，如余所陈，自封建而游士、郎吏、门第、白衣，亦已历多阶层之变动。惟均不失仍为一士传统。最近百年来，骤与西方帝国主义资本社会相接触，富强之势，咄咄逼人。而又歆羡其民主自由之美名，不加深察，惟求一变故常，亦步亦趋以为快。而不幸西方社会亦已临于不得不变之边缘。惟变当有常，万变不离其宗。当先揭出其大本大源之纲领所在，使一切之变，皆趋向此纲领而勿违，斯其变乃可有常，有其前途。自然科学，物质文明，从西方资本社会之养育中突飞猛进，人人尽以改进物质人生为目标,为期向。而不知人生趋向,社会结构,则并不尽在物质上。物质日进,反可使人生日退步,社会日解体。

八

姑举婚姻一项言。西方婚姻制度主要奠定在政府法律上,夫妇关系须得法律承认,而法律则操于政府。中国婚姻制度主要奠定在社会风俗上,夫妇关系之奠定,在"礼"不在法,在"人"不在政。礼定成俗,礼俗起于道义,乃人生社会事;而不可谓其起于制度,乃政治法律事。故西方则刑法之比重超越乎礼义,中国则礼义之比重更超越乎刑法。但今亦可谓西方刑法仅属社会性,而中国人之礼义则属政治性。其实西方婚姻制度之得以维持稳定,更要因素则在宗教。宗教则仍属社会性,非属政治性。但自科学日兴,宗教信仰日衰,而资本社会之日常生活,乃更使婚姻制度易趋解体。

日本为中国文化之一支,其社会形态亦属中国型。其男女关系,夫妇制度,更属保守。乃自最近二十年来,社会经济飞跃,整体人生随而生变,婚姻亦失正常。家庭基础动摇,幼童老年,全受影响。此实以物质繁荣,人情易趋凉薄。群体涣散,社会组织转以工商团体之事业经营为主,不以人与人相处感情上之交融互洽为本。财富日增,人生情味日减。继此以往,不加警惕纠挽,实有人伦道丧、天下将亡之忧。

回忆吾国,自辛亥前迄今百年,人人以慕效西化为自救自存之惟一途径,唱为文化自谴之高论,群认为中国人仅知有私德,不知有公德。"各人自扫门前雪,莫管他人瓦上霜",引此诗句,肆为诟厉。不知门前雪急需扫除,自当由各家各户自扫;瓦上霜在别家屋上,自可不管。夫妇为人伦之始,男女之防一破,性交泛滥,婚姻仳离,此其妨碍人生大道,何止如门前之雪!若求扫除,则需男女人人,各各知耻自好;此非私德而何?私德既丧,何来公德?今日之工厂,规模日大,天空有噪音,地下有污水,上自飞禽,下及游鱼,无不受害。资本主义之为祸人类,其先如非洲贩黑奴,广州卖鸦片;演变至今,乃有共产主义崛起。凡属资产,尽成罪恶。清算斗争,集中劳改。此岂乃为公德?

吾国自宋以下,八百年来,《大学》成为识字人第一部必读书。齐家、治国、平天下,一以修身为本。"富润屋,德润身",修身当重德,不重富。民国初年,小学尚有"修身"科,教人如何在社会上做人。此身明明为各人私有,则私德即公德。后遂改为"公民"科,教人如何在政府下做一公民。于是人生重点,转若不在私而在公。试问每一人之生命,究属私有,抑公有?无私又何来有公?

今日资本主义社会,一切物质财产资本,不啻尽求纳入社会中,实即亦是一种公化。四十、五十层以上之摩天大厦,林立市区,此皆所谓"富润屋"。而蛰居屋中之每一人,更无德以润身。是只润屋,不润身。集此无德不润之身,其生命之干枯燥烈，惟有束之以法律，限之为公民。人生乃为财富所公有，不为此身所私有。因此有关财富，则必彼此相竞。不关财富，则各自恣肆，无所底止。美其名曰"自由"，而法律亦无奈之何。今日自由资本社会，显已群趋此境。而当前中国社会，则亦顺此潮流，奉为榜样，向之迈进。其最后归宿，岂不已彰灼在目！

九

今再返观中国社会全部演变史而综合言之。儒、墨兴起，古代封建社会一变而成此下之四民社会。若为中国社会演变史中之第一大变，实则其变并不大。儒家如孔子，其心中固尚奉古代封建贵族为圭臬，尧、舜、禹、汤、文、武为圣君，伊尹、周公为贤相，"述而不作"，未尝有近代吾国人所提揭推翻打倒任何革命之意味。即墨家墨子，亦抱同样态度，称道《诗》《书》，尊崇古人。惟孔子佩服周公，墨子则师法大禹，要之则同重人物。古人今人，同是一人。贵族平民，亦同是一人。为人必遵人道，守人格。在社会为一人，始能在政府为君相，为官僚。苟其君不行君道，则伊尹放太甲，周公摄成王政。太甲悔过，伊尹自桐宫迎回。成王既长，已知为君之道，周公亦归政。尧舜有禅让，汤武有革命，政府一切制度行为，惟以人道为依归。

孔、墨所唱，仍属人道。惟其道在下不在上。在上者得其道，斯政府可以领导社会。道而在下，则社会当起而领导政府。儒、墨之意在此。惟孔子论道主"仁"，墨子论道主"兼爱"、尚"义"。所不同者属第二义，在方法上。其更高第一义，在原则上，则无不同。故孔、墨同若反贵族，而实非反贵族，所反在其人之无道。此下百家迭起，无不皆然。惟韩非主以上御下，以君制民，其道最狭，乃为后代中国人所弗信。故孔、墨虽同对在上者有讥议，而同受当时在上者之尊崇。所谓游士社会，朝秦暮楚，所至有给养，受重视，绝非贵族、平民间之阶级斗争，如近人所谓之推翻与打倒。而古代贵族、平民间显分阶级之封建社会，乃亦终于告终，消散于无形。

故封建社会与四民社会之间虽有变，而仍有一不变之大传统，此乃吾中国文化精神一贯相承之所在。今当统称之曰"人道社会"，亦即"人心社会"，或称"人本社会"，即是以人道人心为本之社会。修明此道以领导社会向前者，在先曰圣君贤相，在后则曰士。"作之君，作之师"，君在上，师在下。政府、社会，自道论之，皆属一体。自秦以下，中国一统，为君为太子亦必有师，亦必同为一士。而孔子遂为至圣先师，其在社会之地位，尤高出历代各朝君主之上。必明此，乃可觇中国社会之特征。

希腊有民族，有文化，有社会，但无国家，因亦无政府。各城市有民选议会，处分其各城市之公共事务，如斯而已。罗马有国家，有政府，乃操纵于军人集团。向外扩张，而成为一帝国。帝国统治下，可有各色不同之社会。如意大利、希腊、埃及、法兰西乃及其他地区，在同一政府统治下，但并非同一社会。帝国崩溃，中古时期之封建社会，乃分由贵族武装堡垒及教会所统治，其情形与中国古代封建社会大不同。中国封建，在社会之上有政府。西方封建，社会之上无政府。社会无一共遵共由之道，政府亦无一共守共由之道。道在教会，权在政府，与中国大不同。

及现代国家兴起，规模虽小，实承罗马传统来。而文艺复兴后之城市兴起，则承希腊传统来。故沿意大利半岛之地中海及北欧波罗的海诸城市，其成为国家转在后。西、葡海外寻金，风声所播，荷、比、英、法继起。罗马、希腊两传统渐汇为一，于是遂有民主政府、议会政治之建立。在内为民主，属希腊型。在外为帝国，属罗马型。于是西方现代国家，乃始建基于社会之上，似若走上了中国道路。但其社会乃是一工商社会，进而变成资本主义之社会。与中国人道、人心、人本社会之本质，仍有其大不同处。

中国社会非无工商业，非无城市，其事远在战国时已然。惟与希腊不同。希腊有城市工商业，有社会文化，而不能有国家。中国先秦则两者兼有。逮汉唐一统，其国家与政府，又与罗马不同。罗马由军人政府扩展向外而成为帝国。汉唐政府乃由全国社会之向心凝结而成。虽曰大一统，而非向外征服，故不得目之曰帝国。汉起丰沛，唐起太原，立国中心则并不在此。

故中国四千年来之社会，实一贯相承为一"人道""人心""人本"之社会。修明此道以为社会之领导中心者，自孔子以下，其职任全在"士"。孔子曰："士志于道，而耻恶衣恶食者，未足与议。"西方社会则建本于工商业，如希腊。其国家则建本于军人武力，如罗马。故西方传统重视富强，恶衣恶食乃其所耻。近代之帝国主义与资本主义渊源胥由此。中国传统，向不重富强。今则一慕富强，而近百年来之中国社会，乃由此而变质。士之一阶层，已在社会中急剧消失。社会失所领导，领导者乃在国外，不在国内。姑无论西方社会亦已临必变之际，而邯郸学步，一变故常，外袭他人，事亦不易。即谓有成，亦不啻亡天下以求存国。皮之不存，毛将焉附。其或终有理想之新士出，以领导吾国人，从四千年旧传统中，获得一适应当前之新出路，则诚所馨香以祷矣。

（一九七七年作，一九八七年五月《动象月刊》革新一号载）

三　中国历史上社会的时代划分

一

中国历史如同一篇诗歌，在稳定平静中发展；西方的历史如同一幕剧，一幕一幕紧凑不断地在变换。这并不是说，中国的社会无变换；而是这种变化的过程和目标，很难加以指明。因此历史时代的划分，更比较感到困难。

我们首先仅就中国历史中所见之中国文化传统之绵延，以及中国人所理想的社会这一观念分别加以说明。中国的传统思想，自古希望以学术来领导政治，再由政治来支配经济，而创造出一个合理的、以达到完美的人生为目的的社会。这一种传统精神，在一方面讲，固然像近是在夸耀中国文化传统之可夸耀的一面；但在相反方面讲，它也有"安而不强，足而不富"的相随弊害。而与此相对的西方社会，却是"强而不安，富而不足"。因此我此刻所指出者，乃仅是中西双方之异同比较，而并不意在对中国文化作夸耀。

其次，我们再从这一观点来考察中国社会所独有的特征。首先中国社会，当可称为"四民社会"，是由所谓士、农、工、商四行业不同的四民所组成。此一社会，同时也可称为"士中心社会"。因此在中国社会里，虽然也有流品分别，然而并未意识到四民之间有阶级之存在。在此四民中，"士"之一流品，为中国社会所独有。士的身份，既非贵族，又非军人和官僚；不但不是豪富阶级和宗教信徒，同时也不是指的一辈专门的学者；而同时却也不与一般的庶民相同。这一点，在西方人士是不易理解的。如果我们不能将"士"的一流品之实态，及其对中国社会所负的责任，彻底认识清楚，则对于中国历史便将无从着手探究。

二

中国社会既是以士为中心的社会，而中国自秦以下的传统政府也可说是士人的政府，则所谓"士"者，到底是什么样的一类人呢？我们也可说，中国社会中之所谓士，该是一群立志达道的人。如宋时范仲淹在得秀才之后，他便立志称将"以天下为己任"，将"先天下之忧而忧，后天下之乐而乐"。这一例，已十分明显地表明了中国文化传统中所谓士的性格了。

因此，我们在思考中国历史中之社会变迁时，实应以各时期士的动态作为探求的中心。在某一个时期中，士在何等地位中产生和占有何等地位，士以何种方式而渗入政权、操握政权，这都是非常重要的问题。现在若依此观点来作为中国社会分期的基准，来说明中国历史中社会的任何演变，将觉比较容易。

下面所指的中国历史上的社会分期，是以前者的观点而试分的。

一、封建社会——西周，春秋

二、游士社会——战国

三、郎吏社会——两汉

四、门第社会——魏晋南北朝

五、科举社会——唐以后

（一）前期科举社会——宋以前

（二）后期科举社会——明清

其次就各时代而简略说明之。

三

我是将西周和春秋时代称为中国的"封建时代"。这和西方中世所谓的封建制（Feudalism）不相同。主要差别有以下五点：

一、在中国称封建制度，主要是政治性的。西方称封建，则是一个安放在社会组织形态上的名称，主要是社会性的。

二、中国的封建制度，是在西周王室完成其大一统之后，所产生的一种政治制度。而西方的封建，则是由罗马帝国的统一政府灭亡后，农民、小地主无可依靠，要求地方强有力者之庇护，而产生的一种社会形态。因此，所谓中国历史上的封建制度之扩张，乃是由上而下的。而西方社会的封建则不然，乃是由下而上，逐层依附而形成的。

三、中国的封建制度，乃以城廓作中心，向外垦殖。而西方的封建，则是从乡村凝结，逐渐建起政治关系。

四、中国的封建制度，乃由平民社会中产生了大批的自由学者后而崩溃。西方的封建社会，则由于自由城市的工商业勃兴，中产阶级得到势力后而崩溃。

五、西方的封建社会崩溃，遂诞生了近代型的国家。但是在中国的封建制度崩溃的同时，大一统的统治权也随之覆灭，乃进一步转向为群雄割据的时代。

以上所举出的数点，在中国历史中所称的"封建制度"，和西方历史上的"封建"，意义完全相异，不可相提并论。

四

西周和东周的贵族王室，赖借封建制度，而加强其中央统一和政权支配。可是一到战国时代，便变成为由贵族政权迈进到士政权的过渡期，此即所称的"游士活动时代"。

由于贵族阶级世袭的政治特权已逐步解散、逐步消失，而在社会中下层不断出现了许多富农、新地主以及私人的工商企业，因而介在贵族与平民之间，又产生出了"士"。战国时代各国政权的文武中枢，全被此辈新兴的士所掌握。

更须注意者，是此辈平民学者，所谓"士"的，既没有特定的土地和生业，但也不受国君的严格约束。因此当时的他们，都抱有超地域、超职业甚至于超国家的"天下"观念。这种观念，不用说，是由周王室封建统一的政权支配下培养而来。但他们已能超越此封建的旧政权，最先从事于组织国际联盟，进一步而更期"天下一家"的一种崭新的崇高理想；这就造成了秦汉时代之新统。

五

中国历史，从春秋封建社会崩溃以后，经常由上层官僚家庭乃及下层农村中的优秀分子的相互交流的结果，而渐渐出现了平民学者，又渐渐成为掌握政权、指导社会的有力者，于是遂构成了一个"士"的政权。此事须待汉武帝以后，才始是正式建立"士政权"的期间，因此我特将两汉时代称为"郎吏社会"。

当时定制，凡进入国立太学中的优秀青年，可分派到中央政府作为"郎"。其成绩较次者，则派遣到其所从来的地方，作为"吏"。郎是一种中央皇室的侍卫集团，吏是隶属于各行政首长下的各门公务人员。在吏之中，其服务成绩卓著者，经其所管首长之选拔，仍可以送到中央为郎。而属于各级政府长官，则概由郎的阶级中遴选。在战国时游士的本身是自由的，但一到西汉，政府对于士的考选和采用，比较已经有了一个固定的标准和法度。但此也不过是一种政治制度，并不是社会阶级。因此西汉社会，仍然是流动的；换言之，并不是在社会中有了固定的士的一阶级。这是不可否认的事实。

但不幸的到了东汉末年，中国社会终于出现了一个近乎固定的士阶级。一则因于当时的教育，限于为此少数的知识家庭所独享。另一则原于当时书籍流通不畅，而增加造成这种学术偏荣的现象。由于学术之世袭，因之而在政治上的从政特权，逐渐成了世袭。于是东汉以后的魏晋南北朝，乃有世家大族，所谓"门第"的出现。

我们也可说，西周乃以宗庙为中心，因"宗法"和"礼治"为当时社会秩序的重心；而两汉则以学校为中心，"学术"和"吏治"遂成为当时社会秩序的核心了。这是两汉时代之特色。

六

东汉中期，是门第势力的萌芽期。经黄巾之乱以后，汉政权崩溃；平民因无法律上的保护，不得不求庇护于世家大族势力之下。这些世家大族拥有私户和家兵，足以自卫。于是政府和社会之间，乃成隔离。中间介入了一个"门第"的新势力。而当时又正是佛教东来，宗教势力勃起，寺院也渐成为平民依附而得保护之处所，因亦在社会上占有一部分实力。这一层，却和西方中世纪的封建时代颇相似。因此有一部分历史家，认为魏晋南北朝是中国历史上真正的封建时代，而两汉以前则称之为古代的奴隶社会。

然而当时的门第社会，仍和西方的封建贵族社会有不同。门第仅是乘机得势，在政治上获得了部分利益。若论在国家制度上，却并未正式予以承认。他们虽然是大地主，但并非是由政府所赐封的封建贵族。即如当时推行的"九品中正制"，可见他们仍无政府特赐的爵位与官阶。这种门第势力，乃是自然促成。当时政府也曾苦心设法加以制裁。因此门第在当时，并不能和西周时代的封建贵族并论。

总而言之，当时的门第，仅保持有一种独占文化和教养的特权，仍不能否认其是基于战国以来的士的传统思想。此下因北魏采"均田制"，北周实行"府兵制"，门第时代的私户和家兵统归国家管制，实行了大改革。因有了此两种新的制度，遂奠定了以后隋唐两代的繁荣。然而其根本的思想，则是出于北朝的经学，尤其是治《周礼》的学者们，从事研究古籍之所得。

七

唐代的"府兵制"，沿袭了北周。而唐代的"租庸调制"，则是北魏"均田制"的蜕变。但是更重要的,则是唐代的采用"科举制度",自此保障每一公民有自由参加科举的权利。六朝时代的门第势力,即变相的新贵族世袭,至此已趋向瓦解的阶段。唐代可谓是由门第转到科举的过渡时期。

然而唐代的科举,一如汉代,有多种的限制。商人不能应考,并且官吏不得经商。这是中国传统文化理想中所应特别看重的一点。中国从战国以来,工商业已逐渐发达;特别是唐代的工商资本,有其显著的进步。虽然城市已占社会经济的重要地位,可是当时的商人,却仍和政治权力绝缘。而士阶级的政权传统观念则颇强。中国政治,经常是以田地赋税为主,来抗抑商人资本的发展,不断励行限制社会自由经济到达某一个阶段为止的原则。因此,唐代社会,尽管工商资本极活跃,但仍不失为一个士中心的传统社会。

魏晋南北朝的门第,是由文官出身的变态贵族;而唐末的藩镇,则是出身于武官的变态贵族。由于唐末藩镇的兴起,而失去了政治和社会之内部的均衡,遂有外民族的侵入,而形成了长期混乱的局面。直到北宋初年,文化教育虽极度看重,但仍摆脱不了唐末影响而生出了长期衰弱之病征。

八

宋代以后的中国社会,已踏入中国史之近代化。其中之一的特征,是"中央集权"之强化。第二是社会各阶层的再融和。魏晋以来的门第势力业已绝迹，特殊的军阀藩镇势力也消灭，社会上再无强有力的特权势力。而文化教育则渐次普及到全国各乡村，"耕读传家"的观念逐渐发挥，其效果也非常优良。于是全国中产阶级之中，每三年有一度遴选优秀的知识分子进政府成为官吏。教育散布全国，各地遍设书院，以个人的品格、学风来扶植后代子弟的风气，盛极一时。终于造成了书院与政府对立的形势，而且政府也蓄意禁止书院的发展，如明末东林学党便是一个显明的例子。

科举社会，全般而论之，是一个缺乏实力的社会。当时所最忧惧的，莫如外患凌迫。而且自从采用八股文为科举选拔标准以来，士自身已忘却其自身的责任，清高的理想已消失。民间书院的崛起，即是针对着士风堕落，反映士的传统思想之挣扎。

清以后，因满清政府狭义的部族政权之镇压，士的气节更丧失殆尽，士只有埋头于"馆阁"和考证。至此学术领导政治的传统精神已失，相反的政治却达到支配学术的境界。

而商人资本之限制，发展到某一阶段，则造成了民族经济的基层薄弱。最后商人借于外国资本之侵袭，容易转变成为买办。又兼农村经济之枯竭，因此安定国家经济的中心力量日形衰薄。

又加上中国知识分子的新思想，专一注重于出国留学，一意在吸收西方科学，而又无摄取科学之经济后盾。于是知识分子，自信力日以消失。这是近代中国的悲剧。

以上我仅就中国历史上"士的使命"一点，概略地加以说明。但最后学术领导政治、政治统制经济的根本传统观念，则直到今天，仍不可抹杀。外来思想，必定能在中国自己的传统观念中同化。若在接受方面，无明确的态度，恐将来演变，必会多生波折。同时对于栽培科学所需的社会经济基础，更为重要。但促进社会经济，又如何与中国传统思想相配合，此均为中国今后之大课题。而其责任，无疑仍将落在中国社会传统中之士的身上，此是大概可知的。让我即此作为此次讲演的结束吧！

（一九五五年十一月日本东京大学讲演，载日本《东方学》十二辑、一九五八年一月香港《人生杂志》五卷三期）

四　略论中国社会主义

一

大陆邓小平自称，求改马列共产主义为"中国社会主义"。此言甚有思路。但"社会"一名词，乃近代自西方传译而来，中国自古无之。《大学》八条目有修身、齐家、治国、平天下。倘以较大言之，则可谓"天下"即指社会，但其地位极广大，犹在国之上；较小言之，则"家"亦即是社会，其地位乃在国之下。此所谓"家"，非仅指五口、八口之家言。《史记》载诸侯列国事，皆称"世家"。宋初有《百家姓》，郑樵《通志》二十略首为《氏族略》，中国之"家"乃指"氏族"言。中国一氏族，约略可相当于西方一社会。

中国言社会，每重其"风气道义"。不如西方言社会，仅言财富经济。中国重人伦，夫妇为五伦之首。妇家称"外家"，婿于外家称"半子"。如古代姬、姜联姻，则姬、姜两氏族不啻如一家。如是推扩言之，则百家亦实如一家。又与异邦亦以联姻和亲，如汉代之下嫁宫女于匈奴单于，即其例。故中国人言修身、齐家、治国、平天下其道一以贯之，乃此义。主要在相和相亲。其内心之德，即孔子之所谓"仁"。

仁心外见则为"礼"。孔子言："人而不仁如礼何！"人与人相交之礼，乃一本之于仁。中国文化自古即主以仁道平天下，亦即所谓"天下治"。近代梁任公则称之曰"礼治"。西方则尚"法治"。就文字学言，"治"之本义，乃指水流之平。礼有宾主，亦相互平等。西方人言法，则判法者与受法者决不相平等。此亦中西文化之相异。

《诗》云："相鼠有体，人而无礼。""礼"即人群大生命之体，人类大生命即以群为体，财货则仅为维持生命之一项工具，亦贵通不贵别。亦可谓中国自古代即已为一通财或共产之社会。

如言农业，二十而冠，即谓成人，受田百亩，为其生资，六十归田。此为中国古代之井田制度。田属公，不属私，实可谓即中国之共产制度。百工亦世袭其职，受俸于公家以为生。如尧为陶唐氏，其家即以烧窑为业，世传其业成为一氏族。一切中国之氏族，大概多由此生。商业通有无，最后起；亦由公家发俸，世袭其业，非由私营，迄于春秋时尚然，《左传》有详证。

故中国春秋以前之封建时期，实不啻一"共产社会"，例证不胜举。战国以下，中国社会始大变，主要有"士"阶层之兴起。《管子》书中始分士、农、工、商为四民，《管子》书出战国时。孟子曰："劳力者食人，劳心者食于人。"士不治生业，乃劳其心而食于人者，此即中国古代之"无产阶级"，始自儒、墨，此下九流百家无不然。

二

今全世界一百五六十国以上，惟中国社会独有士，乃均不治生产事业而食于人以为生。此即中国社会共产一明证，战国百家开其端。汉武帝表章五经，罢黜百家，于是独儒家遂为政府法定不治生产事业而获优待之自由民。《史记》乃有《儒林传》，郡国察举制度亦惟限于儒林。下至东汉，儒林地位益增，先之有太学生党锢狱之兴起，次之乃有世家门第之形成。

若以战国时期称之为"四民社会"，东汉以下亦可称"门第社会"。其实门第乃是士族中世代相传不治生产事业而转成为上等富有之家庭，故门第社会实可谓乃一无产阶级高踞在上之社会。西方社会以劳工为无产阶级，劳工则低居人下。中国门第社会以读书人为无产阶级，而高出人上。此则中西传统文化之一大相异处。

东汉后，读书人为社会中之无产阶级外，尚有自印度东来之佛教，僧侣出家，亦为无产。但此下禅宗，即以寺僧自治田。别有道家，亦无业为生。此则仍是中国之世传。

政府在上，社会在下，社会之得与政府相抗衡者，惟赖此一批不治生产事业之士。汉武帝表章五经，罢黜百家，乃期将此一批不治生产事业之士，由政府供养，收归政府管理。但此下王莽受禅，则士势力终出政府势力之上。东汉光武中兴，亦一王莽时太学生。一时同学群为辅佐。东汉太学生乃声势大展，成党锢之狱。魏晋以下，终成门第社会。唐人诗云："旧时王谢堂前燕，飞入寻常百姓家。"此见当年之门第生活，仍犹长留人心。慨叹之余，有不胜其向往惋惜之情。则非仅堪加责备，亦自有其值得想望之处矣。隋唐以科举取士，门第势力遂告衰落。而"《文选》熟，秀才足。《文选》烂，秀才半。"《文选》一书，乃为士人向政府投进之惟一凭借。

韩愈起，提倡古文，自谓："好古之文，乃好古之道。"古之道，即指孔孟儒家之道言。"用则行，舍则藏。"藏道于身，即可不与政府相合作。至如熟读一部《文选》，则专为应试出仕之用。其时门第势力已全衰，非出仕，又何以为生。韩愈亦世家子，但早孤，寄养于其兄。兄亦早亡，其嫂有一子，及愈，一家三人。愈之身世孤苦，但既应举出身，即唱为古文，又唱为师道，曰："师者，所以传道、授业、解惑。"可见当时韩愈所唱之道，不止为辟佛，又辟当时之仅以《文选》为学而应举谋仕者。但韩愈之道当时终不畅行。及其卒，其所唱为之古文亦不流行。直至宋代有欧阳修起，乃始再修韩愈之古文。及其得位于朝廷，即以古文取士。韩柳古文在欧阳以后，即取《文选》而代之，亦成为当时一利禄之途。则其文虽古，其道又非古。乃有周濂溪出，以"寻孔颜乐处"教二程，遂有理学之兴起。

理学兴起，不啻战国时代儒学之复兴，亦即中国社会"士"之一流品之复兴。及南宋朱子，编集《论》《孟》《学》《庸》为四书，其重要性乃更超于汉博士所掌之五经而上之。朱熹之以四书教，岂不尤胜于韩愈之以古文教？蒙古入主，元代科举取士，即以朱子四书为标准，则四书岂不又成为唐代之《文选》？明代王学兴起，虽亦重四书，但以不应试、不出仕为主要为士之标准。虽阳明屡有告诫，但其门下如王龙溪、王心斋之徒，终以不出仕为讲学之主要目标。顾、高东林学派，一反其风，主张为士者亦应出仕预闻政治。但明代终亦以东林党祸亡国。

明遗民如顾亭林、黄梨洲等，皆终身不仕。亭林言："有亡国，有亡天下。亡国之事，肉食者谋之。天下之事，则匹夫有责。"当时明遗民皆以天下为一己大任所在。此下则又有文字狱起，而当时学术界乃始有汉、宋之分。其实当时之汉学，其反宋，即反抗清廷之科举仍以朱子四书取士。故其反宋学，实即为反政府。故吴、皖书院讲学，其内心精神，皆为反政府。其风直至清代之末而犹然。

然则中国文化传统中之所谓"士"，岂不乃一"无产阶级"而为下层社会之代表；与上层政治虽不显居反对地位，而始终有其独立性，决不为政府一附属品。

四　略论中国社会主义

三

自宋以下，士阶层中之尤要者，在其仍能推行古代社会通财之共产观念。即如宋代范仲淹之"义庄"制度，即其一显例。范仲淹乃一贫寒之士，其父早卒，其母改嫁，范氏就读僧寺中。及其为秀才时，即以天下为己任。"先天下之忧而忧，后天下之乐而乐"，主要可谓即在其具有通财共产之思想。及其为朝廷之副宰相，遂倡立义庄制。顾亭林言："仁义充塞，而至于率兽食人。人将相食，谓之亡天下。"范仲淹之创为义庄制度，岂非即是仁义一表现？此制即推行于此下之氏族中。同氏族中之孤儿寡妇之养与教，皆由义庄公田负其任。

范仲淹创此制，初推行于范、朱两姓。后乃通行全中国。每一氏族，各有义庄，历元、明、清三代不衰而益盛。如余家无锡延祥乡七房桥，钱氏一门七房，而共有义庄三所。余幼孤，读书荡口镇之果育学校，亦华氏一义庄所主办。义庄非中国宋以后一明显之社会共产制度而何？

义庄之外，又有"会馆"，亦中国后代社会之一种共产制度。如清代戴震，以一穷举人入京师，即先寄生于其同乡会馆中。各省士人考进士试赴京师，寒士亦可各住其省府之会馆中。如湘乡曾国藩可为一例。而中国人海外殖民，自明代三保太监下西洋，到处集居经商，亦均设有会馆。一穷氓流亡国外，只投身会馆中，住宿饮食皆得解决，又可为介绍职业。此非又一通财共产之制而何？

又如清代嘉、道年间，川楚教匪乃及洪杨之乱，皆由地方团练，乡里自卫。曾国藩、国荃兄弟，乃以湘军平洪杨。李鸿章又以淮军平捻匪。皆地方团练，非政府军队。乡里自卫，武力之共通，亦如其财富产业之共通。中国历史，远自古代，即全农皆兵。保卫中央，戍守边防，亦属乡里自卫之外之部分任务。而地方自卫，乃中国全农皆兵之主要责任。则全国不仅通财，亦复通力。国家天下，乃如一体。故中国之军人亦称"军士"，又称"武士"，可见其与农、工、商三阶层有不同。中国人之所谓"大同""太平"，主要乃由文士、武士之通力共财促成之。此皆涵有甚深之政治意味在内。中国古人言经济，所谓"经国济世"，亦不专指商业财富言。

晚清之末，震于外侮。全国地方，奋求自新，而江苏之南通与无锡两县为之首。南通由张謇一人为之唱。张謇乃晚清科举中一状元，即中国传统所谓士之秀者。惟无锡则由全县平民共同努力，非有其领袖。其先，乃由无锡西北乡四五商人游杭州西湖，晚餐于湖滨之楼外楼餐馆。餐毕下楼，乞丐数十人，集门外场上讨赏。诸人大感动，念无锡本乡北门外近京沪路各餐馆，亦有群丐类此。乃协议在上海设立工厂，俾可招收乞丐为工人，免其行乞。无锡人在上海租界兴办工商业，乃由此肇起。

既得志获财富，乃返无锡本县兴办教育，创设私立学校，中学小学皆有。城乡迭起。余幼年入荡口果育学校，亦私立。余离大陆前，任教无锡太湖滨之私立江南大学，即由荣家一厂主独创。余遂得认识荣德生，乃无锡一先兴实业巨魁，即上述在西湖楼外楼晚餐人之一。彼亦曾自办一荣巷中学，余先兄曾于此任教。中日战争时，此校已停闭。德生谓大学乃其子事，与彼不相关。彼毕生贡献于乡里者，有七十岁时修筑一蠡湖长桥，共长有七十桥洞，桥上可四辆汽车并行。由此桥可自无锡城陆地直通鼋头渚。德生面告余，身后犹得地方人士纪念者，惟赖此桥。中国人之人生观，即抱有"死后传世"之观念，又抱有一"大同共通"观念，其对社会事业之乐于贡献有如此。

《周礼》云："孝、友、睦、姻、任、恤。""孝友"不仅专对一家父母兄弟言，亦对宗族全体言。扩而大之，亦可谓乃对全人类言。"老吾老以及人之老，幼吾幼以及人之幼"是也。而"任恤"二字，尤富广大通财之义。此见中国社会通财共产观念之远有来历。实则通财共产皆近代西方语。中国人道德学问皆主通，故财富权力亦主通。中国之通财，与西方之共产，相互间，有其同，更有其异。一抽象，一具体。一重义理，一务实质。此亦当辨。

又无锡人创办学校，有侯君保三，乃一学校教师，亦自于其家创办一私立学校。其时兴学皆男校，独侯家乃首创一女校。而保三亦以此驰名全国。其时福建厦门集美村，有村民陈嘉庚兄弟，在新加坡发大财。新加坡华商受国内影响，亦多私立学校。陈嘉庚乃返其家乡集美村创办一私立小学，即聘侯保三为校长。其后集美学校又扩展升级创办中学，凡分中学、师范等共六所。后有厦门大学，亦由陈嘉庚出资创办。其他全国私人创学情形，此不一一详述。犹如山东武训以乞丐兴学，更为当年轰动全国一大新闻。

中国社会，其更近于西方之共产主义者，则又有"帮会"。元明以来，有南起杭州北达通州之运河，工人群集，乃有帮会组织。或称"青帮"，或称"红帮"。清末五口通商后，上海一埠，帮会盛起。余乡有黄某，乃上海之帮会主，为杜月笙前辈，在上海设有一旅馆。余任教于厦门之集美，暑假乘海轮返沪。轮泊黄埔江边，余雇两洋车载行李，命赴黄某所开设之旅馆，车费由旅馆账房代付。余别他往，不与两车俱行。两洋车依余言，交行李于旅馆账房，一无遗失。以两车夫知余必与此旅馆老板有素，遂不敢误事。其实余并未询此两车夫姓名，亦不记此两车之车号，亦无其他凭据，而两车夫之可信乃如此。此一事，乃余亲身经验，可为中国帮会之势力与道义作十足一之证。孙中山先生辛亥革命，全国帮会势力亦预有大贡献，此不详述。

以上略陈中国社会自古即主通财。秦汉以下，封建制改为郡县制，工商业大盛。但自汉代推行盐铁政策，此下中国乃绝不能有资本主义之出现。政府则主"通商惠工"，社会则主"通财共产"，与西方社会由资本主义产生共产主义之反动事态大不同。

四

今若把近代西方社会之种种演变，肯用稍深一层的眼光来观察，则试问，共产主义的思想根据，固然是唯物的；而资本主义的终极趋向，又何尝不是唯物的呢？双方的共同点，岂不都是在物质经济上？至于个人自由与阶级斗争，则只是达到物质享受与经济分配两种手段技术上之不同而已。正因民主政治的背后，没有一个更高的理想在指导，则个人自由很直捷便转落到物质享受上。资本主义的社会是让人个别地竞争，共产社会则转向到无产阶级集体竞争一面去。这亦可算是人生一进步。但中国人以仁义道德来作人群集体的指导，尚和平，不尚竞争，比西方的共产主义更进步更高明多了。

毛泽东醉心西化，高捧马、恩、列、史，提倡共产主义。既得志，中国传统士人如马一浮、陈寅恪等诸人，皆若置身局外，绝无正面明白之批评与反对。中国文化传统以仁慈为中心，岂反文化亦必一反其自己之性情？如毛泽东，此诚大堪警惕矣！

今再深一层言之，余尝谓欧洲史可谓有社会盛衰，无政治兴亡。远自希腊、罗马，直迄近世葡、西、荷、比皆然。最近则法、英商业亦趋衰退。苟谓历史鉴古可以知今，则法、英亦不宜再有复兴。美国建立于北美洲新大陆，又混合犹太人、黑人同为一国，此当与欧洲本土英伦之为国不同。但建国主人同属英民族，今亦与其祖国英伦同露衰象。此下演变，似不当轻与欧陆并为一谈。但其亦不能复盛一如往时,宜可预知。

当前全世界最富国家已推日本,而南韩、台湾、香港、新加坡又以"四小龙"追随称盛;则岂不商业盛况已转入亚洲?而日本、韩国皆深受中国文化熏陶,积一二千年之久。则商业盛况,岂不已转入中国文化之体系中来?此实一大堪研讨之问题。

五

今试妄言之,窃谓中西经商应有一大不同处,欧洲盛行个人主义,而中国文化则盛行家族主义,又为一大家族主义。此为其一最大不同点。

余曾熟识一美国青年,其父乃一油漆商,而其祖父则为一富翁,一人独居南部,雇佣一女护士侍奉日常生活。余尝谓其孙,汝今日虽穷窘,他日祖父遗产大可享用。彼谓即其父母亦不作此想。他年祖父遗产,恐多落入其女管家之手。故西方人产业,乃属个人私产,非一家公财。故有创业,无守成。年寿有限,产业无归落处。其所传承乃公司,非私家。中国产业则必世袭家传。中国宗法,最相亲者为高、曾、祖及父、子共五世;以三十年为一世,当可历一百五十年之久。如其人艰苦创业,其子继承之,至其孙而大盛,此下至少尚可传子及孙二世,每世中尚可各有兄弟姐妹;本宗外家,共沾其盛。荣德生兄弟同启大业,兄先卒,德生子侄辈七八人传家立业。共产政权不骤兴，荣家之业至少再传一两代，当不骤衰，或更盛，则已先后历三代百年之久。余又曾任教厦门集美学校，创办人陈嘉庚之父经商新加坡，业败倒闭，照例子可不偿父债。乃陈嘉庚兄弟经营得余财，一一追偿其父生前所欠。信誉大增，乃成巨富。陈嘉庚有一子，在集美学校读书，有一自行车及一马，其他生活与诸同学无异。此后毛泽东起，陈嘉庚亦加入共产党，其商业亦骤衰，不知其子究如何。倘无政治大变动，陈嘉庚事业或仍可由其子继承。韩国与日本同受中国文化沾溉，同是家族主义，商业亦世代相承，与欧洲个人主义之经商情况自可有大不同。

中国人有创业、有守成；西方则有创无守，有业无承。故中国观念有"传统"，而西方则无之。中国五伦，由夫妇得子女成"血统"，君臣为"政统"，朋友则当属"道统"，尤在政统上。故师道尤在君道上。西方人无传统观，今国人则称之曰"法统"。法由人造，随时更改，何得有统？梁任公以西方为"法治"，中国为"礼治"。礼则人类之性情，大群之道义，自可有统。西方之法，由多数人创立，其多数则随时变易，故法亦无统，惟尚多数。中国道统则本之心性，可以历久而常存。

中国人言："黄金满籝，不如遗子一经。"此属另一义。黄金满籝，亦以传子孙。西方人则个人主义，黄金满籝，亦不以传子孙。无传，故不可久。西方资本家，或有捐献，或献上帝教堂，或献社会其他公共事业，或分赠他人。捐献分赠与传授不同。传则有继，捐赠非有继。故西方人仅知有公私之别，乃无先后之传。心理如此，事业亦然。故西方之资本主义亦当及身而尽，无可传。

其实西方之共产主义，仍属个人主义。取之他人，非以公之大群，亦非传之子孙。则资本主义既失败，共产主义亦当消失，同为不可久。中国人之通财共产，则非个人主义。故如中国自宋以来相传之义庄制，即可永相承传，益广大益深厚，而绵延不绝。

六

惟其西方事业无传统，苟有传则专在物质上。如一大工厂，其传统只在其建筑及机器上。一大帝国，其传统亦只在其武力与疆土上。武力倚仗，亦仍在机器上。机器无生命无传统，久而必弊。故西方人不言久、不言传，惟言"变"、惟言"新"，垂统继承则自无可言。此为中西一大相异。

或疑科学亦由人类智慧所发明。但此种智慧乃从人心之兴趣来，兴趣则随时随地随人而易变，并易生厌倦。中国人之智慧则从心性之全体来，故重在道义上，乃"天人合一"，不专以随时随地个人之兴趣为依归，并亦不会有厌倦。故"道义"有传统，而"兴趣"则不能有传统。西方人之科学发明，亦实无传统可言，因此无持久之希望与把握。此则亦当深思而极论者。

西方社会既属个人主义，故其父成为一大资本家，其子女转易对资本生厌倦心。历时既久，而人心之厌倦亦益甚。其事业之不能长继永传，亦自无疑义。

抑且科学上之高深发明，既供商业资本主义之利用，宜可解淡了科学天才对此方面之继续新发明。如万有引力与水蒸气之发明，岂为营财致富，而亦竟为营财致富者所利用。则此一番科学发明之高深兴趣，亦当为之而解淡。此尤难以具体申论者。

故西方人好言变，中国人好言常。科学发明亦只主"变"不主"常"。科学愈发达，其群乃更无常道可期。此又何止经济一途为然。

然则纵使当前之经济盛况，一时由西方转移到东方来；而经久变通，则西方近代之科学发明机器利用，其势仍将变。西方之科学创造，将一变而渐归入东方传统之艺术创造中来。此层非本篇所能详论。考之中西双方之国民性，与其历史传统，而仍可预言以判者。故不惮简略伸其要端如此，幸读者之自思之。

或问科学与艺术究何异？曰，两者皆寄于外物，惟科学以外物为主，而艺术则终仍以人心为主。内、外之辨，亦中西文化一大分辨所在。中国人之艺术，则仍可归入中国人之道义中。余已在他篇论及，此不再详。

然则今日大陆果有意推行"中国社会主义"，以代替苏俄所奉行之共产主义，岂不极为恰当？但惜今日之中国人，已少通知中国以往之历史,更少保留中国传统之心情。不知以往中国社会究何真相,即一己天赋之真性情亦不自知,则"中国社会主义"又何从推行?

今再综合言之,中国之社会经济,终必归于通财共产,以大群一体为主。而与西方之个人主义,则无论其为资本主义,或为共产主义,皆必大相异。此则可一言而定者。

又按孙中山先生三民主义之民生主义,余曾谓亦即中国之社会主义。已详他篇,兹不赘。

(一九八七年三月九日《联合报》副刊,原题名《中国社会主义与学生运动》,四月改写为此文)

五　中国传统政治

一

西洋政治史学者常说，他们的政治，由"神权"转进到"王权"，又从"王权"转进到"民权"。他们又说，政治有立宪或专制之别，或是"君主专制"，或是"君主立宪"，否则是"民主立宪"。近代中国学者专以钞袭稗贩西方为无上之能事，于是也说中国政治由神权转入到君权。因为中国没有议会和宪法，中国自然是君主专制，说不上民权。但不知中国自来政治理论，并不以"主权"为重点，因此根本上并没有主权在上帝抑或在君主那样的争辨。若硬把中国政治史也分成神权时代与君权时代，那只是模糊影响，牵强附会，不能贴切历史客观事实之真相。至于认为中国以往政治只是君主专制，说不到民权，也一样是把西洋现成名词硬装进中国，并不是实事求是,真要求了解中国史。当知西洋近代,又有"法西斯""共产极权"两种政治,完全逃出了他们以前所归纳的君主专制、君主立宪和民主立宪之三范畴。可见这三范畴也只照他们以前历史来归纳。难道中国传统政治便一定在此三范畴之内,不会以别一方式出现吗?我们还得把自己历史归纳出自己的恰当名称,来为自己政治传统划分它演进的阶段,这才是尊重客观实事求是的科学精神。若只知道根据西方成说附会演绎,太随便,亦太懒惰,决不是学者应取的态度。

《尚书》上早说了:"天视自我民视,天听自我民听。"类此的话,不止一见。直到春秋时代,随国的季梁说:"民,神之主也,圣王先成民而后致力于神。"虢国的史嚚说:"国将兴,听于民。国将亡,听于神。神聪明正直而壹者也,依人而行。"邾文公说:"天生民而树之君,以利之也。"晋师旷说:"天生民而立之君,使司牧之,勿使失性……天之爱民甚矣。岂其使一人肆于民上,以从其淫,而弃天地之性?"这些话,通春秋二百四十年,类似的还多。这决不是代表神权时代的理论,也不是代表君权的理论,但又不能说它是在主张民权。这里便告诉我们,中国的政治理论,根本不在主权问题上着眼。

孔子《论语》说得更明显。季康子问政,孔子对曰:"政者,正也。子帅以正,孰敢不正。"又说:"苟子之不欲,虽赏之不窃。"又说:"君子之德,风。小人之德,草。草尚之风,必偃。"这里所提出的,并不是政治上的"主权"应该谁属的问题，而是政治上的"责任"应该谁负的问题。社会上一切不正，照政治责任论，全由行政者之不正所导致，所以应该由行政者完全负其责。孔子又说："君君、臣臣、父父、子子。"君要像君样子，尽君的责任，臣才能像臣样子，尽臣的责任。臣不臣，还是由于君不君。远从《尚书》起，已说"万方有罪，罪在朕躬"。这是一种"君职论"，绝不是一种"君权论"。

这番意思，到孟子发挥得更透切。孟子曰："君仁莫不仁，君义莫不义，君正莫不正。"可见社会上，一切不仁不义不正，全该由行政者负责。所以孟子曾亲问齐宣王，士师不能治士，该罢免士师；"四境之内不治，则如之何？"又说："闻诛一夫纣矣，未闻弑君也。"这是说，君不尽君职，便不成一个君。不成一个君又如何呢？孟子说："君之视臣如手足，则臣视君如腹心。君之视臣如犬马，则臣视君如国人。君之视臣如土芥，则臣视君如寇雠。""寇雠，何服之有？"照人道讲，不能强人服从他寇雠。臣不服君，有时责任还在君，不在臣。而且臣有臣责，"君有大过则谏，反覆之而不听则易位"。这也是臣责，臣不能将有大过之君易位，那是臣不尽其责。这些全是政治上的"责任论"，亦可说是"职分论"。中国传统政治理论，是在官位上认定其职分与责任。皇帝或国君，仅是政治上最高的一个官位，所以说天子一位，公、侯、子、男各一位，共五等。君一位，卿，大夫，上、中、下士各一位，共六等。天子和君，在政治上也各有他应有的职分和责任。天子和君不尽职，不胜任，臣可以把他易位，甚至全国民众也可以把他诛了。这是中国传统政治理论之重点。必先明白得这一点，才可以来看中国的传统政治。

二

所谓中国传统政治，本文只从秦汉大一统政府成立后说起，更前的则暂略而不论。这几十年的国内学术界，几乎无一人不说秦以后的政治是"君主专制"，但作者仍将不惮反复对此问题作辩护。本文所论中国传统政治，亦仅在这一点上作发挥。首先要注意者，中国秦以后的传统政治，显然常保留一个君职与臣职的划分；换言之，即是君权与臣权之划分；亦可说是"王室"与"政府"之划分。在汉代，内朝指王室言，外朝指政府言。全国财政收入，属于大司农者归政府，属于少府者归王室。这一划分，历代大体保持。宰相是政府领袖，中国传统政治内宰相之地位和职权，值得我们特别重视。

先就西汉言，皇帝的秘书处"尚书"，最先仅与尚衣、尚冠、尚浴、尚席、尚食同称"六尚"，而且尚书也只有四员。但宰相秘书处却有十三个部门，古称"十三曹"：

西曹：管相府吏属署用。此是后代吏部事。

东曹：管二千石长官迁除，并军吏任用。此属后代吏部、兵部事。

户曹：管祭祀农桑。此属后代礼部、户部事。

奏曹：管一切奏章。此如唐之枢密使、明之通政司。

词曹：管词讼。此是后代刑部事。

法曹：管邮驿传递。此后代工部事，清代有邮传部。

尉曹：管运输。此后代工部事，清代有漕运总督。

贼曹：管盗贼。

决曹：管罪法判决。此后代刑部事。

词曹所管属民事，贼曹、决曹所管属刑事。

兵曹：管兵事。此后代兵部事。

金曹：管货币盐铁。此后代户部事。

仓曹：主仓谷。此后代户部事，清代有仓场总督。

黄阁：管十三曹之总务，此乃宰相府之秘书长与总办公处。

由其组织庞大，即可见全国一切行政，在宰相府无所不关。后代尚书六部二十四司，在此十三曹中早已包括。每一曹的职权，几乎可像后代一专部大臣。但他们俸禄很低，只有百石，还不及个小县长。此因县长由政府正式任命，而公曹则由宰相私人辟署。公曹的职权，由法理论，全是宰相的职权。公曹并不是政府的正式官，此种职位身份，相当于封建时代之所谓"陪臣"，但他们在当时的位望则极高。上自退职的九卿二千石，相等于近代各部部长及省主席之位；下及草泽大儒，相类于今之所谓社会贤达；都可由宰相自由聘任。他们也很多愿意担当宰相府公曹的职务。这在后代几乎是一件不可想象的事。此因官职、吏职，在当时观念上，并无像后世般的高下清浊之分。而相权之重，也由此可想见。

据说汉代宰相府，照例不设阑，即门限和门铃门鼓之类，表示相府对社会开放的意思，人人有事，人人可径到相府去关白。相传有某宰相，他曾用一掌门苍头，名叫宜禄；后代积习相沿，人民到相府，只呼"宜禄"，便得引进，事见《通典》。这真可算是中国传统政治里的一番嘉话，著在史籍。近代学者只知痛骂中国传统政治是帝王专制黑暗高压，对于此等记载，决然全不会理会到。

直到唐代，宰相职权，更是划分得明白。全国最高政令，名义上由皇帝颁发，唐人谓之"敕"。在法理上，则有些敕书，全由宰相拟定。汉代宰相是首长制。唐代宰相是委员制。最高议事机关称"政事堂"。一切政府法令，须用皇帝诏书名义颁布者，事先由政事堂开会议决，送进皇宫划一"敕"字，然后由政事堂盖印"中书门下"之章发下。没有政事堂盖印，即算不得诏书，在法律上没有合法地位。

宋太祖乾德二年时，三位宰相同时去职了，皇帝要下诏任赵普为新宰相。宰相则是一副皇帝。照唐代旧制，皇帝不能径自发出没有宰相副署的诏令，因此宋太祖遂召集群臣来商讨这一问题的处理。有人主张，唐代在甘露事变后数日间，也曾有类此困难，当时由尚书仆射（即如今之行政院长）奉行诏书。但有人反对，因尚书省长官只有政事上之执行权，而无出令权，认为此乃变乱时故事，承平之世不得援例。结果由当时开封府尹带有"同平章事"官衔者，即出席政事堂会议者书敕。即此可见，至少在唐代和宋初，皇帝并不能随便下诏，颁布命令。若必要说中国传统政治是君主专制，该对这些历史事实，有更进一步的解说。

但宋代相权，较之唐代，确是降抑了。唐代是先由宰相在政事堂拟定诏稿，用书面送皇帝用印，皇帝所有的只是一种同意权。宋代则由宰相开具意见，当面先呈请皇帝意旨，再退下正式起草；因此皇帝在颁布诏敕上，事前获得了更大的发言权。但这并不是说宋代皇帝便可独裁专制。当时皇帝要立一个后妃，被宰相李沆把诏书烧了。皇帝不根据宰相"劄子"（即建议书），由内降出命令，被宰相杜衍退还了。这些故事，在宋代并不止少数的几次。直到蔡京当宰相，他才开始"奉行御笔"，这是说，宰相只为皇帝副署，不再自己出主意。这是中国史上典型的权臣与奸相，但他只是不尽宰相之职。从外面说，他把宰相的出命权自己放弃。从内里说，他把一切责任推卸到皇帝身上去。但我们仍不能说，在当时法理上宰相无权；因为皇帝的命令，依然须由蔡京盖上宰相印始得行下。

但我们也不能由此说政府一切命令，宰相可以全权作主。在唐代，凡遇军国大事，照例先由中书省属官中书舍人各拟意见，称为"五花判事"，再由中书令即宰相审核裁定；送经皇帝画敕后，再须送经门下省，由其属官给事中一番覆审，若门下省不同意，还得退回重拟。因此必得中书、门下两省共同认可，那道诏书才算合法。故唐代诏令，都经中书、门下两省联席会议决定。宋代大体情形也差不多。王安石当宰相，要擢用一新官，负责起草命令的人不同意，把宰相手条当时称为"词头"的退回了，自请辞职。宰相答应他辞职。第二第三个负责人照样把宰相手条退回。王安石固执己见，继续把这些负责起草人罢免。前后七八个，没有人肯为宰相正式起草。终于临时觅得一个代理官把此手续完成了。这并不是王安石不能自己下笔起这草，此乃中国传统政治在法理上的职权规定。当时人都反对安石"无作宰相体"，王安石新政，多半失败在他的独裁姿态上。

中国传统政治，皇帝不能独裁，宰相同样地不能独裁。而近代的中国学者，偏要说中国的传统政治是专制、是独裁。而这些坚决主张的人，同时却对中国传统政治，对中国历史上明白记载的制度与事迹，从不肯细心研究一番。他们也许又会说，不许任何一人专制，是最高明的专制。不许任何一人独裁，是最深刻的独裁。总之，他们必要替中国传统政治装上"专制"二字，正如必要为中国社会安上"封建"二字一般。这只是近代中国人的偏见和固执，决不能说这是中国已往历史之真相。

宋代政制之所以不如唐，原因在宋初开国，中国正经历了长时期的军阀统治，真读书人少，传统历史文化无人了解与理会。待过七八十年，社会学术文化复兴，而政治上一切设施，有些已经积习难反。但宋代政治，毕竟还有一规模。中国历史上的政治黑暗，宜莫过于元代。若说中国真有一段政治专制黑暗时期，元代似可当之。

明太祖革命，驱除胡元，复兴汉唐规模，成为当时政治上共同的理想。但明太祖终是一粗人，历史文化修养不深。他首先反对尊孟子为圣人。他在中国传统政治史上，做了一件创古未有的大翻案，即是正式下令废止宰相，改用内阁大学士。照法理讲，内阁只是皇帝的私人办公厅，不是政府正式的政事堂。内阁大学士也只是皇帝的内廷秘书，不是外朝正式宰相之职。于是皇帝在法理上，便变成在政府里的真正领袖。一切最高命令，全由皇帝发布。但这也不是说即由皇帝一人独裁专制。皇帝的命令，因于传统政治习惯之束缚，依然必先经过内阁。照法理论，内阁大学士的身份决非真宰相；但就当时实际情形论，内阁大学士却渐渐变形站到以往传统宰相的地位上去了。但有人若以大学士身份而真正执行宰相职权，那在明代的政治法理上讲是越权的，张居正便吃了这个亏。

在当时人心目中，张居正只算一权臣，不算一大臣，因他乃凭借当时政治领袖皇帝的秘书即大学士身份，而实际掌握了领袖之大权。在中国传统政治的法理观点上，王安石迹近独裁，张居正则迹近弄权，所以招致同时及后世绝大多数的反对。他两人的政治事业，也终于当身失败了。近代中国人，一面高倡要模仿西方法治精神，一面又崇拜要像似西方的所谓"变法"事业，于是高捧王安石、张居正，认为是中国第一流的大政治家，而把当时反对方面则全骂为黑暗守旧顽固。但若真能细读历史，这又何尝是平心之论呢？

要说中国历史上真正的专制政治，清代是第二个。但满洲人比蒙古人高明，他们懂得接受中国传统政治里面许多的好处，而又能把中国传统政治转变成为他们所要的君主独裁制。内阁大学士闲置了，把皇帝办公厅改移到皇宫内部所谓"南书房军机处"。大学士走不进南书房，便预闻不到军国要务。皇帝重要命令直接由南书房军机处发出。而且可以直接发给中央乃及地方各机关各行政首长。这在明代是不可能的，是违法的。明代皇帝命令必先分别发与六部尚书，这相当于今之行政院的各部部长，不过明代皇帝像是自兼了行政院长而已。明代又在每一部尚书之下都设有专门的谘议顾问之类，谓之"六部给事中"，他们有权反驳皇帝命令；只要他们不同意，可以把皇帝上谕原封退回。这是沿袭唐、宋旧制而来的。清代又把这封驳权取消了。而且清代皇帝命令也不必一定经过尚书。关于兵事，可以直接发送于前方统帅，不经兵部。关于财务，可以直接发送于某一地方之行政首长，不经户部。而且皇帝命令可以秘密送出，此之谓"廷寄上谕"，密封，由兵部加封发驿。这又是破天荒未有之创制。

在明代以前，皇帝正式命令不公布，亦算是违法的，而且也不可能。皇帝的秘密信件，绝不算是政府的正式公文，绝不能取得政治上法理的地位。但在清代是取得了。因此我们可以说，清代政治才真是一种"君主专制"的政治。但中国传统的政治观念以及政治习惯，还是在当时庞大的政治组织中存在，而发生绝大的力量；即使满清政权，也不能把以往传统全部推翻了。因此满清政治，也还有许多不能由皇帝专制来推动行使的。

三

无疑的，在中国传统政治里，即使除却蒙古、满洲两代狭义的部族政权不论，皇帝终是站在政治上最高的一位。而且皇帝是终身的，不比宰相以下一切官员，最长不过在某一职位上继续一二十年的时期。而且皇位又是世袭的。中国社会自秦以下，既已没有了世袭特权的贵族阶级，于是只有皇帝和皇室，相形之下，更见高高在上，尊贵无比了。而且中国传统政治，不能不说它含有许多合理的稳定性，于是一个皇室，往往随着政府稳定而传袭到两三百年以上。这些都不断地造成而且增加了皇帝和皇室在中国传统政治里面的比重。皇帝不能皆贤；纵贤，而使长时期高踞尊位，总不免要在政治上横添许多不良的影响。但这是人事问题，不关政治体制。我们不能专据这些人事来衡定整个的政治体制，来抹杀那整个政治体制背后所有的理想，及其一切规制法理之用心所在。古今中外，人类历史尚无发现一种绝对有利无弊的政制，亦没有一种可以推行数百年之久而不出毛病的制度。不仅以往如此，将来亦必还如此。若我们只专意来搜罗中国历史上皇帝皇室种种罪恶，存心凭借它来批评中国的传统政治，这也依然是偏见。

中国传统政治，既主"选贤与能"，为何不想出一种"皇帝公选"的制度来呢？这亦有它外在客观条件之限制。在贵族政治下，皇位容易公选。小国寡民城市国家的皇帝，也易公选。中国自秦以后，却是一个大一统的国家，社会上又没有特权贵族存在；散漫的一千几百个县行政单位，居民多数在农村，皇帝公选无法推行。有一个举国共戴长期世袭的元首，国家易趋安定。只求他不太作恶，利害两权，而容许一个世袭皇室之存在；这不能说是全由于皇帝方面之压力，也不能说是全由于人民方面之奴性。这尽可有一个较近光明的看法，较近情理的说法。

但中国古人亦未尝不知世袭皇室可能有坏处，皇室传统终必要更易。中国人向来便很少信有万世一统迹近神权的观念。远在《尚书》里早说："天命不于常。"西周皇室卜世三十，卜年八百。即使这故事是由春秋时人所伪造，也可证明春秋时人也并不信有万世不绝的皇室传统。可见中国传统的皇室世袭，乃是一种权宜之计。只有秦始皇帝，始说一世二世乃至万世。这是他一时的兴奋心理，但已为后世国人所诟厉。因那时中国初次创出大一统政府，以前封建时代列国分争的局面打破了；当时认为天下一家，从此将不再见兵革，世界永久和平，皇室传统自可万世不辍了。即在近代，自称最前进的共产主义者，何尝不认为社会发展到共产阶段，政权发展到无产阶级专政，从此即与天地同其长久，永远不会再有新形态出现吗？即就相信民主政治的人，岂不也认为此后政治，将永远是政党选举，不再有变动吗？以今例昔，又何必对古人多肆抨击呢？

但秦始皇帝的迷梦，顷刻消失了。西汉学者更不信有万世一统的皇室。皇室变动，在中国人脑里，只有两途，一是尧舜禅让，一是汤武革命。禅让是主动的，你好，让你做。革命是被动的，你不好，让我做。与其革命，不如禅让。弥漫在战国游士圈中的"禅国让贤论"，到汉代复活了。尤其是汉武帝以后，一辈智识分子，屡劝汉皇室及早让贤，甚至像盖宽饶、眭弘继续因此招受杀身之祸；但那种理论依然继续扩大，继续普遍。连汉宗室大儒刘向也说："自古无不亡之国。"到他儿子刘歆，便公开赞助王莽来接受汉帝之让位。不幸新政权短命，汉光武自称"光复旧物"，禅让理想遭遇了极大的波折。但一到东汉皇室腐败，禅让论又抬头。更不幸的是曹丕、司马炎、刘裕直到杨坚那批人，凭借伪装来糟蹋此"禅让"二字，把禅让思想的来源搅脏了。唐代李渊父子，在隋朝覆亡后，崛起用兵，荡平群雄，这正可说是与汤武革命同样性质的新事件。但李渊父子仍然不敢正式提出"革命"二字，不肯老实说出："你不好，让我做。"却仍旧要伪装魏晋以来禅让之恶套。后来的智识分子，都说唐代得天下以正，可惜多此伪装禅让之一举，为唐代开国留下了污点。这些全有史书、文集记载，哪能说中国士大夫一向全是传统奴性，是帝王家奴，是封建头脑呢？

但中国帝皇新统，由东汉以下，不论禅让也好，革命也好，永远落在权相或军人的手里，很少能由社会下层平地拔起而登皇帝宝位的。有之，以前只是汉高祖，以后只是明太祖。近儒梁任公曾说，中国历史缺乏真正的革命。此亦有种种外在客观条件可为说明。

第一是中国传统政治比较富于合理性，毛病多出在人事上，与整个制度无关。来一个坏宰相，可以希望换一个好的。出一个坏皇帝，可以希望有好宰相弥缝，也可希望后面来一个好皇帝。人事变动，留与人以许多希望，何必把整个制度彻底推翻呢？

而且中国传统政治，容许全国智识分子按年考试选举，不断参加。对政治有抱负的，总想一旦加入政府亲自来改革，遂不想站在政府外面来革命。社会上由此失却革命的领导。

而且中国传统政治职权分配特别地细密，各部门各单位都寓有一种独立性与衡平性，一面互相牵制，一面互相补救，政府全局很难普遍腐败；因此留给人以在政治内部自身扭转之希望。

中国又是一个大农国，各地农村收获，丰歉不等；这一地区活不下，别一地区还能安居乐业。天时转变，很少长期荒歉，继续三五年以上的。农民稍可生活，宁愿和平忍耐，并无兴趣来进行全国性的大破坏。

因此种种条件，中国历史上极难引起全国普遍性的长期革命。这正与在中国历史上不易发展出一种民众选举制度，同样有它本身客观条件之限制，不能凭空说是专制压力所造成。社会在下面不易起革命，政府在上面也同样地不易有专制。若说这是中国政治的缺点，则这一缺点，毛病是在中国国家规模太大。但我们究竟不能责备中国古人为何建立起这样一个大规模的国家呀！

汉高祖何以能以平民身份一跃而为天子呢？第一是当时东方民众普遍反对秦政权，第二是战国以来社会大变动，贵族阶级崩溃，平民势力崛起；汉高祖正凭此两大潮流之会合而成功。明太祖又何以能以一平民身份而跃登天子大位呢？这因元朝末年，全国普遍反对蒙古人，而蒙古政府里又极少汉人势力，因此汉人的新政权，自然只有从社会下层跃起了。其余的王朝改易，大体全在政府内部，凭借社会叛乱自生变化。而这些叛乱，则多半为权奸与大军人造机会，否则引进了外来势力。黄巾引出了董卓与曹操，五胡乱华由此栽根。黄巢引出了朱全忠与李克用，五代十国长期黑暗由此开始。李闯、张献忠引进了满洲二百四十年的部族专制。洪、杨以天国为号召，以耶稣为天兄，洪秀全为天弟，所至焚烧孔庙，扰攘十多年，割据半个中国，而终于失败了。

孙中山先生开始依民族传统精神对满清政府革命。其所提倡"三民主义"与"五权宪法"之深义，国人极少明白了解，仍以与西方民主革命同等相视。一面是排满，另一面是推翻中国二千年传统的专制黑暗政治。前一事成功了，后一事却扑了一个空。自己的传统，不易彻底打倒，别人的新花样，不易彻底学得，于是中山先生乃不得不自己说"革命尚未成功"了。

先之有袁世凯与北洋军阀，继之有毛泽东共产党于抗日胜利后趁机得势。今天的中共还在继续革命，还是刻意要把中国传统社会传统历史痛快斩绝，彻底推翻。孙中山先生民族主义理想之完成，其前途尚属渺茫；而中共政权显然已引进了苏俄势力，而决心"一面倒"；同时也收容了不少为他们革命对象里的贪污官僚与万恶军阀，而姑认之为民主人士了。

正因对整个社会、整个文化不妥协，自然要感到自己力量微弱，于是转对外来势力与内在黑暗势力妥协了。这可证明，一个国家不了解自己国情，不从历史传统源头认识，专门一意模仿外国，总得有危险。即使一意模仿别人家建设工作，也可有危险存在，更何况是专在一意模仿别人家的破坏工作呢？

四

上面粗略地指出了中国传统政治里，政府组织与职权分配的利弊得失之大纲。下面将提出一更重要节目，即中国传统政治里的"选举与考试制度"，来再加以一番简约的叙述。

中国传统政治观念与政治理论，自始即偏重在政府之职分与责任，而不注重在政府之权力上。这一层已在上文提揭。

惟其要求政府之尽职胜任，"选贤与能"的理论自然连带而起。战国时代，游士得势，贵族政权和平移转。秦代统一政府出现，宰相以下多是平民。汉高祖初得天下，即下令招贤。直到汉武帝，这一趋势达到正式的法制化，全国优秀青年受国家大学教育，凭其成绩，补郎补吏，加入政府。不到一百年，西汉政府早已完全是一个"士人政府"了。

所谓"士人政府"者，即整个政府由全国各地之智识分子即读书人所组成。东汉时此一制度更加严密，按全国各个行政地域单位，凭其户口统计，每二十万人按年得选举一人入政府。又防选举不实，有权门请托及徇私舞弊诸现象，再由政府在各地选举后加一番考试。这样由"教育"与"行政服务"之实地观察，与"选举"与"考试"四项手续，而始获正式进入政府。像这样的一种法律规定，其用意不能不说是在开放政权与选拔人才。魏晋时代的"九品中正制"，乃因当时地方骚乱，交通阻梗，中央政府行使职权能力有限，全国选举难于推行；乃由中央指定各地域服务中央政府官吏中之性行中正者，采访同乡舆论，开列各地区人才，造成表册，送政府作为录用之根据。其用意仍似汉代之地方察举，特因实际困难，不得不演变出这一种新规定、新制度。但此一制度，在当时即不断遭受反对，一到隋唐统一政府重建，公开考试制度即代之而兴。唐代定制，学校生徒是一出身，礼部（相当于今之教育部）考试又是一出身。获得此两途出身者，再须经吏部（相当于今之内政部）考试，始获正式入仕。但礼部考试乃一种公开竞选，较之学校按年资出身者更为社会所重视，于是被认为政治上之正轨出路，人才终于逐渐集中到科举制度之一项目。这一制度，虽在考试技术上不断有种种之改变，但在法制大体上，则一直沿用到晚清。

这实在是中国传统政治里最值得注意的一制度。远从两汉以下，即一向以地方察举及公开考试，定为人民参加政治惟一的正途。因为有此制度，而使政府与社会紧密联系，融成一体。政府即由民众所组成，用不着另有代表民意机关来监督政府之行为。近代西方政府民众对立，由民众代表来监督政府，此只可说是一种"间接民权"。若由民间代表自组政府，使政府与民众融成一体，乃始可称为是一种"直接民权"。而此种民间代表，又并不来自社会中某一特殊身份或特殊阶级，像古代的贵族政权与军人政权，像近代的"富人政权"即资本主义社会的政权与"穷人政权"即无产阶级专政的政权，而实系一种中性的政权。即全国各地，包括贵族军人富人穷人一切在内，而只以德性与学问为标准的"士人政权"。此一政权很早即产生在中国，何以故？因西方政治观念注重在"主权"上，故其政治重心，始终脱离不了"强力与财富"。而中国传统政治观念则注重在政治之"职能"上，因此也始终脱离不了"智识与学养"。

这一制度之惟一可疵议者，则为察举与考试权之操于政府，而不操于社会。但若认定政府即是社会中一机构，而并非超出于社会外之另一敌对体，则此层实亦并无大可疵议之理据。而且掌握察举与考试实权者,并不是皇帝,亦不是宰相,而系地方长官,及礼部即今教育部,与吏部即今内政部。而且亦并不是礼部与吏部之长官,而系由此两部中的较低级的官员所主管。普通是由相当于近代之部次长及司长身份者,来司理其职。所以在唐代即有韦贯之说:"礼部侍郎重于宰相。"因宰相即由礼部侍郎所职掌的考试中拣出。我们无论如何,不能不承认此一制度,为中国传统政治一至要的特点。

其与察举及考试制度连带相关者,则为铨叙制度。初入仕途,必经由察举与考试;而进入仕途后之升迁降黜,则全凭其实际服务成绩而铨叙之。此项铨叙权亦不操于皇帝,不操于宰相,而操之于吏部。亦不操于吏部之长官,而操之于其属员。这一种考功课绩的法规,也远从汉代始,而发展到唐代则最臻精善。在历史上的一般评论,对唐代选举考试制,仍还有非议;而对唐代考功制度,则无不称誉。唐代官位分九品,四品以下,全由"考功郎中"相当于今司长以下官校定。三品以上,始由政府临时派特任官"知考使"任考核。但亦有由一个考功郎中李渤而居然来考核宰相、御史大夫的成绩等第的。此虽逾越了法制规定,但在当时却传为嘉话,不认之为犯法。直到明代,政府全部文武官的升黜任用,还是操在吏、兵两部,而吏部掌握文官的任用权,因此当时说吏部权重逾宰相。张居正在内阁,首先要把铨叙权即选官权由吏部手里夺来。但不久此权仍归吏部。可见照中国传统法制,即宰相也不该总揽大权于一身,又何论是皇帝。

五

依照上述，中国传统政治，注重在政府之职能。故设一官，必有一官之职；而有一职，即有一种称职与不称职之责。然则，管理和监察此种责任者又是谁？在中国传统政治里，特设有"御史"和"谏官"。御史本是代替皇帝和宰相来负责监察政府下面官员之称职胜任与否，而谏官则是负责来监察皇帝的。

依照历史演变讲，宰相在封建时代，论其名义，只是一个管家，故称"宰"。或副官，故称"相"。但一到秦汉以后郡县时代，大一统政府产生，皇帝化家为国，于是管家的变成管理全国行政，封建家庭中的私职变成了大一统政府里的公职。宰相原先只是一个皇帝的总管家，亦可说是皇帝的代理人，但又可说是一个副皇帝。宰相在汉代也称"丞相"，"丞"字同样是一种副官之称。副皇帝代表皇帝来管理国事，同时也代表皇帝来负其不称职的责任。这一转变，意义却甚深甚大，但在中国史上，此种大变化，也只是一种潜移默运，和缓地变了，并没有急剧明显的革命斗争为之判然划分。这最是中国史之难读处，同时又是对中国史之必先了解处。

御史大夫在汉代是一个副宰相。副宰相又有两个副官，一是负责代宰相管理监察政府，不论中央与地方的下属官吏；另一副官则代宰相负责管理监察皇帝及皇室。一个叫"御史丞"，一个叫"御史中丞"，中丞是处内廷的。换言之，御史丞监察外朝，即政府。御史中丞监察内朝，即皇室。由此观之，皇帝也该受监察，监察皇帝的也该是宰相。但宰相不便直接监察皇帝，而且宰相总揽全国行政大权于一身，已是不胜其重。才把监察之职分给副宰相，即御史大夫。而御史大夫要监察全国上下，仍嫌职责太重，才把监察之职再分给两丞。一负监察中央及地方政府之责，一负监察皇帝并及皇帝之家及宫廷之责。若把皇帝作为第一级官，宰相是第二级，御史大夫是第三级，则御史中丞最高已属第四级。但第四级官有权监察第一级。这一点又是中国传统政治里一种最寓精义的编配。

当知大职负大任，小职负小任。皇帝的大任，专在任用宰相；能用得到好宰相，皇帝责任已尽。宰相权任太重，发号施令，决定万机，这是更重大的；才把监察之责交与副宰相御史大夫。副宰相只综握监察大权，至于专责监察皇帝与皇室，那又比较职小而任轻，易于担当了，才把此职责交与御史中丞。我们若明白这一层意义，则由第四级官来监察第一级官，自是毫不足怪。同样的道理，在汉代六百石俸的"州刺史"，可以监察二千石俸的郡太守。因郡太守负责一郡行政，自属职高任重；州刺史只负责察看郡太守做差了事没有，自属职小任轻。这些全该从中国传统政治偏重职能的理论来观察。你若只说中国传统政治只是君权专制，只是高压黑暗，你虽可欺骗现代不读书的中国人，但若使古人复起，他到底要喊冤枉。

上述制度逐步演变，到唐代遂有台、谏分职。"台官"指的御史台，专负纠察百官之责。"谏官"则专对天子谏诤过失而设。论其职位，谏官还是宰相之属官，而御史台则成一独立机关，不再是宰相的直辖部属了。任用宰相，权在皇帝。任用谏官，则权在宰相。谏官之职在谏皇帝，不谏宰相，也不得弹劾朝廷百官。弹劾朝廷百官是御史台的职分。照唐代习惯，宰相见皇帝讨论政事，常随带谏官同去，遇皇帝有不是处，谏官即可直言规正。如此则宰相与皇帝双方有一缓冲，可免直接冲突。而谏官职分，本来又是要他来谏净的，所以他尽直言也不会得罪。即使得罪了，宰相可以把他免职降黜，一面顾全了皇帝面子，一面不致牵动到宰相之自身。至于那谏官呢？他也不怕罢免，横竖一小官，罢免值不得什么，而他可博得直言敢谏之誉，对他将来政治地位，反而有益。这些全是中国传统政治里面运用技术的苦心处。惜乎现代人只把旧传统一口骂尽，再也无心来体味。

宋代这方面，又远不如唐代。那时规定台官、谏官均不得由宰相推荐，于是谏官也不属于宰相。他们的职分，变成不是与皇帝为难，而转移锋芒来和宰相为难了。于是宰相无法纠绳皇帝，除非是和皇帝直接冲突。而宰相身旁，却多了一个掣肘的机关。因御史只限于弹劾违法和不尽职，而谏官则职在评论是非，两职显有分别。在唐代是谏官帮助宰相，在皇帝前面评论皇帝之是非。在宋代是谏官在宰相旁边，来评论宰相的是非了。照理，政府各部分职务上的是非得失，各部分负责人都有发言权，谏官则专用来对皇帝谏净的，那是宰相的一分职。本来用意，该是用相权来限制君权的，而现在则转成君权用来限制相权了。这一制度之转变，显见是出于皇帝之私心。而且谏官职分本来在评论是非，评论错了也不算违职，也不算犯法。如是则政府中横生了一部分专持异见不负实责的分子，形成了谏官与政府之对立，即谏官与宰相之对立。但相权究竟即是君权之化身，后来宋神宗信用了宰相王安石，竭力想推行新法，而一辈谏官横起反对，连神宗也无奈之何。这是皇帝自食其果了。再到后来，因谏官习气太横，太多是非，激起政治上反动，大家不再理会他们的胡闹；终于台官、谏官在政府里全不发生作用了。这又是谏官之自食其果。可见一种政治，果是太不合理，它自己会失败，行不通。若说中国自秦以来传统政治，老是专制黑暗，居然得维持了两千年，那显然是不通人类历史公例的一种无知妄说了。

到明代，又索性把谏官废了，只留"给事中"，而给事中的职权也独立了。它的职权还是在审核皇帝诏旨，若给事中认为不合，可以把皇帝诏旨退还。在唐代，给事中本是宰相属员，不过帮助宰相把所拟诏旨再加一番审核，审核有不是处，那道诏旨可以重拟。拟诏是宰相之权，审核依然是宰相之权；把一个权分两番手续来行使，这是审慎，不是冲突。但在明代则不然。一切政令从六部尚书发下，都须经给事中审核。给事中是分科的，吏部有吏部的给事中，兵部有兵部的给事中，户部有户部的给事中，这都是专门分职的。在职位上，他们是下级官。在名义上，他们只是参加意见。给事中的驳议，在当时名叫"科参"，是分类参加意见之义。但因他们是独立机关，只负发表意见之责，不负实际上行政利害成败之责；于是实际负责的长官，反而不得不接受他们的意见。万一不听科参意见，而闯出乱子，岂不是更长科参气焰，更增自己罪戾吗？于是不负责任的下级官，反而阴握了暗中的决定权。那不能不说是明代政制一失败。但明太祖废了宰相，也幸得有此一职，遂使皇帝和内阁大学士的诏令，也有行不下的阻碍，还是得失参半。

到清代，连给事中的职权也废止了，于是真成为皇帝专制，皇帝的命令真可无阻碍地一直行下。在清代叫做"台谏合一"。在这时，政府里只有弹劾百官违法与不尽职的，再没有对政事发表意见，评论是非得失；那岂不是政制上一大大的失败吗？就便利皇帝专制言，那也可算是胜利，非失败，但到头则落得一个大失败。满清一代的皇帝专制，终于是完全失败了。

六

现在把中国传统政治，扼要再加以一番综括的叙述。

一、中国传统政治，论其主要用意，可说全从政治的职分上着眼，因此第一注重的是选贤与能，第二注重的是设官分职。

二、因中国是一个大国，求便于统一，故不得不保留一举国共戴的政治领袖即皇帝。又因无法运用民意来公选，因此皇位不得不世袭。

三、要避免世袭皇帝之弊害，最好是采用虚君制，由一个副皇帝即宰相来代替皇帝负实际的职务及责任。明、清两代则由皇帝来亲任宰相之职，只不负不称职之责。

四、政府与皇室划分。此直至清代皆然。

五、政府与社会融合，即由社会选拔贤才来组织政府。

六、宰相负一切政治上最高而综合的职任。

七、选拔人才的责任，自汉至唐之辟举，交付与各级行政首长自行择用其属员。考试权交付与礼部与吏部，宋代以后则专在礼部。

八、考课成绩升黜官吏权则交与吏部。

九、监察弹劾权交付与特设的独立机关。唐代有御史台，下至明代有都察院。

十、对于皇帝之谏诤责任及最高命令之覆审与驳正权，交付与给事中与谏官。此两官职，唐代隶属于宰相，宋以后至明渐成独立机关，清代则废止不复设。

十一、职权既定，分层负责，下级官各有独立地位。几乎政府中许多重要职权都分配在下级，而由上级官综其成。宰相则总百官之成。

现在再值得一提的，则为汉代"九卿"到唐代"尚书六部"之演变。近代中国学者，常认自秦以后的中国传统政治，总是专制黑暗，好像老没有什么变动似的。实则人类历史，绝不能有经历数百年千年不变的事情，政治制度也不能例外。

中国传统政治，纵使尽合理，尽进步，也不能保持千年而不变。现在只顾痛骂中国传统政治两千年守旧不变，其实转像是过奖了。汉代中央政府的组织，皇帝以下有"三公"，宰相、御史大夫与太尉，太尉是全国武官长。三公以下有"九卿"。九卿全属宰相，有时亦分属三公。照理应该都是政府的政务官，但顾名思义，实际上只能说汉代九卿只是皇帝的家务官：

太常：是管宗庙的，常是"尝"字声借，指祭祀言。

光禄勋：是大门房，勋把"阍"字声借，管门户与侍卫的。

卫尉：是武装侍卫。

太仆：是车夫头，管舆马与出行的。

廷尉：是司法官，但在这一行列中，只能说是皇家之私法庭。

大鸿胪：是管交际宾客的。

宗正：是管皇帝家族和亲戚的。

大司农：是大账房。

少府：是小账房。

如是则不说他们是皇室的家务官是什么呢？然而全国一切行政，却又分配到他们职掌，如学校教育归太常、工程建筑归少府之类，可见那时的政府，究竟不脱封建气味。皇帝化家为国，宰相是皇帝管家，因而兼管到全国政务。九卿是皇帝家务官，因而也兼管到全国政务之各部门。我们只看汉代九卿职名，便知那时政府初由皇室中渐渐蜕化的痕迹。

但到唐代便不同了。九卿变成了"九寺"，"寺"是衙门名称，全成为闲职。全国政务尽隶尚书省，"省"亦衙门之名称。分六部：一吏部，二户部，三礼部，四兵部，五刑部，六工部。照名义论，那些全是政府的政务官，再不与皇室私务相关了。这不能不说是中国传统政治里一绝大的演变。这一演变，正足说明中国传统政治在努力把政府与皇室划分的一个大趋势。这一趋势，正可说明中国传统政治并非建立在王权专制上的一大见证。

唐代的尚书省，绝似近代西方的内阁与行政院，这是管理全国行政部门的最高机关。唐代尚书六部的规模，直到清代末年，大体上没有变。唐代制度，在下有科举制，为政府公开选拔人才；在上有尚书省，综合管理全国行政事务。这两制度，奠定了中国传统政治后一千年的稳固基础。在唐玄宗时，又曾写定了一部《唐六典》，这是中国传统政治里留下的一部最大最有价值的行政法典。整个中央政府以及尚书六部一切行政，大体都包括在这书里，亦大体为后代所遵守。从世界历史论，这也是一部最古最伟大最有价值的行政法典了。那时全国一切政务，都集中到尚书省；上面的命令，也全由尚书省分发执行。尚书省在唐代是合署办公的，全省一首长即尚书令，两次长为左、右仆射，各分领三部：左仆射领吏、户、礼，右仆射领兵、刑、工。尚书省建筑，成一三合形。左廊十二司，吏、户、礼各四司。右廊十二司，兵、刑、工各四司。正中向南是总办公厅，即都堂。上午各部长官在总办公厅集合办公，下午各归本部本司。但尚书省只管行政，没有最高出令权。最高出令权在中书省，审核在门下省。三省同为政府最高中枢。除非尚书省长官或次长获得出席政事堂兼衔，在当时不算是宰相。

直到宋代，尚书省规模还是极庞大。据宋人笔记，那时尚书省六曹二十四司，有一百六十个办公桌，办公吏员计有一千零四十三人。某年五六两月，文书统计达十二万三千五百余件。神宗时建造尚书新省，凡三千一百余间。都省在前，总五百四十二间。其后分列六曹，每曹四百二十间，厨房也占一百间。唐代的尚书省，则有四千楹。到明代，尚书分部办公，直辖皇帝权下，不再有首长与总办公处。明太祖亲自独裁，在某月八天之内，便批阅了中外奏劄一千一百六十件，计三千二百九十一事。中国传统政府里的政务丛脞，即此可想。

但中国传统政治毕竟总有一规模，一法制。即就传递文书一事说，唐代中央在长安，明代在北京。那时到全国各地交通，全靠驿站。紧要文书限几天到，次要限几天。全国驿站都由兵部管，几百年相传，没有说一件公文可以失时误限的。否则若使各种公文都可失时误限，试问这样一个大国家，又用何法来处理？近代中国学者，只知道说中国传统政治是由皇帝一人专制黑暗。试问他皇帝一人，如何来专制这样一个广土众民的大国？即在政治技术上，也值得我们细心研究。不能尽骂中国人从来是奴性，不遇到西洋人，老不懂革命，便尽由那皇帝一人来放肆专制了。

七

但我并不曾说中国传统政治有利而无弊。目下人类智识,也尚未能发展出一个永远有利而无弊的政府。或恐人类智识,会永不能发展出一个有利而无弊的政府来。科举制度固是唐以下传统政治一最重要的奠基石,但在考试技术上,不知经过了多少次争论与改变,而终于到明中叶以后,仍不免有"八股文"出现。这可说在最近几百年内的学术与人才方面,投下了最大的毒菌。此事人人能说,不烦再论。

君权、相权不断摩擦,东汉与北宋,相权被其属下群臣所抑,流祸已甚深。及明、清两代废去宰相,更与传统精神相违背。这亦已在上文提到。现在且撇开不谈人事上那些愚昧与波折,让我们进一步来讨论中国传统政治本质上的几个缺点吧!

第一,是它太注重于职权分配之细密化。好处在人人有职,每一职有它的独立性与相互间的平衡性,因此造成政治上之长期稳定。而其缺点,则使政事不能活泼推进,易于停顿而麻痹化。

第二,是太看重法制之凝固性与同一性。此层与前弊相引而起。全国在同一制度之规定下,往往长期维持到一百、两百年,此固不能不说是政治上一种的成功;但遇应兴应革,总不能大刀阔斧,彻底改进,而仅求修补弥缝,逐渐趋于敷衍文饰虚伪而腐化,终于到达不可收拾之境界。

职分与法制，本就偏重在限制束缚人。中国传统政治一切制度之最要宗旨，即在反抗此等病害。而在其长治久安之下，终不免仍在此等病害中敷衍度过，乃终至于一衰不起，无可救药。重法过于重人，重职过于重权，重安定过于重动进，重限制过于重放任，此在一大一统政府之庞大机构来适应农业国家之平稳步骤上，正常容易陷于此等病害而不自觉悟，乃终至陷于大病，不可自拔。

至于西方政治，乃从工商都市中心与各自分别的小地面上建立发展，根本与中国不同。因此他们的政治传统，特别重在掌政者。重人较过于重法，重权较过于重职。于是较利于动进，而较不利于安定。两者之间，本是各就所适，而亦各有利弊。西方在十七八世纪，忽然接触到东方，一时对中国政治大生钦羡，刻意推尊效法，康熙在当时居然成为西方政治理想中的模范皇帝。但他们终于能在合适于他们自己历史的线索中寻出头绪，自成条贯，产生出近代西方的政党政治与代议制度。英国从中国学去了文官考试制度，但他们能把它配合在他们自己体系的政党政治下而融洽无忤。这是一件极值得我们反省的教训。

中国自晚清以下，亦极端羡慕西方的分权制与法治精神。却不知中国传统政治的大毛病，正在过分注重此等分权与法治。晚清末期，中国要效法西方创行选举代议制，应该改变传统演变下的内在流弊，看重活的人超过于看重死的法，随时好让多数的意见来更改向来规定的法制，让人心在法外多留活动之余地。而中国近代政治积弊，则仍在纸面文字上用力，一切要求制度化，认为制度可以移植，不必从活的人事上栽根。又认为制度可用来束缚限制人。不知一切政治上的变化，正是活的人要求从死制度中解放。这一根本精神差了，于是从西方所抄袭的，只得仍成为一种敷衍文饰虚伪与腐化，始终没有把社会人心要求变化的内在活力引上正路。这一现象众所周见，而其病根所在，则始终无人能指出。

近代中国人一面羡慕西方历史里的革命，一面则又羡慕西方近代政治里的政党。但中国历史，既很少有像西洋式之革命；而政党之在中国，也永远受人指摘，总没有好发展。当知政党政治，重多数轻少数，实在是重法不重人。中国传统政治，一向是重职权分划，重人不重法。人人有职可循，有道可守，用不到结党。政治之最高层，仍当在创法立法者。较下层，则乃为守法护法者。故曰："上无道规，下无法守。"可见中国传统政治，道在上，法在下，非可以惟道而无法。太史公《史记》谓申韩之学源于老庄。申韩乃法家，而庄老道家则主无为，是则申韩尚法，其本乃在无为；史公之意诚为深远矣。《论语》又言："君子群而不党。"东汉党锢，唐代朋党，北宋新旧党争，此等在中国，皆以召致衰颓，不足法。

若论西方政府，在先并无像中国般详明的职权划分与法制细规之建立。政治变动性太大，遂产生近代政党政治之要求。西方政党政治，最先乃由政府要求人民纳税漫无准则而引起。

但在中国，自秦到清，一向有规定的税目与税额。而收税职权汉代交与大司农与户部，连皇帝宰相也不得轻加改动。往往沿袭数百年，要等朝代变了，始有一次大更订。那样的守法相因，自然用不到时时召集多数人来讨论了。只有汉武帝当时，因推行盐铁政策，他死后，对此政策，政府曾召集民间代表和政府双方讨论过。但此是偶然事，非经常事。即遇政府无端增税，或税制改革，在政府内部便易引起争端。但仍只凭法制争，非凭多数争。即算是多数意见，亦常是多数在争持此法制。中国传统政治里尊重法制的观念，已成为历史上一种惰性。累积一二千年，遗传到中国人不知不觉的意识之最深层。我们须能因势利导，病在哪里，即针对病处下药。今天硬要由革命来痛快铲除一切，再痛快建立一切，牺牲了活的人，来争死的制度，无论是太看重守法，或太看重变法，一样是太看重了法，实际还是中国的传统病在作梗。

当知制度因人而立，也该随人事而活化。彻底改革与一成不变，同样不可能。若真要彻底改革，实无异要把历史一刀切断。此种奇迹在人类历史上，尚无先例。我们的政治理想，也不该希望有违反人性的奇迹来完成。因于彻底改革之不可能，于是专对旧的咒诅愤慨，一切痛骂；此乃意气，非理智。用意气来创造新政治，也决不是理想的政治。而不幸最近中国政党，则多在要求彻底改制更法的盛气下出现。如是则只有革命，却不能有像西方政党雍容揖让、平心商榷的雅度。

八

近代中国人尤所最醉心者，厥推近代西方政治上之主权论，即政府主权谁属，一切主权在民众的理论。在西方，首先是由民众选举代表来监督政府，继之则由民众代表中之多数党来实际地掌握政权，组织政府。这一演变在西方，也有他们一段很长的过程，并非一蹴即几。但在中国传统政治里，则很早便另走了一条路。一向注意政府责任何在，它的职权该如何分配，及选拔何等人来担当此责任，却不注意到它最后主权在谁的理论上。因此中国社会，一向也只注意如何培养出一辈参加到政府中去而能尽职胜任的人才，却不教人如何争取政权。因政权在中国传统政治里早已开放了，任何人只要符合法制上的规定条件与标准，都可进入政府。整个政府，即由此等人组成。

由于中西双方历史演进不同，而形成的政治心理双方也不同。西方的政治意识，可说是一种"外倾型"的，中国则比较属于"内倾型"。中国人心理，较偏重于从政以后如何称职胜任之内在条件上，而不注重于如何去争取与获得之外在活动上。与上述观念相连带，中国社会民众对政府常抱一种信托与期待的态度，而非对立与监视的态度。若我们说西方政权是"契约的"，则中国政权乃是"信托的"。契约政权，时时带有监督性。而信托政权，则是放任与期待。因此中国政治精神，不重在主权上争持，而重在"道义上互勉"。这又已成为一种历史惰性，并不因辛亥革命而消失。

革命后的社会民众，并不曾有一种积极兴趣来监视政府。其受传统文化陶冶较深的智识分子，还都想束身自好，在期待状态下准备献身于政治。这些在其内心肯自动作负责准备的，但多失败了。受传统文化陶冶较浅的人，反而较易于接受新潮流。他们投入政党，全部积极兴趣转移在如何争攫政权上，却没有如何负责的内心准备。此在西方，并不成为是毛病。因在西方，政府与民众本来是敌体，不断由民众中间跑出人来，争持政权是我们的；他们结着党来监督政府，至少好使政府不敢不负责。在中国，传统心理上，政府与民众是上下一体的。民众中间，本来不断有人去参加进政府了，问题是在如何尽职与胜任。

现在则整个理论及政治体制都变了，但历史惰性依然存在。一辈富于外倾性格的人，竞求跃登政治舞台；而偏于内倾性格者则陆续淘汰。理论上、精神上都成了外倾型的政治，应该有一个超政府的外在力量来监视而控制它，而实际上则并无此力量。于是中国政治遂急速腐化，即不负责任。而这一种腐化，又在一种恶化姿态即争取政权中表出。所谓革命与组党，全只是一种政治性的"活动"，却并未触及政治的"本质"。中国的外倾政治，则只是抄袭肤浅，老在如何活动上注意，而且仍还是全从社会中层阶级智识分子中，一辈接受传统文化陶冶较浅而富于外倾性格者来活动。此一活动，上不在天，下不在地。在理论上，他们说是对民众负责，为民众服务。而民众本身，并不曾密切注视他们，来强迫他们真的负责与服务。

本来中国传统文化教育，要一辈从事政治活动者，先在其内心具有一种自动负责服务的道德修养；而现在则付之缺如。中国传统政治在制度本身，本也有要政府自身能自动负责服务的一套措施与法规；现在则又全认为黑暗陈旧而被忽视被弃置。于是那辈乘机攫取政权的人，在此真空圈中，陷入权力欲与财富欲之无限发展，而政治遂愈变愈混乱。这固是新旧过渡中，很难避免之一阶程；然其主要责任，则仍应由此辈中层阶级智识分子，实际从事政治或接近政治者负担。而他们却转移论锋，认为是社会民众之不率职。譬如一店主雇用店员，疏于防范，店员营私舞弊，却回头骂店主无能。营私舞弊者是店员，诟厉谴责店主无能者也是那些店员。若使那些人不先洗净他们营私舞弊的内在动机，而仍由他们指挥店主，试问那无能的店主，如何会忽然有能来裁判这一批店员呢？

在近代中国，能巨眼先瞩，了解中国传统政治，而求能把它逐步衔接上世界新潮流的，算只有孙中山先生一人。他的"三民主义"，实能采纳世界政治新潮流之各趋势，而使其会归一致。"民族主义"里，有德、意纳粹与法西斯精神之优点，而无其缺失。"民生主义"里，有苏俄共产政权向往之长处，而无其偏病。"民权主义"又把英、美政党代议制度之理论释回增美。政治上之权能分职，最能撷取中国传统政治如我所谓"信托政权"的内在精神，而发挥出它的真意义。在西方所倡三权分立的理论下，再加添中国传统考试、监察两权，使在政府内部自身，有一套能为社会自动负责之法制；而一面又减轻了近代西方政治之对立性与外倾性，把来符合中国自己的国情。在他理想中，那一个权能分职的五权政府，实不与社会相对立，而与社会为一体，依然是一种"信托政权"，而酌取了西方"契约政权"之长处来补偏救弊。而在新政初期，又设有一段"训政时期"，为到达其理想新政权之过渡。大体上，在他总是有意参酌中外古今而自创一新格。惜乎他的意见与理想，不易为国人所接受。人人只把一套自己所懂得于外国的来衡量，来批评，则孙先生的主张，既不合英、美，又不合苏联，亦不合德、意，将见为一无是处。无怪他要特别申说"知难"之叹了。

推敲孙先生政治意见的最大用心处，实与中国传统政治精义无大差违。他只把社会最下层的民众，来正式替换了以往最上层的皇室。从前是希望政府时时尊重民意，现在则民意已有自己确切表达之机构与机会。而一面仍承认政府与民众之一体，而偏重到政权与民权之划分。只求如何能使贤者在职，能者在位；而已在职位者，则求其能畅遂表达他的贤与能，而不受不必需要的牵制。又在政府自身，则仍注重其内在职权之分配与平衡，而不失其"稳定性"。这一种稳定性，实与一较广大的国家，而又有较长久的历史传统性者，为较更适合。能稳定并不比能动进一定坏。此当斟酌国情，自求所适。此一理想，自然并不即是完满无缺，尽可容国人之继续研求与修改。但他的大体意见，则不失为已给中国将来新政治出路一较浑括的指示。比较完全抹杀中国自己传统，只知在外国现成政制中择一而从的态度，总已是高出万倍。

我们也可说，孙中山的政治理想，还是较偏于内倾型的，以其注意到国情。而目下其他意见，无论是主张英、美民权自由与主张苏俄共产极权，都是外倾型的，以其目光只在向外看，而没有肯回头一看我们自己的。我们当知孙中山的"三民主义"与"五权宪法"，并不是确经试验而失败了。他的那番理想与意见，实从未在中国试验过，而且也未经近代中国的智识分子细心考虑与研索过。

中国近代政治潮流，依然只侧重在革命与组党两条路。组党为的是要革命，革命后仍还只重在组党。党是一种力量，可以用来革命。党又是一种力量，可以用来把握革命后所取得的政权。所以有了这一党，便不许有那一党。那一党之争取出路，依然有待于再革命。而中国近代政党的组成，显然不由社会下层的真正民众，而仍是社会中层的智识分子，在活动、在主持。他们只想把民众投归党，没有想把党来回向民众。于是变成了由党来革民众的命。这样的组党革命，将永不会有成功之前途。

若说孙中山失败了，他是失败在一面是个政治思想家，而同时又是实际革命的领导者，终不免因为领导实际革命之需要，而损害及其思想与理论之纯洁与超越性。又失败在他的党徒，只知追随孙中山革命与组党，没有能进一步来了解孙中山的政治理想。其他仅知抄袭外国一套现成政治理论与政治形式来组党与革命的，他们的精神实力，自然更未曾用在建立自己的政治理想上，而只用在如何组党与如何革命上。于是西方政治的"主权论"，一到中国，却变成了"权力论"。革命与组党，只注重在如何凭借权力而活动。若论政治本质，在近代中国，始终是一张空白，待向外国去套板印刷。始终是用外国的理论，来打破自己的现实。现实重重破坏，而外国理论则始终安放不妥贴。

将来中国政治若有出路，我敢断言，决不仅就在活动上，决不仅是在革命与组党上，也决不仅是在抄袭外国一套现成方式上，而必须触及政治的本质。必须有像孙中山式的，为自己而创设的一套政治理想与政治意见出现。纵使这些意见与理想，并不必是孙中山的"三民主义"与"五权宪法"；而孙中山的"三民主义"与"五权宪法"，也仍还有留待国人继续研求与实行试验之价值。这是我穷究了中国二千年传统政治，所得的结论。

(一九五〇年十二月香港
《民主评论》二卷十一、十二两期)

六　中国历史上的传统政治

一

关于中国与西方，由于民族不同，文化不同，而历史进程亦不同。上自政治组织，下至社会体制，双方莫不有其重大之相异点。主要者，如宗教一项。西方自罗马帝国崩溃，基督教即为彼方上下所共同信仰，形成为西方社会一指导中心。直至最近一世纪，基督教信仰虽渐趋微，但仍有其一分潜势力存在。然在中国的文化传统下，并未产生出像其他民族一般的宗教。此是一大可注意之事。

远在三千年以前，西周王朝兴起，刷新加强封建制度。在那时，中国已形成一统一局面，但只可称为"封建的统一"，与秦汉以下之"郡县统一"有所不同。其时有周公制礼作乐，用为西周王朝指导统治封建诸侯之最高规范。下到春秋时代，先则王室衰微，继之则齐、晋霸业亦复不振，礼崩乐坏，西周封建制度遂汲汲不可终日。但在春秋二百四十年中，列国贤君卿大夫接迹而兴，那时的贵族阶级，尚受西周初年周公所定的礼乐熏陶，表现出一种极深的文化修养。换言之，乃是有一种教育力量在指导政治。只一读《春秋左氏传》，即可详知。

在当时，社会上已逐渐有一种"士"阶层兴起。此一士阶层，在上不成为贵族，在下有异于平民，乃由贵族中之疏亲远裔，以及平民间之俊秀子弟，学习了当时贵族阶层所奉行的种种礼乐，而进身到当时的封建政体下服务。所以士之兴起，在当时，乃是社会一种新行业与新流品。

二

孔子亦由士阶层中崛起。惟孔子主张以"道义士"来替代"职业士"。为士者，不仅为谋求职业，更贵在职业上尽其"行道守义"之更高精神。孔子乃远承周公以学术领导政治之理想，来扶植起新兴的士阶层。墨家继孔子儒家而起，此后战国时代百家争鸣，新兴的士阶层，已替代了春秋以前之封建贵族，而成为此下中国社会一领导的新中心。

在战国时代人所完成之《管子》书中，已明白提出了士、农、工、商之四流品。封建时代之平民，由封建贵族以井田制度授地为农。但到战国时代，自由工商业兴起，封建贵族掌握土地与经济实权之旧社会，已彻底改变。而更重大的改变，则为新起了社会领导中心之士阶层。他们向上可以领导政府，向下可以领导民众。在《论语》书中，孔子已把为士者之应有理想应有抱负，以及其应有修养与应有品德，一一具体指示出来。因其出而在上，后世连称之曰"士大夫"。因其处而在下，后世连称之曰"士君子"。在士的身上，政治事业与教育事业绾合为一，他们都不以私人经济为急务。孟子称士为"劳心者"，农工商为"劳力者"。"劳力者食人，劳心者食于人。"此一分别，乃成为中国社会一传统形态，直经二千年未变。

秦灭六国，天下复归一统。但那时的政府体制，已远非古代贵族政府可比。如为相者，前有吕不韦，乃赵国人。后有李斯，乃楚国人。为将者有蒙恬，其祖父骜，为齐国人。自骜至恬，已三世为秦将。当时东方列国游士，在秦政府中服务者，尚不计其数。而秦廷亦不再封建。此乃自孔子以下，由士来领导政治的一项理想，至是已确切完成。

故在中国历史上，自秦以下之传统政府，既不能称之曰贵族政府，亦不能称之曰军人政府或商人政府。若必为特立一名称，则应称之曰"士人政府"。士人政府之正式确立，则在汉武帝以后。在汉武帝时，已确立了几项制度。一是教育制度。一是考试制度。一是选举制度。每一士人，皆须经过此三项制度之提拔与升迁，自社会下层而进达于政府之最高层。皇帝虽是政府中之最高领袖，但亦得遵循此几项制度，而行使其职权。此下两千年来，此三项制度虽递有改变，但大体上，绝大多数政府人员，必经此三项制度之审核与通过，则并无有变。

三

西汉时代，经长期之统一，国内安定。而其时幅员之广，已与后代中国相埒。自由工商业，自战国以来已积有基础，乘时跃起，大可有走上资本主义社会之趋势。但汉政府严密管制，创为盐铁政策及其他种种措施，使凡属有关民间日常普遍的必需消费品，不致操在专为私人营利的工商界手里。此种用意，亦永为后代取法。因此使中国社会，虽在长期安定繁荣中，自由工商业对于国内国外皆不断有进步，而永不致有资本主义之发生。

又其时，中国已制定了全国国民的义务兵役制。土地之广大，人口之众多，其战斗力超出其四邻甚远。但当时政府，制定国策，只重在保境安民；对外纵获胜利，皆能适可而止，绝不走上开疆拓土，侵略兼并的帝国主义路线。

近人多说，中国是一封建社会，或说是农业社会。但工商业大都市之兴起，远在两千年以前，绵亘迄于清末。如苏州，乃春秋吴国之都城，历代皆为名城。至北宋末，金兵渡长江，苏州一城居民死者达五十万人。广州自秦迄清，为中国南方海外通商要埠。唐末黄巢之乱，广州有大食商户死者达十万人。扬州自汉代迄清末，其地繁华，屡见文人称道。自长安、洛阳以外，其他都市，成为工商中心的，见之史籍，屈指难数。其国外贸易，单就丝绸、瓷器、茶叶等几种，无不获大利如拾芥。中国非无盛大之工商业，只不从工商业中展演出资本主义。

近人亦多知中国爱和平，但在中国历史上，武功辉赫的时代亦屡见。汉代匈奴一支西遁，引起了欧洲方面之大纷扰。唐代突厥一支西遁，又在西方历史上引起大波动。蒙古帝国震烁亚、欧两洲，但其入侵中国，最后始获逞志。其最先失败，亦在中国。明代朝廷航海使节，屡次远航，达于非洲之东岸。随之华侨遍布东南亚，但绝未在海外营建殖民地。

推厥原因，实以中国两千年来，有一传统的士人政府。政府力量，不在贵族，不在军人，不在商人，而在一辈有特殊教育与特殊理想的士人手里。而此辈士人之教育，则操在社会下层之士群，不操在政府。即如汉武帝时代，兴起国立大学，掌教为五经博士，皆由民间来，自有其客观标准。

不仅政府卿相高职，皆由士人出身，皆在士人群中选拔任用；即储君皇太子，及其他皇室亲贵子弟，皆与士人受同样教育。有几个朝代，如宋如明，即在皇帝本人，亦同时受教。内廷设经筵讲官，选朝廷名儒为之。故中国儒家，虽不成一宗教，而其为中国人信崇，上自政府，下达民间，一致不异。在唐以前则称周公孔子，在宋以后则称孔子孟子。仁义道德，修身、齐家、治国、平天下，有一共同理想，共同规范，皆从教育中展出达成之。近言之，可说是自汉以下之两千年；远言之，可说由西周以来之三千年，中国人早知标举一人生共同理想，无上无下，自政府至民间，皆须为此共同理想受教育。此事由周公开其端，至孔子而大成，又得孟子之阐扬。中国历史上之政府与民众，同样由此教育所栽培而领导。士人政府之大体制，亦赖此维持而不变。

四

在中国历史上，士人政府之贡献，不仅如上述，使中国不走上资本主义与帝国主义之两路线。而在政治制度上，如上述教育制度、选举制度、考试制度，为传统的士人政府特所重视外；其他如赋税制度，在每一朝代开始，必先规定一赋税标准，全国一律遵守，而以轻徭薄赋为主。非经绝大事变，不得轻易更革。又如每朝刑律，多经名儒集体讨论规定，为上下所共守。而职官之分配与叙用，皆有规定。凡属皇室戚属，亦得封王封侯，然仅止于衣租食税，不预政府实际政事。武臣得军功，亦仅酬以爵位与勋级，不复有官职。军队则先采全农皆兵制，如两汉。后改全兵皆农制，如唐之府兵与明之卫府。军队解甲归田，均为生产分子，可不费国家之给养。平常只有中央政府少数卫兵，及遇需要处之边防戍卒。全国各地既无警察，亦几乎无军队。工商业全属自由，惟只许其为有限度的私家谋利，不许其经历选举考试而参政。士人之经选举考试而参政者，皆从农村中来。又全国参酌人口额与赋税额之多寡，而定各地录取之标准，务使全国士人，皆获参政机会；政府中全部官员，使全国各地均有沾及。其选举考试以及铨叙升降，权在政府，各有专职；皇帝只在任用高位官职如宰相等，始获参加意见。政府中又特设有监察与谏诤各职，监察遍及中央及地方各级政府，谏诤则更要在专对皇帝以及宫廷之内部。又皆用中下级官员，鼓励其直言无顾忌。政府遇大事，并常采集议制，听取多方意见，民间亦得上书发言。政府并设置极多职位之学官，仅从事于学术事业，如校书、编书等，如唐代编《唐六典》，宋代编《太平御览》，元代编《元典章》，明代编《永乐大典》，清代编《四库全书》，皆由政府网罗群士为之。其他编纂不胜举。

总之，中国传统的士人政府，乃使政府成为一士人集团，学术与政治并无严格划分，而政治常受学术领导。学术命脉则寄托在教育上，教育精神则寄放于自由民间。即如汉武帝表章六经，罢斥百家，此一动议，便自民间来，在其太学中之五经博士，亦都自民间来。又如宋代，采纳胡瑗在苏州、湖州的讲学制度，来重订国立太学制度，又延聘其主持太学之行政及教授事务。举此两例，可见中国历史上士人政府传统下的教育制度，在外貌上，像是一套完整的，由上而下的公立教育；但在实际上，在其内在的精神上，则全由在下民间社会私家讲学所主持，所领导。而中国民间私家讲学，则两千年来，一依孔孟儒家思想为主干，为依归。所以中国人两千年来的传统观念，儒即是士，士即是儒。儒家教义，乃成为中国历史上士人政府一最高领导。

五

当然在长期的历史进程中,可有种种曲折反复与变动。如在两晋南北朝时代,中国社会上新产生了一种士族大门第,几近于变相的封建贵族。但亦只是在秦汉以下士、农、工、商四民社会中,士阶层的地位过分提高;而上面政府体制,依然沿袭秦汉规模,不能说那时又回复了古代的封建政治。

与此同时,佛教传入中国,在中国社会上开始有外来宗教之盛行。但亦只有一部分影响。同时如士族大门第,并不曾为佛家思想所摇动。信仰佛教、弘扬佛学的,反而多出自门第人物中。而秦汉以下之传统政治,亦一样无大变动。下至隋唐,中国重归一统,秦汉以来的传统政府规模又大大恢宏,而士族门第势力,则渐衰落而至于消灭。可见儒家思想,依然为其时指导中国历史进程一大动力。佛教在中国,虽亦继长增高,日有发展,但摇动不了中国历史进程之大趋向。于是而有中国佛学之出现。当时在佛学中之新支派,如天台、华严、禅三宗,皆融化成为中国思想之一部分。在中国文化中,只是新添进了宗教一支,而宗教思想在中国文化中始终不占最高领导地位。

又如下面元、清两代,蒙古、满洲异族入主,亦为中国历史上一大变。但上面的政府体制,下面的民间学术,依然能在中国文化的大传统下支撑维持,保有其原有的历史进程而不变。

亦有人说，中国历史上的政治传统，自秦以下，永远是帝王世袭，永远由一个帝王高踞政府之最上地位，民间只有造反，没有革命，永远是一种君权政治，不能形成像近代西方般的民主政治来。其实此一说法，亦属似是而非。近代西方由政党竞选的所谓民主政治，亦由其历史演变种种因素长期积累而成。中国广土众民，山区僻壤，交通不便。若求政府民选，徒滋纷扰分裂。抑且中国传统政府，选举考试，汉唐一年一次，宋以后三年一次。政府人员，不断新陈代谢。虽非民选政府，政府成员，却都从民间来。又如租税法、兵役法等，凡涉民间事，政府皆有规制，非出皇帝宰相之私意。政府中之皇位世袭，亦可以表示此一政府长时期的和平与安定。在中国历史上，固亦不断有专制皇帝出现，但不得谓中国传统政治，即为一种专制政体。在长时期的和平安定中，人事不免腐化，政体不免懈弛；只要一次改朝易代，与民更始，在旧有政制上略加整顿振作，仍可再来一次长时期的和平与安定。又皇帝养自深宫，在中国历史上，皇帝而英明杰出者甚少，多数都是平庸软弱，亦多青年、童年皇帝；试问他们如何能专制得此一广土众民的大国？故在中国历史上，自不需有如西方式的革命。

六

但到现代中国，则情势大变。内忧外患，纷起迭乘，民国以来六十余年，变动迄无宁日，至今乃有与中国历史文化传统绝相违反的共产主义极权政治之出现。若推论其所以然之故，其种种外来因缘，暂置不论。专就在中国历史上的传统政治言，此中却出现一大难题。此一难题，并不是在传统政治下缺少了一个皇位世袭。乃在中国社会上缺少了一个足以领导全社会前进的中间阶层。即我上文所指出的"士"阶层。中国社会因有此一士阶层，乃得有传统的士人政府之成立与持续，亦使政府与社会沆瀣一气，呼吸相通。

中国社会传统上之所谓"士"，并不如近代人所说的"知识分子"。中国旧传统之所谓"士"，乃是不从事于生产事业的，所谓"士谋道而不谋食"。其所谓"道"，上则从事政治，下则从事教育。应该是只为大群着想，不为一己着想。实附随有一种宗教精神。实是一种不出家的，又没有教会组织的一项教徒。若说有此项宗教，当称为"儒教"。孔子则为其教主。周公传下的《诗》《书》古经典，等于耶教中之《旧约》。孔门弟子所传下的《论语》，则如耶教中之《新约》。只是无名义，无组织，无特定的种种崇奉仪式。因此与其他宗教相比，则若不成为一宗教。正如我上文所说，由于民族不同、文化不同、历史不同，而遂有此相异。若定要把西方观念来衡量中国事实，则中国民族像似一无宗教无信仰的民族，或说是仅有些低级迷信的民族。试问偌大一民族，只有些低级迷信，更无一崇高的共同信仰，如何可以使此民族不涣散，不分裂，日滋日大，共同向一历史文化之大目标而前进，又绵延如此之久，而不停不辍？岂果是中国历代皇帝专制，能使其达于此境？只细读中国史，便知其绝非如此。

但自西化东渐，一则不断受帝国主义之欺凌，一则不断受资本主义之压迫。富国强兵，本非中国士人向来的兴趣所在，近一百年来，乃亦不得不转向此目标。急切间成效未睹，而其本有信仰，则不免逐步转移。士阶层在社会的地位，亦不免逐步消失。空唤一"全民政治"，但全民大众则已各为其私，不可控抟。旧政治急速崩溃，新政治骤难确立。

西方历史，从其中古时期的封建社会，逐渐转移到现代的资本主义社会的一段路程中，尚有他们一番耶教精神从中弥缝，使他们的社会，不致立刻陷入纯功利观点的深潭。而且他们的帝国主义殖民政策，亦随同他们的资本主义齐步向前，使他们资本主义的内涵毒素向外发泄，一时社会欣欣向荣，不觉病痛。但自两次世界大战以来，情形大不同。宗教信仰急剧衰落，而有"上帝迷失"之叹。帝国主义殖民政策，一蹶不可复振，资本主义之内涵毒素乃转向社会内部放射。不仅共产主义是唯物的，资本主义也同样是唯物的。指导政治的，完全是功利与唯物，更无道义与理想。此下的西方社会，显然将不得不变。

中国社会，论其大传统，一向重道义，轻功利；所以资本主义与帝国主义，从不在中国历史上表演过。但近代中国，急剧转变，争慕西化，竞求富强。在政治大动荡之下面，资本主义不易成长，共产主义遂乘虚得势。固然近代中国政治、社会种种变动，仍操纵在社会中层一辈知识分子的手里；但此辈知识分子，已然失却了中国旧传统"士"的精神，没有了共同的崇高理想，只杂取了几许西方的新理论、新知识，但又拼凑不成一整体。在其后面，既无文化传统的深厚背景，因亦不能得社会大众的亲切支持，亦无新兴的资产势力作其后盾。所以此一种政治力量只是悬空的，无法安定稳固。目前中国大陆的共产政权，无疑将会急速崩溃。但此后的新政权，如何能获安定稳固，仍是一问题。至少此政权，应以自己民族的传统文化作根源，至少应有一可以领导全社会前进的中阶层；而此一阶层，必具有共同的崇高信仰与崇高理想，由此发出力量，上面从事政治，下面从事教育，不使全社会各自在私的纯功利上作打算。此正是中国传统文化所当着意经营的一课题。

孙中山先生的"三民主义"，一面保留了中国文化旧传统，一面采纳了世界新潮流，调和折衷，揭示出一大纲领。但此下如何配合现实，不断充实其具体内容；又如何使此一主义，能成为中国社会新的士阶层之共同信仰，共同理想，不落入西方圈套，只成为一个政党的政治号召；此是中国人此下所待努力的一件事。

七

中、韩两国，远自殷末周初，即有极深密的文化关系。

三千年来，此一关系，从未间断。因此中、韩两国的历史进程亦大体相同。现代两国，亦同样受到西方文化势力的冲击，同受到分裂。此下立国大道，在中、韩两国间，还应有一共同道路。摒弃自己旧文化，一意追随其他民族的一套异文化，求有成功，事大不易。而况西方文化，目前亦正在转变中，不仅端倪已见，抑且迹象甚著。西方既已非有一番转变不可，而我们永追随在他们后面跟着跑，决不是一好办法。此事有待于两国社会中层的知识分子共同努力，来重创社会上新的士阶层。而孔子与儒教，无疑在韩国一如在中国，有其深厚基础与深厚影响。此下两国的新的士阶层，若能在此上重建起相互间的共同信仰与共同理想，在两国的政治上、教育上、全社会的前进方向上有一共同目标，使两国同趋于安定与稳固。此不仅是中、韩两国之福，亦将使当前全世界人类，同在文化迷惘中获得一新光明，开出一道路。此事言之似远，但我们中、韩两国之知识分子，应该有此觉醒，有此努力。

尾　语

关于"中国历史上的传统政治"这个题目，我特别喜欢"传统"二字。因这"传统"二字，极端重要。

任何一个民族，任何一个国家，必然有它的传统。并没有平地拔起，凭空产生，来一个无传统的民族与国家。

西方人极看重他们自己的传统，如法国有法国的传统，英国有英国的传统，美国有美国的传统；所以英国不全像法国，美国也不全像英国。

我们东方人，也有我们的东方传统；如中国、韩国、日本，岂不亦各有传统。若我们要学西方人，便也该学他们尊传统的精神，来尊我们东方自己的传统。尊传统并非守旧，在各自传统之下，不妨有各自的新。

说到政治方面，我们今天要推行我们的新政治，但不该忘却自己的旧传统。换言之，在中国该推行中国的新政治，在韩国该推行韩国的新政治。不该也不能，在中国、韩国来推行美国或英国、法国的新政治。

如今天的中国大陆以及北韩，则正是在推行别人家的新政治。

今再约略言之，推行新政治有三个要点：

一、自己的历史文化传统与民族个性。此即是一民族一国家之传统所在。

二、自己社会的现实情况。此因时代而变。

三、世界趋势。

因有前一项，所以必要尊传统。因有后二项，所以传统虽要尊，但必需随时变。但无论如何变，不能丧失了自己的传统。如汉城只能变成一新汉城，不能把汉城变成巴黎、伦敦，和纽约、华盛顿。

但以上所言，说来似易，行之则难。所以在每一民族中，每一国家，必应有先知先觉的知识分子来研究，来倡导。

此项研究，主要须向自己研究，不贵向别一民族别一国家去抄袭。此项研究，也非短时期急切可待，亦非一两人的智慧聪明所能完成。

所以政治上层，乃至全社会，须知尊重自己的知识分子，让他们去自由研究，并随时预备接受他们之指导。

而我们的知识分子也该自尊自重，以达自觉自发的阶段，才可有真的救民族、救国家的新政治之出现。

（一九七四年九月三日韩国延世大学讲演，载九月二十一至二十四日台北《中央日报》副刊）

七 中国智识分子

一

我在前提到中国智识分子,此乃中国历史一条有力的动脉,该特别加以叙说。

中国智识分子,并非自古迄今,一成不变。但有一共同特点,厥为其始终以"人文精神"为指导之核心。因此一面不陷入宗教,一面也并不向自然科学深入。其智识对象集中在现实人生政治、社会、教育、文艺诸方面。其长处在精光凝聚,短处则若无横溢四射之趣。

姑置邃古以来,从春秋说起。其时文化已开,列国卿大夫如鲁之柳下惠、臧文仲、季文子、叔孙穆子,齐之管仲、晏婴,卫之蘧伯玉、史鳅,宋之公子鱼、子罕、向戌,晋之赵衰、叔向、韩宣子,楚之孙叔敖、令尹子文,郑子产,吴季札,秦之百里奚、由余，其人虽都是当时的贵族，但已成为将来中国典型学者之原始模样。他们的智识对象，已能超出天鬼神道之迷信，摆脱传统宗教气，而转重人文精神，以历史性、世界性，在当时为国际性、社会性为出发点。专在人生本位上讲求普遍的道德伦理规范，而推演到政治设施，决不纯粹以当时贵族阶级自身之狭隘观念自限。但他们亦决不撇开人事，一往地向广大宇宙探索自然物理。因此他们既无西方宗教性格，亦缺乏西方科学精神；而在人文本位上，则已渐渐到达一融通开明之境界。此后战国平民学者兴起，贵族阶级突然陵替，其间并无贵族、平民两阶级间之剧烈斗争，而列国封建经两三百年的过渡，即造成秦汉大一统，此等历史业绩，推溯根源，春秋时代贵族学者之气度心胸，与其学识修养之造诣，亦与有大功。不是战国推翻了春秋，乃是春秋孕育了战国。

战国学者多从平民阶级崛起，但当时距春秋不远，他们在生活上，意识上，几乎都沾染有浓厚的贵族气。他们的学术路向，依然沿袭春秋，以历史性、世界性、社会性的人文精神为出发，同时都对政治活动抱绝大兴趣。在上的贵族阶级，也多为他们开路，肯尽力吸引他们上进。他们亦几乎多以参入政治界，为发展其对人生社会之理想与抱负之当然途径。而讲学著书，乃成为其在政治上不获施展后之次一工作。孔子专意讲学著书，乃属晚年事。墨子亦毕生在列国间奔跑，所谓"孔席不暇暖，墨突不得黔"，都是忙于希求参加政治活动。

孔、墨以下，此风益甚。总之，他们的精神兴趣，离不了政治。

即如庄周、老聃，最称隐沦人物，但他们著书讲学，亦对政治抱甚大注意。即算是在消极性的抨击政治，亦证明他们抛不掉政治意念。此亦在中国历史传统人文精神之陶冶下所应有。我们姑称此种意态为"上倾性"，因其偏向政治；而非"下倾性"，因其不刻意从社会下层努力。在当时，列国交通，已形成一世界型的文化氛围。如陈仲子之类，即使埋头在小区域里，终身不顾问政事，但风气所趋，大家注意他，依然使他脱不掉政治性。政治的大门已敞开，跃登政治舞台，即可对整个世界即全中国全人类作文化上之大贡献，哪得不使这一批专重人文精神的智识分子跃跃欲试？

他们的生活与意气亦甚豪放。孟子在当时，最号称不得意，但他"后车数十乘，从者数百人，传食诸侯"。所见如梁惠王、齐宣王，都是当时最大最有权势的王者。若肯稍稍迁就，不在理论上高悬标格，何尝不是立谈便可至卿相。在百万大军国运存亡的大战争中，一布衣学者发表一番意见，可以影响整个国际向背，如鲁仲连之"义不帝秦"。此种人物与意气，使后代感为可望而不可即。无怪战国一代，在中国史上，最为后代学者所想慕而乐于称道之。

我们明白了这一点，可知中国学者何以始终不走西方自然科学的道路，何以看轻了像天文、算数、医学、音乐这一类智识，只当是一技一艺，不肯潜心深究。这些，在中国学者间，只当是一种博闻之学；只在其从事更大的活动，预计

七 中国智识分子

对社会人生可有更广泛贡献之外，聪明心力偶有余裕，泛滥旁及。此在整个人生中，只当是一角落，一枝节。若专精于此，譬如钻牛角尖，群认为是不急之务。国家治平，经济繁荣，教化昌明，一切人文圈内事，在中国学者观念中，较之治天文、算数、医药、音乐之类，轻重缓急不啻霄壤。因此治天文、治算数的，只转入历法方面，俾其有裨农事。如阴阳家邹衍一辈人，则把当时仅有的天文智识强挽到实际政治上应用，讲天文还是在讲政治原理，讲仁义道德，讲人文精神。至如音乐之类，在中国学者亦只当作一种人文修养，期求达到一种内心与人格上理想境界之一种工具。孔子最看重音乐，他对音乐看法即如此。放开一步，则用在人与人交际上，社会风俗陶铸上，还是一种工具，一种以人文精神为中心向往之工具。因此在中国智识界，自然科学不能成为一种独立学问。若脱离人文中心而独立，则只当是一技一艺，受人轻视，自不能有深造远至之望。

不仅自然科学为然，即论政治，在中国智识分子的理想中，亦决不该为政治而政治。政治若脱离人文中心，连一技一艺都不如。张仪、公孙衍之徒，所以为孟子极端鄙视，其意义即在此。而孔、墨、孟、荀，又将为荷蒉丈人及庄周之徒所诽笑，其意义也在此。当知庄周等看不起儒、墨政治活动，亦由人文中心着眼。只在其对人文整体看法与儒、墨不同，其实是仍站在人文圈内，并非站在人文圈外，根据超人文的眼光来批评。如是则级级提高，一切智识与活动，全就其对人文整体之看法，而衡量其意义与价值。因此在中国传统智识界，不仅无从事专精自然科学上一事一物之理想，并亦无对人文界专门探求某一种智识与专门从事某一种事业之理想。因任何智识与事业，仍不过为达到整个人文理想之一工具，一途径。若专一努力于某一特殊局部，将是执偏不足以概全，举一隅不知三隅反，仍落于一技一艺。而且属于自然科学之一技一艺，尚对人文整体有效用。若在人文事业中，割裂一部分专门研求，以一偏之见孤往直前，有时反更对人文整体有害无益。

孔门弟子，如子路治兵，冉求理财，公西华办外交，皆有专长；但孔子所特别欣赏者，则为颜渊。颜渊不像是一个专才。墨家对机械制造，声光力学，都有相当造就；但墨子及墨家后起领袖，仍不专一注重在这些上。战国很有些专长人才，如白圭治水、孙吴治兵、李悝尽地力之类；但为智识界共同推尊蔚成风气者，也不是他们。当是智识界所追求，仍是关涉整个人文社会之全体性。若看准这一点，则战国智识界，虽其活动目标是上倾的，指向政治；但他们的根本动机还是社会性的，着眼在下层之全体民众。他们抱此一态度，使他们不仅为政治而政治，而是为社会而政治，为整个人文之全体性的理想而政治。因此他们都有一超越政治的立场，使他们和现实政治有时合不拢。纵使"孔席不暇暖，墨突不得黔"，孔子、墨子始终没有陷入政治圈内，常以不合自己理想条件，而从实际政治中抽身退出，再来从事讲学著书。但他们在内心想望中，仍不放弃政治，仍盼望终有一天他们的理想能在政治上实现。此种态度，即庄周、老聃亦不免。他们一样热望有一个理想政府与理想的政治领袖出现。因此战国学者，对政治理想总是积极向前，而对现实政治则常是消极不妥协，带有一种退婴性。这一意识形态直传到后代，成为中国标准智识分子一特点。

政治不是迁就现实，应付现实，而在为整个人文体系之一种积极理想作手段，作工具。此一人文理想，则从人生大群世界性、社会性、历史性中推阐寻求得来。此一精神，在春秋时代尚是朦胧不自觉的，直要到战国，始达成一种自觉境界。他们的政治理想，乃从文化理想、人生理想中演出，政治只成为文化人生之一支。这一理想，纵然不能在实际政治上展布，依然可在人生文化的其他领域中表达。主要则归本于他们的个人生活，乃及家庭生活。孔子《论语》中已说："'孝乎唯孝，友于兄弟，施于有政'，是亦为政，奚其为为政。"这是说，家庭生活亦就是政治生活，家庭理想亦就是政治理想，以其同属文化人生之一支。因此期求完成一理想人，亦可即是完成了一理想政治家。这是把政治事业融化到整个人生中而言。若单把政治从整个人生中抽出而独立化，即失却政治的本原意义。要专意做一个政治家，不一定即成为一理想人。《大学》直从诚意、正心、修身、齐家、治国、平天下一以贯之，而归宿到"壹是皆以修身为本"。庄周亦说"内圣外王"之道。内圣即是诚意、正心、修身、齐家，外王即是治国、平天下。治国、平天下，亦只在实现人生文化理想。此种理想，必先能在各个人身上实现，始可在大群人身上实现。若这一套文化理想，并不能在各个人身上实现，哪有能在大群人身上实现之理？因为大群人只是各个人之集合，没有各个人，即不会有大群人。

人生本来平等，人人都可是圣人。治国平天下之最高理想，在使人人能成圣人。换言之，在使人人到达一种理想的文化人生之最高境界。这一工夫，先从各个人自身做起，此即所谓"修身"，所谓"絜矩之道"。大方小方一切方，总是一个方，一切人总是一个人。认识一方形，可以认识一切方形。一个人的理想境界，可以是每个人的理想境界。政治事业不过在助人促成这件事，修身则是自己先完成这件事。此理论由儒家特别提出，实则墨家、道家在此点上并不与儒家相违异。此是中国传统思想一普通大规范。个人人格必先在普通人格中规定其范畴。"圣人"只是一个共通范畴，一个共通典型，只是理想中的普通人格在特殊人格上之实践与表现。"圣人"人格即是最富共通性的人格。

根据此一观念，凡属特殊人格，凡属自成一范畴、自成一典型的人格，其所含普通性愈小，即其人格之理想价值亦愈降。孔子、墨子、庄子，他们所理想的普通人格之实际内容有不同，但他们都主张寻求一理想的普通人格来实践表达特殊人格之这一根本观念，则并无二致。而此种理想的普通人格，则仍从世界性、社会性、历史性中，即人文精神中，籀绎归纳而来。此层在儒、墨、道三家亦无二致。如是，则我们要做一个理想人，并不在做一理想的特殊人，而在做一理想的普通人。理想上一最普通的人格，即是一最高人格。"圣人"只是人人皆可企及的一个最普通的人。因此他们从政治兴趣落实到人生兴趣上，而此一种人生兴趣，实极浓厚地带有一种宗教性。所谓宗教性者，指其认定人生价值不属于个人，而属于全体大群。经此认定，而肯把自己个人没入在大群中，为大群而完成其个人。

至于特殊性的人格，超越大群而完成他的特殊性的个人主义，始终不为中国学者所看重。这又成为中国此下标准智识分子一特色。战国学者在理论上，自觉地为中国此下智识分子，描绘出此两特色，遂指导出中国历史文化走上一特殊的路向。

二

西汉学者，在其传统精神上，并不能违离战国。但就当时社会形势所影响于智识分子之意趣与性格上者，则显然与战国不同。战国是在列国分争中，智识分子参加政治，无一定法制、一定轨辙的束缚。穿草鞋戴草笠，亦得面谒国王。立谈之顷，攫取相印如虞卿。那时不仅国王礼士，一辈贵族公子亦闻风向慕，刻意下士。当时智识分子，成千累万，冒昧走进王公大人门下作客，可以要求衣丝乘车带剑闲游的待遇。战国学者在理论上是严肃的，已是自觉性地超越了春秋时代的一辈贵族；但在生活上是放纵的，浪漫的，豁达而无拘束的，转不像春秋时的贵族们有一传统典型。但他们虽意气高张，他们的实际生活，却依存于上层贵族，以寄生的形态而存在。他们总脱不了周游天下，朝秦暮楚，一纵一横的时代习气与时代风格。

秦汉大一统政府成立，封建贵族逐步削灭，入仕的途径只剩一条，而且有法定的顺序，谁也不得逾越违犯。于是学者气焰，无形中抑低了。此种形势，到汉武帝时代而大定。首先对此发慨叹者是东方朔。他的《答客难》说："彼一时，此一时。"时代变了，我们的身份和机会，哪能与战国人相比？其次有扬雄，他的《解嘲》说："当今县令不请士，郡守不迎师，群卿不揖客，将相不俛眉。"叫战国学者生在这时，他们也将感无可活动之余地。再次是班固，他的《答宾戏》说："让我们学颜渊的箪食瓢饮与孔子的获麟绝笔吧！至于鲁仲连、虞卿之徒，那是偶然时会，哪能效法呢？"他们在心情中，尚记忆着战国的一套，但在时势上则知道学不得了。他们的生活，多半是回到农村，半耕半读。公孙弘牧豕，朱买臣樵柴，西汉人读书大抵在农作余暇中。一年三个月的冬季，聪颖特达的，自己说三冬九个月的时间就够用了。一般说来，从十五岁能识字读书到三十岁，经历十五个冬季四十五个月的长期累积，必待到三十岁始成得一通才。他们再也不想裹着粮，肩着行李，像战国游士般到处瞎闯。时代变了，他们从县学升送到国立大学。毕业后回到本乡，埋头在地方行政衙门当一小职。有成绩的，再获选拔升送中央，在王宫当一侍卫；平时在殿廷中执戟鹄立，遇皇帝出游，结队骑马随从，然后再由此转入仕途。所以西汉学者的出身，是乡村的纯朴农民，是循谨的大学生，是安分守法的公务员，是察言观色的侍卫队。如此循循娓娓，再说不上奇伟非常特达之遇。而因此却造成西汉一代敦笃、稳重、谦退、平实的风气。

但历史上的战国遗风，终于在他们脑子里忘不了。战国学者常把自己当圣人，做了圣人便该做明王。那时的国王，也真会三推四让，把至尊的宝位让给他；他亦敢老实坐下不客气。至于当王者师，做大国相，那已是等而下之了。西汉学者不然，自己地位低了，专把孔子捧得天般高，把孔子神圣化。孔子是他们的教主，他们因此也要求王者同样尊奉他们的教主，如此来把王者地位和他们拉平。学术定于一尊，亦是学术界自身要求，不是皇帝力量所能强。一到汉业中衰，皇室威信堕落，他们终于拥戴出一位学者身份的贵族来，迫汉朝把皇位禅让给王莽。那是学者气焰重张的机会。不幸其人及身而败，汉王室再起，西汉学者终于对战国士运徒作了一番憧憬。

东汉士风，又与西汉不同。王莽是太学生，汉光武还是一个太学生，这已使东汉学者在内心上发生了异常的影像。而且从西汉中晚以来，社会学风急速发展，到处结集数十乃至几百学者麇聚在一大师门下从学，是极平常事。一个大师毕生拥有上千门徒的不算奇。学者在下层社会渐渐占有地位。

有些偃蹇不仕，再不想入宦途。王莽末年的龚胜，光武初年的严光，更是后代中国智识分子另成一格的两种典型人物。高尚不仕，是东汉士风一特色。

在汉武帝初兴太学时，太学生员额只定五十名。后来逐渐增加，自一百二百乃至三千人，到东汉末增到三万人。太学本身成一个大社会，近在中央政府肘腋之下，自成一个集团，自有一种势力，来学的多半是中年人，他们并不志在急于毕业谋一出路，他们只以学校当徊翔之地，遨游其间，有十年八年不离去的。太学里的言谈渐成举国舆论向导，左右影响政治。人多了，一言一动招惹注目，风流标致，在私人生活的日常风格上，也变成观摩欣赏的集中点。

东汉学风，渐渐从宗教意识转变到艺术趣味。每一个私人生活，当作一艺术品来观摩，来欣赏。郭泰、徐穉、黄宪，举世风靡，备受倾倒。东汉学者的基本情调，还是农村的，而渲染上大都市集团社交色彩。他们没有西汉人那样醇朴厚重，也不像战国人那样飞扬活跃，他们却有春秋时代人之雍容大雅。只春秋是贵族式，或官僚式的，而东汉则成为平民式、书生式了。书生的潜势力，已在社会植根甚深，他们内心有一种高自位置、不同凡俗的直觉。他们成为书生贵族，不像战国时代平民学者之剑拔弩张，也不像西汉时代乡村学者之卑躬折节。他们的社会地位，使他们蔑视政治权力，淡置一旁。那时是名胜于爵，政府的爵禄，敌不过社会的名望。君臣关系远逊于朋友。他们的人生，成为一件艺术品，却经不起风浪，耐不起战斗。政治急速腐败黑暗，社会上还有清名高节；相形之下，激成大冲突。党锢之狱，名士斲丧殆尽，而东汉也随踵灭亡。

其实那种书生贵族，不仅在学者们意识形态下养成，也在社会经济地位上平行向前。东汉末年，门第世家已露头角。因世代书生而变成了世代官宦，经过大扰乱的磨练，书生都转变成了豪杰。于是三国时代又成一种特殊风格。三国俨然是一段小春秋，曹操、诸葛亮、鲁肃、周瑜，都从书生在大乱中跃登政治舞台。他们虽身踞国君、丞相、元帅、外交大使之高职，依然儒雅风流，不脱书生面目。诸葛亮、司马懿在五丈原，及陆逊、羊祜的荆襄对垒，成为历史嘉话。以前只有春秋时代有此高风雅趣。整个三国人物，都不脱书生气，同时也不脱豪杰气。东汉传统的名士气，像孔融、管宁，那是名士之两型，为时势压迫，掩抑不彰。西晋局势渐定，名士传统抬头复起。此下东晋南朝，偏安江东，沿袭东汉名士一派。五胡北朝，陷落在异族统治下的智识分子，则上越三国而远接西汉，在醇朴中带豪杰气。但双方同在大门第背景下，而与两汉、三国异致。

三

门第逼窄了人的胸襟。一面使其脱离社会，觉得自己在社会上占了特殊地位。一面又使其看轻政府，觉得国不如家之重要。此种风气在东晋南朝尤为显著。北朝则处境艰困，为求保全门第，一面不得不接近下层民众扩大力量，一面不得不在政治上努力奋斗，争取安全。南方门第在优越感中带有退婴保守性，北方门第在艰危感中带有挣扎进取性。然而双方同为有门第势力之依凭，而在大动乱中，得以维护历史传统人文遗产，作成一种守先待后之强固壁垒。中国文化因南方门第之播迁，而开辟了长江以南的一片新园地。又因北方门第之困守，而保存了大河流域之旧生命。这是门第势力在历史大激荡中，作中流砥柱，所不可磨灭之功绩。

远在战国时代，中国学者对人文理想，已显然划出两大分野。儒、墨比较更富上倾性，而道家庄周、老聃之一脉则转向下倾。他们想象中的归真反朴，挽回结集城市的智识分子重归农村，挽回历史潮流重返淳古。这一意向，在西汉农村学者的潜在意识中，早已埋下深根。西汉学者表面是儒家化，内心底层却有道家味。此种转换，越后越显著，东汉更是一转折点。东汉士大夫的风义节操，无宁是偏向个人主义，较重于偏向社会大群。

三国士大夫，重朋友更重于君臣。追随曹操、刘备、孙权，造成三分鼎立的，不是君臣一伦的名分，而是朋友一伦的道谊私情。诸葛亮肯为刘先主鞠躬尽瘁，固可说有"汉贼不两立"的政治观点，但更主要的，是为"三顾草庐"一段朋友间的肝胆真诚所激动。否则"苟全性命于乱世，不求闻达于诸侯"，这是道家态度，不是儒家精神。可见三国时代依然是道家作底，儒家作面，依然沿接两汉旧轨道前进。

到两晋，此一姿态更显白了。从个人主义，开门是朋友，关门则是家族。道家思想，在西汉时是标揭黄老，到魏晋之际则标揭庄老。黄老尚带政治性，庄老则径走上个人主义。以个人主义之内在精神，渲染上太学大规模的都市社交，便变成东汉型。渲染上黄巾、董卓之大动乱，便变成三国型。渲染上托庇在小朝廷的暂时苟安，门第鼎盛的环境下，便变成魏晋清谈与东晋南朝型。当时的朋友，实际内心也是个人主义。门第、家庭，仍是个人主义。个人主义经历史文化长时期的一番洗礼，更回不到太古淳朴，却变成在个人恬退上，刻意追求一个圆满具足、外无所待的艺术性的人生。

儒、墨为社会大人群建立理想，悬为奋斗目标，明知其不可为而仍为之的，一种带有宗教热忱的，这是战国精神。现在则如在波涛汹涌的海上，孤悬起一轮凄清的明月。在荆棘蔓草丛中，浇培出一枝鲜嫩美艳的花朵。把农村情味，带进繁华都市。把军国丛脞忍辱负重的艰危政府，来山林恬退化。把华贵堂皇养尊处优的安乐家庭，来自然朴素化。那是当时的大喜剧，亦可说是大悲剧。

北方门第绝无此心情，亦无此可能之环境。艺术人生不可能，逼得他们回头再转向于宗教人生。田园人生不可能，逼得他们回头再转向于政治人生。庄老避向南方，北地则仍回到孔子。他们吸集社会力量来争取政治，再凭借政治力量来争取社会。他们意想中，不可能有个人，不可能有家庭。

除非在大社会中建立起一个合理政府，才能安定他们的个人与家庭。北方门第形成了另一种的淳朴，另一种的天真。南方社会在农村而园林化，北方社会则在硗确不毛的地面上来耕垦播种，在洪荒而田野化。异族统治终于推翻，隋唐盛运终于再临，拨乱反治，否极泰来，那是北方士族的功绩。

这里有同一契机，却使南北双方的智识分子，不约而同地走向新宗教，即对印度佛教之皈依。个人主义者，则希冀一种超世宗教来逃避现实，寄托心神。集团主义者，则希冀一种超世宗教来刺激新生，恢复力量。南方以空寂精神接近佛教，北方以悲苦精神接近佛教。而其间仍有一共同趋向。佛教进入中国，依然是上倾势力胜过下倾。最要是佛教开展，急速的智识化与理论化。换言之，则是宗教而哲学化。小乘佛教在中国并不得势，而大乘宗派则风起云涌，群葩烂漫。佛教来中国，并不是直接向中国下层民众散播，中间却先经一转手，经过中国智识分子之一番沙滤作用。如是则佛教东来，自始即在中国传统文化之理性的淘炼中移步换形，而使其走上中国化。这一点，却是那时南北双方智识分子对中国历史文化贡献了一番最伟大的功绩。这一点，值得我们特别提起，并该进一步加以更深一层的说明。

上面已说过，中国智识分子远从春秋时起，已在世界性、社会性、历史性里探求一种人文精神，为其向往目标的中心。这一趋向，到战国时代而到达理智的自觉。这一精神之最大特点，即在把个人没入大群中而普遍化。智识的功能虽表现在智识分子身上，而智识的对象与其终极目标则早已大众化。春秋时代的智识分子，虽则尽属贵族阶级，但他们的智识对象，则在普遍大众，在全人群，并没有一个特殊的阶级隔阂。

若在西方则不然。西方人对智识，似乎自始即并没有对普遍全人群而寻觅之旨趣。此因西方社会，在先本从一个支离破碎各自分开的小局面上发展。埃及、巴比仑、波斯、希腊、印度、罗马、犹太、阿剌伯，他们有各别的世界，各别的社会，各别的历史，智识对象亦遂趋于个别化。换言之，则是个性伸展，而非群体凝合。他们的人生哲学，亦各自分向各自的道路迈进。流浪诗人、运动家、音乐家、政治演说家、雕刻家、几何学者，各有各的性格，各有各的嗜好，各向各的天赋特长充分进展。五光十色，八方分驰。

照理，社会乃各个人之集合，各个人分头并进，无异是社会群体向前。然而有其不同。每条线上领导前进者，总是少数特殊分子；遗落在后追随不上的，依然混同一色，那才是社会群体之真骨干。结果诗人、运动家、音乐家、演说家、雕刻家、几何学家，只成为社会群众超越外在的欣赏对象、崇敬对象，并不即是群众之自身，并不为群众本身内在所分享，所共有。智识与理想生活成为超群体而外在，为多角形的尖锐放射。在此种社会里，必然要求一个共通的，为群众内在所公有而共享的智识体与生活理想。而此一种智识体与生活理想，亦用一种超越外在的形式而出现，是即宗教，即上帝与神。群众的共同人性，只有在上帝与神的身上反映。群众内心之共同要求，只有在上帝与神之身边获得。人生理想生活最高发展之可能，不是诗人、音乐家、雕刻家等，而是成为上帝之子与宗教信徒。必有此一对象，群众乃始各得其满足。群众在此上获得满足，却把政治社会的共同要求冲淡了。于是特异的人才，继续伸展其特殊的个性专长；诗歌、音乐、雕刻、几何学等，依然可在多角形的尖锐放射中，各自无限向前。

西方文化依从这一条路，政治永远分崩割裂。直到最近，一个欧洲存在着几十个国家，社会永远攘夺斗争，封建主义、资本主义、共产主义，后浪逐前浪地此起彼伏。文学、艺术、科学、哲学，成为一件百衲衣，须待宗教的针线来缝绽。

中国的智识对象与理想生活，很早便集中到人文整体之共同目标上。一切智识，成为此一智识之分支。一切发展，成为此一发展之阶梯。一切追求，成为此一追求之工具。成一诗人，一音乐家，只是自己个性伸展，那只是整体之一角落。只有向社会全体服务，才是人生最高天职。于是形成中国智识界之上倾性而热心政治。热心政治未必是中国智识之堕落与羞耻。必先了解到一种附有宗教意味的关切大群体的热忱，才可了解中国先秦学者之内在动向。由此来一个一百八十度的拐弯，由治国、平天下转到正心、诚意、修身，仍不是个人主义。"人皆可以为尧舜"，"满街都是圣人"，从私人生活中反映出普遍人格，大群人生。有了圣人，即不需再有上帝。西方是人人可为上帝之信徒，中国则人人可为圣人。上帝超越外在，高高站立在人文圈子之外面。圣人则反身而内在，仍在人文圈中做一平常人。

"圣"的向往与崇拜，这可说是儒家精神。而道家如庄周，则认为"圣人"二字，便已容易引人入迷，容易叫人误想作圣人是高出于人人的一种超越外在。于是他高唱归真反朴，回于自然。因此中国道家的个人主义，要叫人能"和光同尘"，挫去个性光芒，将个人默化于大众之深渊，混茫一体，而决不是要求个性在群体中自露头角。因此，道家不称他们的理想人为圣人，而改称为"真人"。儒家的圣人，人人可为。而道家的真人，则自然即是，为则失之。道家不仅认为理想政治应"无为"，即整个理想人生还是一"无为"。道家所谓"内圣外王"，乃以一理想的无为人格来领导理想的无为政治。一切有为，皆从无为出，皆须在无为上建体。以"无为"之体，发生"有为"之用。那种多角形的尖锐放射，在道家理想中，不该冲出大圆外线，不该破坏此一大圆形。多角放射，应该回向此圆形中心，应该包括涵盖在此大圆形之内。

我们若把握中国传统人文精神来看道家思想，其实仍超不出儒家规范，仍在儒家立场上补缺救弊，或说是推演引伸。因此庄子心中的理想人物与理想生活，依然常提到孔子与颜渊。

我们必须把握到中国智识分子内在精神之此一最高点，才可万变不离其宗地来看中国历代智识分子之各色变相。在西方多角发展的社会里，谁也不能否认与拒绝一种关切人群大共体的宗教精神。在中国，智识对象本就以人群大共体为出发点，这在春秋战国已逐步明朗。西汉的农村学者，不免骤对大一统政府之突然成立而感到其本身之薄弱，使战国精神失却其活跃性，汉儒遂只能在各自的分职上循规蹈矩。经过王莽新政权失败，东汉智识分子对运用政治来创建理想社会、实现理想人生的勇气与热忱，更萎缩了，乃回身注意到个人私生活。这是由儒转道，由孔墨转庄老，陷入个人主义；而又为门第与书生社会所封闭，在个人主义下逐渐昧失了对大群体之关切。

佛教东来，又是一番新刺激。对大群体共相之旧传统，因新宗教之侵入而复苏。起先用庄老会通佛教，其次再用孔孟会通佛教。衰弱的心脏，打进新血清，重得活力。其先如支道林、僧肇，紧接着的是慧远与竺道生。尤其是后两人指出了人人皆具佛性、人人皆可成佛之根本义。在慧远时，中国所译佛经，根本尚无此义。在生公时，先出六卷《泥洹经》，所论与此义根本相反。生公因坚持此义，致为僧界守文同人所驱斥。其后《大涅槃经》全部译出，始证生公主张之是。可见慧远、竺道生两人，根本在他们能就中国传统文化精神来读佛经，故能从佛经中籀出中国传统精神之最要义。

魏晋南北朝佛学上之大贡献，不仅在能把印度佛教尽量吸收；更重要的，在能加以彻底消化，接上中国传统文化，使逐渐转为我有，使在老根上发新葩。这是此一时代智识分子之绝大贡献。他们具有一番坚贞卓绝，勇猛精进，悲天悯人的绝大宗教精神，而又兼之以中国传统人文中心理智的清明性，遂造成了中国智识界前古未有之另一新典型。我们要穷究上下四千年中国智识分子之诸变态，千万不该不注意到那时几部《高僧传》中所搜罗的人物。

四

隋唐时代，一面还是大门第，一面还是寺庙里的高僧们，来作智识界最高代表。汉、唐虽同样是统一昌明的大时代，但唐代智识分子的气魄意境，却显然与西汉不同。西汉智识分子从农村中来，孤寒拔起。唐代则从门第中来，都带有贵族气分。他们的家族，在政治上、社会上，远的从东汉以上，竟可推溯到五六百年，近的也百年前后，大体上联绵不绝。各有有名的家史家谱，各有绵延不绝的簪缨与绂冕与爵位光荣。而且这些地位，并不凭借政府所给的特权，如古代封建贵族般，依法世袭。他们则由各自家门的礼教，子弟的修养，每一代在政治上、社会上、学术上、文艺上、人格操守上、事业功绩上，依其自身表现，而继续获得此光荣。当然也有许多特殊凭借，但在他们，总觉得这不是外在的身份，而确系内在的熏陶。因此门第的自傲，有时可以更胜过古代的贵族。皇帝的家庭，就这一点论，是远逊于许多门第的。单凭这一点门第的自尊心，使唐代智识分子远与西汉相异，亦复与东汉以下不同。

东汉名士，借社会交际朋辈名誉来与朝廷爵禄抗衡。魏晋以下，借政权转移来巩固自身门第的地位。当时门第内心，还不免时时感到自愧。现在是门第的传袭久了，自尊掩盖过了自愧。而且门第与门第间的相互推尊，比东汉名士的孤寒地位更坚实了。不仅门第自身感到如此，即在王室亦有同感。那时王室对门第转抱有一种自卑心，即在英伟超卓的唐太宗也还不能免。他屡次和别人斤斤计较当时社会上所定门阀高下之不平。他又曾屡议封建。有一次，正式令诸功臣世袭刺史，经长孙无忌等十四人以大义驳正而止。这不仅是唐太宗的慕古好名，实在唐太宗内心，正也感到门第有其外在客观之尊严。他直觉上感到，李家并不是独出群阀的一家，因此遂屡想到封建。我们也可说，在当时，只有经过了一番封建制度之正名定义，才可使李家皇室，再确然高出于举世尊视的那群大门第之上。这形势自然与汉高祖不同。

汉高祖在平民社会中崛起为皇帝，当时争说他是膺受天命，他也自居为天命所钟了。唐代则在门阀社会中兴起，因此只想把门阀势力稍稍就他的政权系统来加以调整。而当时诸功臣也非虚为谦抑。长孙无忌的论据，正是根据中国传统文化精神，说："政治大原则在求贤共治，纵使我们一时立了功，我们子孙不必皆贤；赏了他们，害了百姓。百姓何罪？若他们还以不称职获咎，岂非自招诛戮？"这是何等开明的意见！我们纵可说门第是当时变相的新封建，却不能说那时门第中人全抱封建意识。即在春秋时，那些名卿贤大夫，如上所举，

七 中国智识分子

也早就不能说他们只有封建意识了。因此东汉以下的新兴门第，常对政治抱消极固闭的态度。而唐代门第，则对政治转抱积极合作的态度。他们并不感到政府将会削弱门第，他们宁愿翼戴政府，拥护政府，天下清平，门第亦同享安泰之乐。这是一种大气度。这正因当时的门第，乃从社会酝酿来，不是由政治培植来。因此他们在政治上，反而常抱一种领先的姿态。他们常觉得，他们是在扶翼政府，不是在仰赖政府。

因此，西汉政治是淳朴的，循谨的，最好表现在于地方行政与下级干部。而唐代政治，则是恢宏的，阔大的，最好表现在于中央与上级大僚。唐代智识分子，在其门第的耳濡目染中，早已谙习世故，练达政事。所以一出来担当大事，都是有气有才，能实干像西汉，而局度恢伟则远胜。西汉只多贤良的地方长官，没有像样的大宰相与高级大僚，这一层比不上唐代。唐代智识分子，好发大议论，好作大计划，好摆大场面，好有大组织。汉人厚，唐人大；汉人土，唐人阔。那是他们的出身不同，背景不同，心胸气度不同，因此在政治社会上的表现也不同。

但唐代智识分子，在中国历史文化上的更大贡献，还不在政治，而转更在宗教上。要考察衡量唐代的智识分子，还应该着眼到一辈佛门弟子。人人尽知如玄奘，可不提。更要的是天台、禅、华严三宗。我们尽可说，他们已创造完成了中国文化传统下的新佛教。尤其自六祖慧能以下的禅宗，在精神上，在意态上，实可算得是一番显明的宗教革命。"我若遇如来，一棒打死，与狗子吃。"那是何等话！在后代被目为"狂禅"，在当时非有绝大理解，绝大胆量，不敢出此语。魏晋以下的中国佛教徒，证明了中国智识分子，其内心实在并不是没有一番宗教的热忱。但难能可贵者，在其宗教热忱中，仍不丧失其清明之理智。而二者间又能调和得当，并行不悖。若细细分说，六朝僧徒热忱尤胜过理智，隋唐则理智更胜过热忱。但若在其理智背后没有那一番热忱，也说不出"打死如来给狗子吃"。

我们若一读西方宗教史，尤其马丁路德宗教革命以下一段不容忍的长期大流血，回头来看中国，惊天动地翻天覆地的宗教大革命，只在寂天寞地、清天宁地中轻松滑溜地进行，那是何等伟大的成绩！中国智识界，精神气魄最活跃的时代，第一自推战国诸子，第二便该轮到唐代禅门诸祖师。那是中国智识分子之又一新典型，值得后代仔细研摩，竭诚崇敬。直到宋代人还说："儒门澹泊，豪杰多为方外收尽。"这是不错的。唐代第一流豪杰，全走进禅寺中去了。他们在文化、思想上的贡献，较之同时门第在俗中人在政治、文艺诸方面的成绩，深刻伟大得多。我们若细籀禅门诸祖师的言论风采，讲堂故事，我们可以说他们实在当得起"豪杰"二字。唐代智识分子，全带有豪杰气。

若我们真了解佛学在唐代的风声力量，再回头看韩愈，他自比孟子，昌言辟佛，也实在真够得儒门一豪杰。那些都该在其精神气魄上来衡量，来领略。战国学者有豪杰气，三国有豪杰气,那些都是乱世豪杰,唐代则是盛世之豪杰。盛世豪杰难认,而隐藏在深山和尚寺里的豪杰更难认。慧能、马祖之类,真都是不世豪杰。没有他们,下半部中国史必然走样。那些人都有决定历史的力量,而自己却躲藏在山门里。

下半段的唐朝,在门第与禅寺之外,进士得势了。唐初门第人物,一面反对封建,一面却推行公开考试制度。谁都知道,魏晋南北朝的"九品中正制"是门第护符,但在门第得势时却废弃了。有人说,唐太宗曾有"天下英雄尽入彀中"之语;那是后代想当然之言,既不了解中国传统政治精神,又不了解中国智识分子传统的人文观点。拈上一句两句莫须有之话,来谈上下古今,概括历史,则真历史只有束之高阁。

进士制度在政治史上,是政权的开放。门第势力退让,引起了许多新的智识分子加进政府。那些人并不出身门第,他们事先并不了解政治,也未经传统人文深细陶冶。又不像两汉书生,在农村中过半耕半读的淳朴生活。他们又多未受国家官立学校正式教育。有些则在和尚寺寄食,准备应考。王播的"饭后钟",只是其中之一例而已。

当时考试项目,又侧重诗赋浮华,最要的是读一部《文选》,所以说:"《文选》烂,秀才半。《文选》熟,秀才足。"考试制度许多手续,又折损了应考人的自尊心。他们事先要呈验履历,查勘身份。临考自备脂烛水炭,朝铺餐器,肩荷手携,听候点名。挤进芦棚,草席铺地。种种手续,免不了衙门吏胥之轻慢。他们还得奔走达官贵人之门,求取声誉。一旦名列金榜，便觉富贵在望，又不免大开宴会，招妓侑酒，欢呼若狂。如此人才，待他掌握政权，他仍只记得"灞桥风雪在驴子背上寻觅诗句"的旧习气，那已算是好进士。所以进士轻薄成为晚唐社会及政治上一大恶态。

他们有西汉人的自卑心理，而没有西汉人的淳朴。有东汉人结党聚朋的交游声势，而不像东汉人那样尊尚名节。有像南北朝以下门第子弟的富贵机会，却又没有门第子弟的一番礼教素养与政治常识。有像战国游士平地登青云的梦境，又没有战国游士藐大人贱王侯的气魄。他们黄卷青灯，尝过和尚般的清苦生活，但又没有和尚们的宗教精神与哲学思想。这一风气，直传下来，实在是引起了中国智识界一大堕落。科举制度，就政治制度论，未可厚非；但流弊所至，实是大堪诟病。在唐代，不断有人反对此制度，不断有人策划改变。但大体论，此一制度总在求开放政权，选拔贤才。一时改不了，而唐代政府则在这一辈轻薄进士的手里断送了。

五

北宋开始，门第已不存在，和尚寺也衰落了，搜罗不到人才。禅宗的新宗教，不啻叫人回头，由真返俗。而进士轻薄，终于担当不了天下大事。在这情形下，须待北宋智识分子再来打开新风气，寻觅新生命。书院讲学，由此酝酿。他们要把和尚寺里的宗教精神，正式转移到现实社会。要把清净寂灭究竟涅槃的最高出世观念，正式转变成修身、齐家、治国、平天下的中国传统人文中心的旧理想。唐代禅宗诸祖师，只在佛教教理方面翻一身，先为宋人开路。至于正式离开和尚寺，回头再走进政治社会现实人生的圈子，而仍须不放弃那一段对大群关切的宗教热忱，又须在理论上彻底破坏他们的，建立我们的，拔赵帜，立汉赤帜，那是宋儒当前第一工作。那是一番够艰巨，够深细的工作呀！

其次，他们要把社会自由教育来代替南北朝、隋唐的门第教育，一面又督促政府公家来兴办学校。一时各地书院学校风起云涌。但重要的不在经费之筹措，房舍之兴建，书籍之置备，而更要的是师资。须在人格上作榜样，风度上作熏陶，学术思想上作具体的领导。这样，则公立学校到底不如书院，私人讲学遂变成宋代一大运动。那些私人，不能凭借政府，免得受牵制而官僚化。社会上又没有大贵族大门第大资力之援助。他们又要脱化宗教形式，不像寺庙僧侣可以一呼而集，上得政府下获社会群众之合力撑持。他们着眼在文化上，对上面总带有反政府的姿态，对下面又走了反宗教的道路，置身夹缝里；这又是一件绝大艰苦事。

当时考试制度继续存在，而且在继续发展。一辈智识分子，还是一心一意学诗赋，博官禄。清高的鄙弃那些，则仍想走进和尚寺去寻求究竟人生。宋儒八方为敌，要在政治的、宗教的引诱中带人走上一新路。他们排斥佛教，但仍要有佛教普渡众生的牺牲精神。他们反抗政治，但仍要自己走进政治来完成他们治国平天下的大抱负。范仲淹为秀才时，即以天下为己任，"先天下之忧而忧，后天下之乐而乐。"他是开这一时代新风气的标准人物。他们总想运用新政治来完成新宗教，这显然是战国儒家精神之复活。

但社会背景逼得他们有一些像东汉，他们依仗的是书生们的社交团体，要把社会名教高驾在朝廷官爵之上，又使他们有一些像魏晋以下的和尚们，皇帝也该学道修德，因此皇帝也该做我们的学生。臣对君有敬礼，学生对先生亦有敬礼。王荆公、程伊川做经筵讲官，都曾为此力争，要皇帝正式低头来尊师重道。他们推敬西汉的淳朴，却看不起西汉人的自卑态度。他们也不肯像西汉般把孔子来神化。他们要高自位置，超越在皇帝政府政治权位之上；但他们没有门第凭借，又不肯采取佛教出世态度，尔为尔，我为我，严格与政治割席分疆。在他们则只想把人文中心的"道理"二字来说服上下。西汉淳朴，东汉清高，唐人阔达，而宋人则成其为严肃。他们的过分严肃处，让后人听到"道学先生"一称呼，便想象他们不近人情。但他们毕竟有他们的精神。此后直到清代，七八百年，中国的政治和社会，毕竟端赖此种精神来支撑。

中国列朝尚士之风，最著者，前有东汉，继为北宋。光武帝以太学生复兴汉业，一时同学多相从开国。北宋则承五代后，君臣跋扈，宋太祖亦以一军人黄袍加身。及登天子位，即罢免军权，而竭意提倡尊士之风。但东汉与北宋之士风，均不看重尊王大义。东汉则有党锢之狱，而北宋则庆历熙宁两度新政皆遭群士反对，造成混乱局面，以至亡国。周濂溪乃参酌佛教提倡新儒学，以"寻孔颜乐处"教导二程兄弟。孔子告颜渊："用之则行，舍之则藏，惟我与尔有是夫。"而濂溪所谓之"孔颜乐处"，则惟在其"舍之则藏"一面。及后二程乃以书院讲学不务仕进。即张横渠，虽曰"为天地立心，为生民立命，为往圣继绝学，为万世开太平"，以此作号召；然其所谓往圣之绝学，亦主退隐在野，不主贵达在朝。南宋朱子继之，亦以一延平县丞退隐求寺禄，以在野进修为重，年老始出仕；终亦与伊川同以"伪学"受朝廷之禁锢。但其学风乃得大用于元代。明兴，废宰相，方孝孺受十族之诛，一时士风亦群趋在野，志不在朝。阳明以犯法朝廷远贬龙场驿，得悟传道。其弟子王龙溪、王心斋。二王之学，不考试，不进仕，在野讲学，可为其代表。顾、高东林讲学，以士人不应置身政事外，力斥其弊。然明代亦以东林之党祸而亡。明遗民在清初为顾亭林、黄梨洲、王船山、李二曲之徒，可谓维系吾中华民族之文化生命于亡国之余，其功至今而不绝。亦可谓吾中华民族之命脉，孔子振之于其前，濂溪承之于其后。孔子主进退、用藏执两用中，而濂溪则退藏乃其常，进用转为其变。此则中国两千五百年以来士风一趋势之大体可指者。

蒙古的狂风暴雨卷进中国，书生的道理和他们讲不通。对付文化浅演民族，还得靠宗教。佛教复兴之外，在北方又新兴一种新道教即"全真教"。由于邱长春们七真人的掩护，救了北方中国的万千生命，亦绵延了传统文化之一脉生机。

当时儒生被看成与丐为伍,最宽大是把他们当和尚道士看待,躲在社会一角落,预闻不到政治,占不到社会中心领导的地位。那时的知识分子,在此形势下,却获得意外发展,诗文、戏曲、小说、艺术、字画、园林堆造、医药、算数、历法、工程、水利、机械制造,多方面地分途迈进。有些走进衙门做书记文案,有些从事田亩商贩,改营生产。元代的中国社会实在走上了一变型。若蒙古政权能维持较久,中国或许也像西方般,能演成多角形的尖锐放射;或许能把宗教、文艺、政治、经济,各作割裂分歧的进趋。幸而是,不到百年,蒙古政权崩溃,民族革命之洪涛,叫中国人重来恢复汉唐衣冠。于是明代的书生,又回到唐宋旧轨。

明代理学家,还是宋人格调,但明代毕竟和宋代不同。第一是社会物力厚,第二是沿接元代以来社会的贫富不均;虽不能像南北朝、隋唐的门第,然明代书生家庭较宋代豪富得多。尤其是江南,家中奴仆成群,一百两百不足奇。科举制度又变了,一成进士(此非唐宋之进士。唐宋进士,只如明代之举人),例不为小官,飞黄腾达,成为政治上的骄子。因此明代知识分子也多带豪杰气,与其说像宋代,宁说是更像唐代。影响到当时的学术空气。若把朱晦庵比释氏中之慧远、竺道生,则王阳明是宗门祖师慧能与马祖。阳明门下龙溪、泰州,更豪放。大江南北,遍立讲台,男女老幼,樵子陶匠,贩夫走卒,不识字人,按期集会,一样听讲。一席话可以点铁成金,人人是圣人。他们不向上倾,走政治路线,讲治国平天下。却向下倾，走社会路线，专讲正心与诚意。"良知"之学，本是一套大众哲学、平民哲学，泰州、龙溪更进一步，一意致力社会活动；那是大可注意事。那是中国传统知识分子的又一新形态。

或许战国墨家一派曾有此姿态。儒家正式走这条路，不得不说到明代王学良知派开始。向上远溯，则南宋陆象山已见此端倪。这一风格，不从儒家来，实从释氏来。冲淡了儒家传统之政治性，渗进了佛教传统之社会性。此一转向，值得特别提出。但这一风格，由慧能、马祖在禅寺讲堂上来完成宗教革命，那是一篇反面文章，容易做得出色。现在要从事社会教育，转成正面文章，而仍用禅宗旧格套，便难免有流弊。流弊所钟，最先仍在知识分子之自身。于是李卓吾之类，流入狂怪，遭受诟厉，在当时确实不免有许多坏影响。但这一条路，总不失为是一条新路。自唐以后的中国社会，早和战国不同；下倾的影响，早比上倾更重要。泰州、龙溪讲学纵多歧趋，若能照此精神继续向前，定可走出一条康庄大道。惜乎明代此后没有人好好地承续走这条路。

明中叶以后，科举制度里的"八股文"开始了。那才是一条死路，可以葬送此下三四百年的学术生命。因于良知狂禅学派之流弊，而激起东林讲学。因于八股之流毒，而激起明清之际博学鸿词的考证学派。"博学鸿词"一名，乃清政府所倡立。但那些晚明遗老，纵使不受此徽号，他们却实在当之无愧。中国学风，在东汉，在两宋，都有以学术凌驾政治的意向；东林则承此统绪。南北朝、隋唐佛学，借宗教来避开政治；良知学派泰州、龙溪两支则染此遗风。

中国是一个广土众民的大国，从下层社会影响到政治，总不如从上层政治影响到社会，更易有效，至少是更应尽先着力。上层政治摇动，理想社会不易产生。东林虽在野讲学，但他们精神上，更接近战国以来传统的上倾型，不忘政治。然而东汉党锢，两宋伪学，晚明党社，终于扭不转政治黑暗而失败。像战国，像西汉，像唐代门第，都是智识分子直接参加政治，掌握到实际政权，而使时运光昌。

两汉的缺点，是平民社会智识分子，骤遇到大一统政权之建立而相形见绌，不免带有内心怯弱的自卑感。那时的对抗形势，是皇室（包括外戚宦官）与知识分子之对抗。唐代之牛李党争，则是门第与科举进士之分朋角逐。两宋、晚明已无门第，乃是书院讲学派与科举禄利之对抗。换言之，唐、宋、明三代的政治实权，实际都已操在平民社会智识分子手里。而平民社会的智识分子中，又自分门庭。一派是沿袭传统精神，期以政治来推进社会的真士。另一派是专注意在凭借科举制度混进政治界，仅图攫取爵位的假士。在此对抗下，假士可以不择手段而获胜，真士则另有一套高尚其事不仕王侯的传统潜流，反身到社会下层去用力。这在东汉、两宋、明代都有此倾向。只唐代门第，其自身先已与社会下层有了一层隔膜，失败了则一无翻身。另一条路，则退身躲入佛教寺庙里去。元代佛教变质，全真教即在北方广泛流行，亦是此故。

再总括言之，东汉以下智识分子之躲避藏身处在门第，南北朝以下在佛寺，宋明则在书院。书院最无真实力量，因此蔡京、韩侂胄、张居正、魏忠贤，都能随便把他们摧残了。但摧残智识分子的，还须凭借另一批智识分子。此因唐代以下，推行科举制度，政权急剧开放；而作育人才的教育机关，不能相随并进。如是则开放政权，转为引诱了假士，来阻碍真士所理想的前程。若明白了这一大趋势，则泰州、龙溪一派，正可与东林、复社相得益彰。若此下的知识分子能沿接晚明，仍走这两条路，未始非中道而立，可进可退的，依然可在政治社会上发生相当的力量；不幸而满清政权把这两条路都给堵塞了。

六

清代学风的新趋势，集中到博学派。他们注意在已往历史文献中发掘实学，却疏忽了在当前现实社会中培植活人。满清政权不断高压，书院讲学精神再难复兴，而反政府的潜流则仍隐藏在博学派之内心。晚明遗老都尚注意政治社会一切问题，求在过去历史中诊察利病，定新方案，期待兴王。不幸而他们的理想时期迟不出现，渐渐此希望黯澹迷糊，博学派遂转以古经籍之研索为对象。校勘、训诂、考订，说是"实事求是"。但此实事，已不是现实人生中事，而只转向故纸堆中作蠹鱼生活。他们所标揭的是"反宋尊汉"。但汉儒所重在通经达用，神化孔子，来争取政治领导地位；清儒则无此兴会。朝廷功令，对古经籍根据宋儒解释；清儒从校勘、训诂、考订各方面排击宋儒，反宋无异在反政府、反功令；但其能事亦到此而止。他们的反政府，已避开了现实政治，最多不曲学阿世，却不能正学以言。他们的正学以言，则只在校勘、训诂、考订上，再不在治国平天下的当前具体事情上。

以前东汉太学生，以清议来反对当时官立博士派的章句之学。现在清儒，则转用汉博士章句之学来反对朝廷科举功令。他们的治学精神，其实有些近似元代，都在钻牛角尖，走向一角落，远离人生，逃避政治社会之现实中心。近人推崇清儒治学方法，认为接近西方科学精神；但他们已远离中国传统智识分子之旧路向。看轻了政治、社会、历史、宗教等实际人生，而偏向于纯文字的书本之学。换言之，则是脱离了人文中心，仅限在故纸堆中书本上，为学术而学术了。他们不想作相与作师，不在现世活人身上打主意，不关切人群大共体；他们只把兴趣集中在几本遥远陈古的书籍上。他们遂真成为一些书生与学者。他们不注意"人人可为圣人"的活教训，他们只想教人能读圣人书。而其读圣人书，亦不重在通大义，辨真理，而重在其版本字句，声音训诂，事物考证。总之是避免了以人文作中心。汉儒把"圣人神化"，清儒则把"圣人书本化"。近人又说清代学术相似于西方之文艺复兴。此语绝不得清儒之真相。若强要我们以西方文艺复兴相比拟，则该是宋儒，非清儒。这一风气，到道咸后，清政权将次崩溃时才变。

阮元是清代乾嘉学派博闻考证之学一员押阵的大将。他晚年提出《资治通鉴》《文献通考》二书，称之为"二通"。他说：读书不读此两部，即不得为"通儒"。学问不学此两种，即不得为"通学"。他的眼光从经典转移到"历史"，这便转向政治性、社会性之现实人群上来了。但大体上，他们依然在反宋，因此不能有中国传统智识分子向来关切大群共体之一番宗教精神。从阮元再转出龚自珍，依次到康有为，重新想把孔子神化，再要把神化的孔子来争取政治领导；此一转才像真接近西汉。但西汉学者来自农村，过的是农村淳朴生活，又多从下层政治实际事务中磨练。清儒则近似明代人，生活多半都市化，一得进士，在政治上即成骄子，根柢不能像汉人之淳朴笃厚。而神化孔子为宗师，于是在学术界形成一新风气，非怪诞，即狂放。龚自珍成为道咸以下知识分子一惊动慕效的对象，康有为则直率以圣人自居，怪诞狂放，相习成风。只有江忠源、曾国藩、胡林翼、罗泽南，在清代汉学空气比较不浓厚的湖南出现。他们有意提倡宋学，但又卷入军事生活。江、胡、罗诸人都早死，只留曾国藩，亦老于军旅，在学术界又以桐城派古文自限，沉潜不深，影响不大。晚清学术界，实在未能迎接着后来的新时代，而预作一些准备与基础。

换言之，此下的新时代，实在全都是外面之冲荡，而并不由内在所孕育。因此辛亥革命只革了清代传统政权之命。

而此二百四十年的清代政权，却也早已先革了中国传统智识分子之命。于是辛亥以后，中国智识分子急切从故纸堆中钻出，又落进狂放怪诞路径，一时摸不到头脑；而西方智识新潮流已如狂涛般卷来，没有大力量，无法引归己有。于是在此短时期中，因无新学术，遂无新人才。因无新人才，遂亦无法应付此新局面。只想凭空搭起一政治的新架子，无栋梁，无柱石，这架子又如何搭得成？

辛亥以后，一时风气，人人提倡新学，又人人自期为新人。旧的接不上气，譬如一老树，把来腰斩了，生机不续。若要接枝，也须接在老根上。现在是狠心在做掘根工作。政治革命之后，高喊文化革命。文化革命之不足，再接着高喊社会革命。他们想，必要把旧的连根挖尽，才好另栽新的。这是辛亥以来四十年中国智识界之大蕲向。不幸四十年来的努力，抵不过二千年的潜存文化。这一蕲向，只如披上一件新的外衣，却没有换掉那个旧的躯壳。

让我举出一个最显著的例，试问这四十年来的智识分子，哪一个能忘情政治？哪一个肯毕生埋头在学术界？偶一有之，那是凤毛麟角。如王国维，如欧阳竟无，那仍是乾嘉传统，都不是站在人群社会中心，当路而立的，对社会依然说不上有大影响。其他人人慕想西化，却又很少真实西化的学者。他们先不肯死心塌地做翻译工作。惟一例外是严复，毕生尽瘁译事，不轻自著作。但到后，还不免被卷入政治漩涡。其次是不肯专就西方学术中一家一派笃信好学，谨守绳尺，不逾规矩。当知创造难,学习亦不易。学习一家一派已难,若要上自希腊,下至近代,综括西欧古今各国,撷其菁英,揽其会通,那就更不容易了。

若中国真要学西方,诚心求西化,魏晋南北朝、隋唐的高僧们,应该是一好榜样。须"笃信好学,守死善道"才始是。非"守死"即证其不好学,亦即证其不笃信,如此又何能善道?中国四十年西化无成绩,这是智识分子的罪过。高谈西化而负时望者,实际都在想做慧能、马祖,不肯先做道安、僧肇、慧远、竺道生。先不肯低头做西方一弟子、一信徒,却早想昂首做中国一大师、一教主。这依然是道咸以下狂放未尽。龚定庵诗:"但开风气不为师。"一百年来,多在想开风气。他们自负是学习西方的启蒙运动,却把中国二千年学术文化,当作一野蛮、一童蒙看。他们不肯真心学佛,只借仗释迦来骂孔子、老聃。不肯先做一真实的学者,老实退处社会一角落,像西方学人那样分头并进,多角放射,却早自居为政治社会之领导中心,先自认为是新道统。道统建立,岂是如此般容易?

若论真肯认定一家一派学西方的,平心而论,则只有今天的共产党。但他们也只肯学列宁、史太林,并不肯学马克思、恩格斯。他们所毕生尽力的仍在政治,不在学术思想。

从前中国智识分子,常想用学术来领导政治。这四十年来的新智识分子,则只想凭借政治来操纵学术。从这一点讲,即从其最好处说,今天中国的智识分子,依然未脱中国自己传统文化之内在束缚；依然是在上倾，非下倾，依然在争取政治领导权，依然是高唱治国平天下精神。在西方，科学、宗教、哲学、艺术分门别类，各务专长；一到中国，却混成一大洪流，便成为推翻旧传统、推翻旧文化、创造新政治、建立新社会一呼号。如是则一切一切，全成了高谈狂论。若不说是高谈狂论，则应该是一种伟大的精神之表现。但此一种伟大精神，至少必须含有一种宗教性的热忱，即对社会大群体之关切心。而此四十年来，中国智识分子不幸所最缺乏者正在此。沿袭清代，菲薄宋儒，高呼"打倒孔家店"，摹效西方，提倡个人自由，却不肯诚心接受基督教。竭力想把中国变成一多角形尖锐放射的西方社会，却留下了一大缺洞，没有照顾到社会下层之大整体。共产主义即从此缺洞乘虚而入。

近代中国人之崇慕西化，而最后则终止于马、恩、列、史之共产主义统一全中国，迄今已达于三十年一世之上。此亦有其理由，可资阐说者。

西方政教分，先自希腊、罗马，下迄近代，凡属政治方面，全在分裂争夺之状态中，无以自逃。其统一趋势，则只有宗教方面。但耶稣乃犹太人。西欧诸民族之能分不能合，亦由此可见。马克思亦犹太人，虽主张唯物，不信耶教，但其共产主义，实亦超乎国界，盈天下人类而归之一途，不啻一变相之宗教。此惟犹太人有之，而为西欧人所不能有。列宁用之作革命之号召，但迄今苏维埃仍不能脱其欧洲人帝国主义之传统。惟共产主义究有一种世界性，一种万国一体性，即有其一种人类大群之共同性，则实远超于欧洲人近代商业资本性之上，而更见其有广大共通之一面。此则显然无足疑者。

近代中国虽竞慕西化，有"赛先生""德先生"之号召，但其风只在北平；而当时南京中央大学，即有《学衡》杂志起而反对，乃颇以中国传统文化自尊自守。此亦断然不可否认一现象。共产党则并中西新旧冶之一炉，尽加排斥，又迎合社会多数，遂易一时成功。抑且在当时之西方人，终亦以中国之共产化不失为西化之一端，乃从旁赞助，美国人即为其最显著之一例。苏俄势力自西方再度东侵，外蒙古自主独立，关外三省乃及朝鲜半岛之北部全归苏俄势力范围，此皆出美国人主张。当时美国人虽与中华民国同抗日本，但一则中国兵力弱，不如苏俄之可恃。再则中国究是东方黄种人，与苏俄之同为西方白种人者究有别。美国人不惜用大力引进苏俄，使得重返东方，史迹鲜明，尽人可知。民主政治与极权政治，资本主义与共产主义，以民族血统之更大分别言，实为一小分别。而黄色人种与白色人种之相异，则为一大分别。此以近代美国人心理言，已有显证。

我们再把最善意的看法来看中国共产党，可说他们已把马克思唯物史观与共产主义当作一种宗教信仰，由此激发了中国近代智识分子对社会大群体之关切，由此得到隐藏在其内心深微处一种宗教要求之变相满足。但中国果能继续此一趋向，则中国自将完全走上苏维埃化，而非完全西方化。苏维埃实是近代西方文化一大反动。此四十年来，中国智识分子尽力提倡西化，而结果却走上了对西化之激剧反动。此一转变，只可说依然是中国传统文化之内在要求在背后作梗。我们必先认识此一意义，乃可再进一步来推论中国之是否果能化成苏维埃。

余尝谓西方人没有中国传统之"天下观"，即人类相处之"道义观"与"伦理观"。西方之共产主义则为"唯物"的，仅重"血气外向"的人生，不近中国传统"心性内向"的人生。其间有一大区别，而中国人乃不自知。故中国而共产化，其摧残中国传统文化乃益甚。由唯心转而为唯物，较"新文化运动"之排斥西方耶教为更趋于唯物化，此则距中国人自己传统为更远。而中国人苦于不自知。此尤大堪嗟叹了。

共产主义建基于"唯物史观"，唯物史观之主要特征在抹杀人类个性人格。而中国传统文化精神，则正在由个性人格中反映出普遍人格，此即人人皆可为尧舜、人人皆可成佛之传统信仰。此一信仰建基于儒家之"性善论"。道家虽不明白提倡性善论，但其内在倾向依然主张人性善，故以归真反朴回向自然为理想。从竺道生到慧能的佛学，主张人人皆具佛性，仍是中国传统变相的性善论。耶稣教在中国不能像佛教般广深传布，其唯一症结，即在"性善""性恶"两观念之极端冲突下受阻碍。马克思唯物史观与阶级斗争，则仍由西方传统"性恶"观点下演出。否则一切人生，决不致专为物质生活所操纵。一切意识，决不致专为阶级立场所决定。一切历史进步，决不致专由阶级斗争而完成。

耶教的性恶观念尚有上帝作调剂，马克思唯物史观乃始为彻头彻尾之性恶论。耶教上帝关切全人类每一个人之整个人生，马克思共产主义最多只关切到某一个阶级的物质生活。马克思只讨论经济，不讨论灵魂。因此共产主义在西方，便断不能与耶教并存。信仰马氏，必先推翻耶稣。而中国传统文化，则正因其不能接受耶稣，而可断其更不能接受马克思。若要共产主义在中国生根，则势非彻底推翻中国传统文化不为功。此四十年来的中国智识界，正在此一目标下努力，早已为共产主义披荆斩棘，导其先路。所不幸者，则如上文所分析，中国近代之不能彻底西化而转向苏联，其背后仍系中国传统文化之潜势力在暗地操纵。则共产主义在中国之前途，其成败命运，亦不卜可知。

这里再该提起耶稣教在西方整个文化系统中之地位与功用。西方文化体系，若专就外形看，显属一种多角性的尖锐放射。而每一角度之放射指向，都见其世俗欲极强烈，权力追求之意志极执著，个性上之自我肯定极坚决。只有耶稣教教人超越现世，转向上帝，再回头来把博爱牺牲精神冲淡实际人生中种种冲突，而作成了那一个多角形的文化体系中之相互融和与最高调协之核心。若在西方文化中抽去耶稣教，则必然会全体变形，成为矛戟森然，到处只是唯物与斗争之一个人类修罗场。中国人在其自己文化之潜意识下，用另一眼光来看耶稣教，既已把它拒绝；而在其自己传统文化中本所蕴藏的一种人文中心的宗教热忱，即对于社会大群体之关切心，却又经此三百年来之学术转向而迹近于遗忘。如是则近代中国智识分子，自外言之，已不能有超越现实而作高一级的向往之精神表现。自内言之，又不能超越小我，牺牲个人，对社会大群体生关切。在此情形下，其先对西方文化，因其对于自己传统的模糊观念而存一种鄙夷轻视的心理；其次又迫于现实利害之权衡而转身接受。无论其拒其受，其对西方文化，总是涉其浅，未历其深，遇其害，不获其利。

若西方之宗教信仰，乃始涉及人生之内心深处。中国人所谓仁、义、礼、智、信，礼与信皆指内心言。西方宗教亦可谓别有其一番礼与信。至于科学与民主，则无内心可言。近人如梁任公以中国重"礼治"与西方重"法治"相对，此可谓深得文化分别之大旨所在。法治重外在刑法，其主要在多数意向。而多数人则多重外物，不知重内心。然而人生所遇外物则多变，惟心性乃属天生，乃有"常"可循。中国文化之相传五千年以达今日者，主要乃在此。

"五四运动"时所对西方文化之认识，亦只提出"民主政治"与"科学"两项，并又鲜明揭起反宗教的旗帜。但在西方文化，苟无耶稣教，民主政治只像在对人争权，科学只像在对物争利，一切全落在物质与权利上，全成为一种斗争性，全是功利色彩。循是演进，则自然会走向马克思。而自己传统文化，又一时急切摆脱不掉。菁华丢了，糟粕还存，于是又从马克思转向列宁、史太林。民主政治与科学精神在此潮流下全会变质。于是政治高于一切，一面还是人文中心，而一面走向极端的性恶论。生活一切是唯物，人性一切是唯兽。打倒帝国主义变成排斥英美，排斥西方传统。四十年来所积极提倡的西方化，结果转成激剧的反西方。这一转变，值得我们回头反省。上文的一番分析，值得我们平心研讨。

中国当前智识分子，论其文化传统，本已学绝道丧，死生绝续不容一线。经历了满清政权两百四十年的传袭，中国传统精神早已纸片化了。而就其所处身的社会立场言，则又单薄得可怜。两汉有地方察举，魏晋南北朝有门第，隋唐以下有公开考试，传统政治下有铨叙与监察制度，都使他们一面有所倚仗，一面有所顾忌。从倚仗中得心安，从顾忌中得使心不放。中人以下也可循此轨辙，幸无大过。而农村经济之淡泊安定，又是中国传统智识分子最后一退步。

近百年来，政体急剧转变，社会经济亦同时变形。以前智识分子之安身处，现在则一切皆无。于是使其内心空怯，而又无所忌惮。而近代中国智识分子之新出身，则又是古无前例，完全走上以外国留学为唯一的门径。一批批的青年，在本国并未受有相当基础的教育，即便送往国外。试问举世间，哪一个国家，了解得中国？又是哪一个国家，真肯关心为中国特地训练一辈合适中国应用的智识与人才？他们走进每一个国家，选定每一门课程，互不相关地在仓促的三四年五六年间浅尝速化,四面八方学成归来。了解不同,想象不同,传统不同,现状不同,拼凑安排,如何是好?各国间的政俗渊微,本原沿革,在他们是茫然的。本国的传统大体,利病委曲,在他们则更是茫然的。结果都会感得所学非所用。激进的,增加他们对本国一切的憎厌和仇恨。无所谓的,则留学外国变成变相的科举。洋翰林,洋八股,虽谑而允,受之不愧。中国传统智识分子,自唐以下,虽都参加科举,却并不从科举中养出;现在则完全托由在外国代办新科举的制度下,来希冀新中国的理想新人才。

理想是一件百衲衣,人才也是一件百衲衣,这须待自己手里针线来缝绽。那一条针线不在手,一切新风气、新理论、新智识,正面都会合在对中国自己固有的排斥与咒诅,反面则用来作为各自私生活私奔竞的敲门砖与护身符。中国当前的智识分子,遭遇是艰苦的,职责是重大的,凭借是单薄的,培养是轻忽的。结果使国内对国外归来者失望,国外归来者也同样对国内的失望。憎厌中国,渐渐会转变成憎厌西方。

然而我们却无所用其愤慨,也无所用其悲观。中国将仍还是一中国,中国的智识分子,将仍还成其为中国的智识分子。有了新的中国智识分子,不怕会没有新中国。最要关键所在,仍在智识分子内在自身一种精神上之觉醒,一种传统人文中心宗教性的热忱之复活。此则端在智识分子之自身努力。一切外在环境,全可迎刃而解。若我们肯回溯两千年来中国传统智识分子之深厚蕴积与其应变多方，若我们肯承认中国传统文化有其自身之独特价值，则这一番精神之复活，似乎已到"山穷水尽疑无路,柳暗花明又一村"的时候了。风雨如晦，鸡鸣不已，新中国的智识分子呀！起舞吧！起舞！

（一九五一年五月香港《民主评论》二卷二十一、二十二两期）

八　中国文化传统中之士

一

中国文化有与并世其他民族其他社会绝对相异之一点，即为中国社会有"士"之一流品，而其他社会无之。夏、商、周三代，中国乃一贵族封建社会，然其时已有士。如夏代之傅说，商代之伊尹，起于版筑畎亩之中，而上登政治至高地位。其详已不可考，其为后世士人一至高之楷模，则事无可疑。下及周室东迁，春秋时代，为士者益得势。其事散见于《左氏》《公羊》《穀梁》三传之所记载。典籍具在，可资详述。然中国社会之所谓"士"，确然有其在社会上特殊地位，在文化传统上有特殊意义与特殊价值，则其事实始于孔子。

孔子曰："士志于道。"孟子曰："士尚志。"即尚其所志之道。其道始则修于身，继则齐其家。推而广之，扩而大之，则有家族，有家乡。更推而广之，更扩而大之，则有治国之道。又更推扩，超国家而上，则有平天下之道。其实所谓身、家、国、天下，此诸分别，即古代封建贵族之所传；如所谓禹、汤、文、武，上溯及于唐尧、虞舜，莫非修身、齐家、治国、平天下一以贯之，以成其为圣帝明王。惟当时建有修、齐、治、平之礼，而孔子则综合会通加以阐发，唱为修、齐、治、平之道，以求广大奉行，而成为一完整之体系；如此而已。

孔子又赞颜渊曰："用之则行，舍之则藏，惟我与尔有是夫。"用者，用其"道"，非指用其身。能用其道，则出身行道。不能用其道，则藏道于身，宁退不仕。不显身于仕途，以求全其道而传之后世。故士可以用，可以不用；可以仕，可以不仕。而社会有士，则其道乃得光昌传播于天地间。

孔门有四科：德行、言语、政事、文学。言语、政事即仕进后所有事，而言语尤先于政事。因政事仅行于国内，言语则用之国际外交，其事已超乎国而达于天下。故言语之为用，则犹在政事之上。文学则未及见用，而致力于典籍文章，上述古代，下传后世。文章之所在，亦即道。而三者之上，又以"德行"为之首。苟非有此德行，将不得谓之人，而又何三者之足云！孔门又有"先进""后进"之别。孔子早期传道，登其门者为先进；其时则皆有志用世，而于文学则有所不遑详究者。孔子晚年传道，登其门者为后进；时孔子已衰老，有"道之不行，我知之矣"之叹，故来学者多致力于文章典籍，求道、讲道、明道、传道之心为切，而用道、行道之志则较缓。

孔子则曰："如用之，则吾从先进。"孔子行道用世之心，固虽老而犹存。

四科中最先一科为德行。德行中最先一人为颜渊。颜渊之自述曰："夫子博我以文，约我以礼。"博我之"文"，即四科中文学之文，为求道、讲道、明道所资。约我以礼之"礼"，则以用世行道者。孔子又曰："君子不器。"又曰："古之学者为己，今之学者为人。"用则行，则由己以行道；舍则藏，则藏道于己以传世；求己与道之合为一体，故曰"为己"。若仅以己身供人用，则我身仅如一器，无道可言，又何足贵！孔子以子贡为器，而又曰："子之器瑚琏也。"瑚琏藏在宗庙，乃贵器，不能随便使用。如冉有，则孔子曰："非吾徒也，小子鸣鼓而攻之可也。"以冉有仅为季孙氏用，则犹器之下矣。

在德行一科中，尚有闵子骞、冉伯牛、仲弓。孔子何以独称颜渊？或此三人，"舍之则藏"有其德，而"用之则行"则不能有如颜渊之才。或以此三人皆早死，故孔子独称颜渊。要之，藏则较易，行则更难。君子不器，而仍贵其能为一大器，其义在此。则不当不辨。

二

孔子之卒，孔门弟子普遍蒙受各方之重视，然而无一人获得上层政治之大用。其再传弟子以下，如子思、孟子、荀卿，皆获大名，但亦无一人受上层政治之重用。儒家以下，诸子并兴，继孔子而起者为墨翟。主"兼爱"，摩顶放踵，利天下为之。然墨翟亦未受列国政治上层之重用。墨子曾多方介绍其弟子进入仕途，然自禽滑釐以下，墨家弟子亦终无获重用者。墨家有"钜子"组织，如孟胜亦钜子，为各国墨徒之领袖。其仕楚，仅为一家臣，并以三百人之众死于任上。继墨翟有杨朱，主"为我"，拔一毛利天下不为。其在政治上不受大用，亦无弟子传名于世。其次有道家，庄周仅为宋国一漆园吏。楚国聘为相，庄周辞之，谓宁为泥中曳尾之龟，不愿藏骨于宗庙；则其意偏向于"舍之则藏"，而无意于"用之则行"之一途。老子继起，仅求为圣王，则又谁欤用之？著书五千言，亦无一知名弟子闻于世。

其他如名家，首起惠施，与庄周为友，曾相梁惠王，政绩无闻，是亦未见大用。阴阳家首起邹衍，备受列国尊礼，同亦未见大用。齐威、宣、湣诸代，设有稷下先生之位，享诸子以厚禄，许以自由授徒讲学，先后达七十人之多。著书立说，擅盛名者不少，卒亦未见获政治上之重用。惟纵横一家，独获重用于世。然孟子曰："公孙衍、张仪，妾妇之道也。"后世亦不再以纵横家流列入先秦诸子学术之林。

其他如战国早期，商鞅用于秦，吴起用于楚，申不害用于韩，而商鞅、吴起终皆不得其死。申不害乃韩之诸公子，亦与士流有别。其次如范雎用于秦，经蔡泽之献议，终亦让位，荐蔡泽而自退。然蔡泽则未闻有功绩。乐毅用于燕，建大功，终被谗间，逃亡于赵，幸以身免。如虞卿于赵，亦尝被用，未获显赫，退而著书。吕不韦用于秦，广招宾客著书，自张声气，而终遭斥罚。韩非入秦，亦遭谗下狱而死。在战国九流中有法家。实则当时之士，聚徒讲学，绝未有专为一国一君一政府之统治权营谋打算而得成一家派者。"法家"之名，当起于韩非之后。而韩非亦韩之诸公子，虽列荀卿之门，亦与一般士流有别。

由上言之，战国虽称为士势力之骤张时期，而诸子之聚徒讲学，自成一家，如儒、如墨、如道、如名、如阴阳、如农家之许行，凡属开山宗师及其继承人物，在当时学术上有大名望大表现者，均不曾在政治上获大用。其获用于上层政治者，在学术上仅属第三四流以下之人物，而亦鲜得安于位。不致身死，已属大幸。然则所谓"士"之一流，其在中国文化传统历史影响上之特有意义与价值究何在？

三

明白言之，中国士流之影响与贡献，主要在社会，即如许行，亲操耒耜，耕于田亩，而陈相之徒聚而从之。士之亲其师，尊其师，有过于其君；此不仅孔子、墨翟为然，下至如许行亦何莫不然。故在中国社会上，最受尊亲者，乃师而非君。乃在野之士，而非在朝之卿相。战国之时，仅七雄为大国，分别统治了整个全中国。而为之士为之师者，乃为当时全中国人所向往所仰慕，为君者又乌得与之比？乃使政治上层，亦不得不俯心下气，以尊贤而礼士。如颜斶见齐宣王，明告以"士贵王不贵"，而宣王亦无如之何。又如秦昭王见范雎，乃至长跪以乞言。当年七雄中，齐宣王、秦昭王岂不更巍然为之魁首？而其尊贤下士有如此。如颜斶、如范雎，岂诚为当时一大贤上士？而齐、秦之君尊礼之如此。其最大之意义与价值，则在政治上层不敢自居为最尊最贵之地位，而自知尚有当尊当贵之过于彼者；其人不在远，即在其所统治之社会下层。姑举一例。如秦兵围赵，赵国存亡在即，不得不屈意帝秦，求获苟全。时鲁仲连在围城中，乃独抗议反对，谓苟帝秦，则仲连惟有蹈东海而死。以一白衣穷途之士蹈海而死，于天下大事，国家兴亡，何足轻重？而帝秦之议竟以作罢。此等事因其千古传颂，后人视若固常，不复厝怀。而于其对文化传统历史影响之大意义大价值所在，今人乃不复存怀。此岂非一大可惋惜之事乎？

鲁仲连义不帝秦，虽声光扬于天下，但仲连身后，秦终为帝，而仲连生前之声光意气则依然尚在。故秦一天下，李斯首为之相。李斯乃楚国一小吏，著籍荀卿门下，则亦俨然一士。商汤一天下，伊尹为相。周武王一天下，周公旦为相。秦始皇帝继汤武一天下，而李斯为之相。则斯亦继伊、周如鼎足之三矣。秦博士议秦政，始皇帝不轻自决断，下其议于丞相斯。斯主废封建非不是。然焚书之令起于斯，后世人鄙之，不齿于人数。不知斯之在当时，固亦以士之身份而见大用。

汉初无士，惟叔孙通曾为秦博士，与其弟子为汉制朝仪。

然后世人亦耻之，不列为士数。同时如商山四皓，朝廷不能聘，太子罗致之。高祖于太子身傍见四皓，遂罢废立意，太子终得承位，是为汉惠帝。是汉之为汉，此下两百几十年之天下，四皓与有力焉。士之影响政治，见功于世，其例有如此。

汉初真得称士者有贾谊。年二十余，上《治安策》，名震朝廷。文帝召见，欲加大用。绛、灌之徒群沮之，放为长沙王太傅。归蒙召见，语至夜半。文帝屡前移其坐席，并谓：久不见贾生，自以为过之；今再见，乃知仍不及也。然贾生终继为梁王太傅，仍不获大用于朝。梁王出猎，坠马死，贾生以未尽师道，愧恨而卒。然汉自文景以下诸大政，多出贾生原议。贾生之有功于汉，更胜四皓甚远。

继贾生而起者有董仲舒。汉武帝尊五经，黜百家，皆由仲舒对策发之。此不仅汉之为汉，即此下两千年中国之为中国，仲舒当时之对策有大影响大作用。而仲舒亦终未大用于当朝。公孙弘乃自东海牧豕，超用为汉相。未能正学以言，而曲学以阿世，与仲舒有别。然则在中国，真为士，即不得大用。获大用者，或多非真士。如公孙弘、董仲舒，又为其显例。

东汉光武帝，以王莽时代一太学生，起兵平天下。一时同学之士，驰驱戎马间，策奇勋，列朝廷高位者何限。故中国史上，以士人得天下，建立一士人政府，则其事起于东汉。而同时一同学严光，独隐避不出。光武为太学生时，素重之。既得天下，屡念不置。遍访之全国，得于钱塘江一钓滩上。护送至京，晤谈之余，又同床而寝。然严光卒辞归，以不仕终其生。孔子曰："用之则行，舍之则藏。"又曰："不仕无义。"严光当非一庸才，但亦非庄周道家之徒。否则亦不出游太学，亦不为光武及其他诸同学所推敬。窃意严光心中，亦并非傲视群伦，鄙夷光武与其在朝廷诸同学，谓绝不堪同流合污，有损于一己之为人。但其当王莽之乱，既已隐身垂钓严陵滩上，一旦诸同学出，使天下复归于平治，出诸人，亦如出诸己；人尽其劳，己亦同享其成，岂不转增其内惭？我行我素，仍以渔钓终年，斯于己亦何所亏憾。窥光当时之存心，亦仅如此而已。然而严光其人其事，其影响于后世之士风，则至高至大，至深至厚，有非严光当年之所意料者。一则当兴王之朝，以帝王至密之友，而有不可宠而安者。二则一江湖钓徒，其尊其贵，乃在一开国帝王卿相之上。中国自秦汉以来，大一统政府凌驾在上，而帝王卿相之尊之贵举国共仰，乃更有高出其上者，则转在社会下层草泽平民中。不仅当代，乃至易世历代君卿，亦共相尊崇，一若当然，无可疑，无足争，而视若平常。此则中国传统文化一特色，而士之为用乃莫大于斯矣。

东汉末，郑玄称"征君"，此亦朝廷所召而未赴者。黄巾唱乱，相戒勿入郑征君之乡。则先王之贵有可杀，而死士之乡之一草一木有不可犯。黄巾不为后世人称道，然而此一事则载之史册，称道于后世。乃为当时之一线光明，上承古代，下启来兹。此亦可谓乃士之为用之一例。

黄巾乱后，继之以魏、蜀、吴三国。曹操、刘备、孙权皆士也。一时群臣荀彧、诸葛亮、鲁肃莫非士。有一诸葛,已可使三国照耀后世,一如两汉。而犹有一士,曰管宁。始避于辽东,老归中土,汲井躬耕,曹操召之不出。后世尊之,谓其犹出诸葛之上。诸葛终为一政治人物,虽曰"鞠躬尽瘁,死而后已",而终亦无救于世乱。管宁则为一草野人物,虽乱世,使社会得保留一完人。则此社会终未全坏,尚有将来之后望。孔子欲居九夷,又曰:"道之不行,我知之矣。"是虽至圣如孔子,亦无奈于世之乱。然而孔子又曰:"后生可畏,焉知来者之不如今。"三国之乱甚于春秋之末,而管宁则孔子所谓之后生可畏矣。举世之乱,而有一士之屹立。后人欲效诸葛,则难得有如刘先主之三顾于草庐。然欲为管宁,则可无待于外。司马迁作《史记》,创列传体,后世奉为正史之首。而七十列传,首之以伯夷,亦不用于世者。司马迁以言李陵事获罪,以宫刑免死。虽为武帝内朝中书,然不复有意于政事。非有求于当世,乃求表于后人。其《报任少卿书》畅言之。管宁则能自表显于文字著作之外。司马迁亦已陷身于政界,不如管宁之萧然事外,仍不失为一社会人物之易于自成其志,自完其身,不饿死而与伯夷相抗衡。然以周武圣朝,可以容首阳山下有伯夷叔齐。以曹操之一世奸雄,亦可容其治下有如管宁之汲井而躬耕,敦聘而不赴。斯亦见中国政治,亦自有其不可及者。即此一端,亦足为例矣。

两晋以下,先有五胡之乱,继有南北朝之对峙,较之两汉远逊。然而群士兴起,则视前亦无愧。姑举一人,曰陶潜。

耻为五斗米折腰，赋《归去来辞》，抚孤松以盘桓。其于当时之政事，可谓无所贡献。然其诗，则脍炙人口，愈后愈普及，愈陈旧愈新鲜，历千年而不衰益盛。几于每一中国读书人，每一士，无不诵其诗慕其为人。在其前，有古诗三百首，有屈原《离骚》，然皆富有政治性。惟渊明诗，乃确然见其为田园诗，为山林诗，为草野平民诗。然而其诗虽沉浸于社会之下层，亦终能影响及于政治之上层，殆可谓与《诗》《骚》为鼎足之三。在两晋南北朝时代，只《陶渊明诗》一集，已可上继三代两汉，下视唐、宋、明、清，成为中国文化史一新页，一贯相承而不待他求矣。则士之大用于世，如渊明，岂不亦其一例乎！

下至唐太宗，其未登天子位，已先有"十八学士"一士人集团，较之汉光武尤过之。然而玄武门之变，兄弟阋于墙，终为太宗内心一愧事。不幸其父乃唐代之开国皇帝，乃遭此宫墙之变。魏徵初仕于太子建成，后仕于太宗，此亦不得与管仲之仕齐桓相比。魏徵亦不能内心无愧。故其于太宗，过无不谏，谏无不尽。使魏徵以此而死，亦可明其出仕初不为私人禄位，可以表白于天下后世而无憾。然而太宗之于魏徵，亦知遇异常，优渥有加，亦以见其出而为君初无丝毫之私。一部《贞观政要》，乃得为后世帝王常读之教科书。而太宗与魏徵两人之相处，尤为《政要》一书中之主要节目。可见政治乃人群社会重要不可缺之一大业务，而现实牵涉，则理想每受减损；故欲为一政治人物则甚不易。如伊尹之五就桀，五就汤，岂尽人可法？其放太甲于桐宫，果使太甲不知悔悟，则伊尹何以善其后？周公诛管叔，放蔡叔，大义灭亲，亦岂兄弟相处之道？果使成王长，德不如人，周公又何以善其后？以伊尹周公之圣，尚有其难处。故孔子曰："用之则行，舍之则藏。"重道而轻仕，此亦涵有一番甚深衡虑，岂率尔而出之一言乎！此下中国政治业务，必求士为之。而为士者，则宁退不进。此诸葛亮之所谓"澹泊明志，宁静致远"。而中国政治亦常得保持一次好之地位。其社会人生，乃终得蒸蒸日上。务使为人更上于为政，此诚中国传统文化一大特征。即于唐太宗之与魏徵，亦可窥其微矣。倘必奉政治人物为尽善尽美至高无上之人生标准，则此人生亦何可多望。惟中国则为人另有一更高标准，更高境界。而政治人物，群向此境界而趋赴，亦得群向此标准而崇仰。此中国社会之有士，所以为中国文化所特具之一最有意义与价值之所在。

两晋南北朝政权虽乱于上，而为士者仍可隐于门第中。下及唐代，科举制兴，门第渐衰，为士者乃群趋于应举从政之一途。就政治言，乃一大进步。其余为士而不从政者，乃转趋于释、道两家，为异端。而政治人物，亦多信奉释、道。故唐代社会标准之士，未必多过于两晋南北朝。前古相传政治上之崇高理想，反趋于黯淡。此实当为一大退步。中唐之时，乃有韩愈出，提倡古文。愈之言曰："好古之文，乃好古之道也。"韩愈乃可谓上承中国士之大传统。幸有《昌黎》一集，乃可上与晋、宋间之《渊明集》相比，而犹更胜之。然韩愈亦终未获大用于上层之政府。其《谏迎佛骨表》，乃几陷身死。如韩愈，论其大节，乃可谓唐代标准之一士。即诗圣杜甫，亦当屈居其次。而同时唱为古文如柳宗元，则更不能与韩愈相比。下及宋代，韩愈乃始见为唐代特出之第一人。此非深明中国文化大统之意义者不能知。亦岂不得意于政治，专以诗文见长，即得为士之上乘乎？但专就文集一部分言，则诚如是。倘扩就人生大道言，则韩愈为人，或许尚有不如陶渊明处。此则犹当别加衡量，此篇恕不详及。

惟其南北朝社会尚多士，故隋唐继之为大盛世。惟其晚唐社会少士，故五代十国继之为中国历史上最惨澹最黑暗之一时期。其时有一冯道，群奉以为士。历事五朝八姓十一君，自称"长乐老"。非如冯道，亦无以自全于其世。然使人人如冯道，则一世沦丧，同归于尽，亦何得以一私人之长乐而自安自慰。宋兴，欧阳修为《新五代史》，始于冯道有定论，而韩愈亦始受崇拜。于是中国传统光明乃得再照耀，传统文化乃得再发扬，而宋代乃更得称为一社会多士之时代。

四

宋代多士，已盛于汉。而政府之重士，则更胜于汉。宋代之士于政治上得大用，莫如王安石与司马光。然而新旧党争，北宋亦终陷于沦灭。王安石乃一"理想派"，欲使其君为唐虞三代之君。司马光乃一"经验派"，仅求朝政得如汉唐已足。

然理想则必见之于现实。孔子曰："如有用我者，我其为东周乎！"今不知孔子当时果见用，其为东周之具体设施又如何，而依传统观念言，则王安石乃"经学派"，故有《三经新义》之订定。惟在汉代经学掌于博士官，举朝以经学为施政标准，而博士官则不亲参政务。今王安石以宰相身份订定经义，作为学校教育与政府科举取士之标准，则几若道统下隶于政统，显违于中国文化传统之大义。司马光乃"史学派"，著有《资治通鉴》。汉唐亦有史官，记载历朝实际行政，供后人作参考。得失成败，偏近功利，终须有经学道义以为之归。史学虽可鉴古知今，然经、史分途，则史学决不足奉为政治之标准。故当时之新旧党争，结果终为一政治斗争。所争在政权之得失，而不免有乖于道义之是非。于是乃有第三者起，则为周濂溪。

濂溪乃当时一县令，而置身当时党争气氛之外。著有《易通》书。根据经学，主张"志伊尹之所志，学颜子之所学"。伊尹志在天下。颜子之学，用则行，舍则藏。主要尤在"藏"之一面。明道、伊川二程兄弟，少闻其教，虽亦出入于新旧两党间，终以退隐讲学为务。横渠张载，亦与二程为学侣。于是乃有理学之兴起。理学家可称为乃中国文化传统中之"新士"，大体退在野，不竞在朝。尊道统，以做政统之领导。政事败于上，而士风则正于下。北宋覆没，南宋偏安，而理学之风则大盛。有朱熹出而集其成。朱子在当时政治上亦未见大用，然而著为《论语集注》《孟子集注》《大学章句》《中庸章句》，定为四书。下及元代，乃奉为政府科举取士之标准。

其功用实已代替了两汉之五经，而更驾其上。直迄清代之末，此一取士制度，历七百年而不变。

元代以蒙古异族入主，政统易于上，而道统则仍存于下。中国社会依然是一中国社会，得以无大变。社会之士，相率以不出仕在野讲学为务。亦有出仕者，终被视为士中之第二流，不能与在野之士同受社会之尊崇。元代不仅以四书义取士，并令全国各县同设书院；县令初到职，必出席书院听讲，为其上任之最先第一事。然元政亦终八十年而亡。明代继起，中国光复，然元代遗风则依然有存者，为士者相率以不出仕为高。先有方孝孺受十族之诛，则以士承道统，其名望每高出于帝王卿相之上，易受忌惮。如王守仁遭龙场驿之贬，九死一生，终以其为士讲学之身份仍获起用，得为江西巡抚，平宸濠之变，卓然建大功。然亦终不得特加重用。其及门弟子，相率不出仕，而以在下讲学名震朝野。卒有无锡顾宪成、高攀龙东林讲学，力反其风，谓在野讲学，不应忘廊庙政事于不顾。但高攀龙亦卒以东林党名膺重祸，投池自尽，而明祚亦终不救。

清代亦以满洲异族入主，而其时士风益盛。如李塨，如顾炎武，如黄宗羲，清廷百方罗致，皆以不出仕为一代在野之大宗师。又如吕留良，乃于清廷设科取士之朱子四书义中大张民族主义，罹剖尸之刑。雍正皇帝颁《大义觉迷录》一书，昭示天下举子，尽人必读。乃不久，其书亦同遭禁锢，举国无一人能见。直至清之末叶，民间始再印此书，与吕留良书同获重见于国人。今人多能谈清廷文字狱,屡行文字狱者为雍正,而雍正御著书亦同受禁锢,此诚旷古奇闻。今人又谈中国自秦以来乃一帝王专制政治。史籍浩繁,不遑详辩。雍正乃一异族君王,又肆志以酷虐称。专拈此例,岂不见中国传统政治,纵谓是君主专制,然其专制亦有一限度。此限度即在社会之有"士"。

又且吕留良宣扬民族大义,乃据朱子书。吕留良虽遭剉尸之戮,而朱子书则仍受朝廷崇敬。陆稼书亦以治朱子书为清代第一人奉旨获祠于孔庙。其时清廷达官贵人,不少以朱学名。稼书以一县令之卑,又其生前获交于吕留良,而竟得首选入孔庙。此见其时帝王一番不可告人之内惭之情,乃更百十倍于唐太宗之不杀田舍翁魏徵矣。中国传统,士之为用,犹见于异族专制帝王之心中,有如此。

乾嘉清儒,标帜汉学,反宋学。其实非反宋学,乃反朱子。非反朱子,乃反朝廷科举之功令。诸儒皆以科举出身,即群以反科举、反朱子自名其学,而清廷亦无奈之何。自道光以下,西力东渐,而中国士风乃大变。洪秀全以科举不第,起兵广西山中,奉耶稣为天兄,自为天弟,建国号曰"太平天国"。所至焚烧孔子庙。曾国藩以一湘乡在籍侍郎办团练,卒平洪杨之乱。其志不在保清,乃在保孔。国藩亦卒未获清廷之大用。其时则为同治皇帝。与民同治,即不敢以帝王专制。继之为咸丰皇帝。与民俱丰,即不敢以帝皇独丰。可知虽异族皇帝,对中国社会无不心存顾忌。故士之杰出者多不获重用,而又终必与士共天下，不敢安于专制。一部二十五史，社会在野之士，其关系影响及于朝廷上层政治者，本文上述诸例，可见一斑。

五

辛亥革命，民国创建。政统变于上，而道统亦变于下。民初即有"新文化运动"，以批孔、反孔、打倒孔家店为号召。孔家店中之伙计，即本文所谓社会下层之士。自此以下，社会有民无士。上无君，下无士，此则庶几可谓之全盘西化矣！

西方民主政治，亦非全国独尊一政统。尚有"财统"，即资本主义。西方选举权，主要操纵在财统，学统并不占重要地位。学校教师，乃及报章杂志，各项刊物，言论自由，此可谓之"学统"。但与结党竞选，仍属两事。宗教信仰，政教分离，信仰自由，此之谓"教统"。依中国人观念言，西方学统转近教统，政统则转近财统。政教分离，可谓互不相关。此又与中国政统之附属于"士统"，即国人之所谓"道统"者，有绝大之不同。近代西方又有"工统"。劳工亦争平等独立自由，集团罢工。故西方政治，学统、教统在政治上均不占重要地位，而惟一操之于财统、工统之手。但崇尚多数，则财统亦终必转归于工统。最近如英美现状，已见其端倪。其集党竞选，争取多数，以成政府，亦可称之曰"党统"。但党统、政统绝不与中国历古相传之所谓道统与士统有相干。此为中西文化一绝大相异处。

孔子曰："士志于道，而耻恶衣恶食者，未足与议也。"故中国士统，决不成为一财统。西方之学，分门别类，各成专家，各有其统。中国则修身、齐家、治国、平天下，吾道一以贯之，乌有为一士而不志于人群之治平大道者？故西方有各别之系统，而中国则士统即道统。但亦决非宗教组织，不成一教统。孟子曰："士尚志。"又曰："劳心者食于人。"士非一职业，则又异于工统。中国人又言："君子群而不党。""众人之诺诺，不如一士之谔谔。"一为士，务求谔谔出众，岂肯结党以自附于多数？故亦决不成党统。中国之士则自有统，即所谓"道统"。此诚中国民族生命文化传统之独有特色，为其他民族之所无。

最近西方，又有不许诸统之分别存在而独许有一党统之趋势，是为共产党。在此党统之下，财统、学统、教统、工统，均不许有其自由，而惟听此一党之独裁。此为当前之苏维埃制。中国人亦多慕向于此，而有毛政权之出现。民国以来，先有中西文化之争；西化既得势，继之有民主与极权之争，换言之乃美苏之争；而中国自身，则退处于无传统无地位。

六

今乃有复兴文化之号召，则以创建民国之孙中山先生之"三民主义"为张本。首为"民族主义"。则应有民族传统生命与传统精神之认识。次为"民权主义"。中山先生言权在民而能在政府。政府有能，则不待一一听命于民众。最后为"民生主义"。中山先生亦曾言民生主义即共产主义。但断不能谓共产主义即民生主义。《大学》言："不患寡，而患不均。"则中国传统之经济理想较近社会主义，不近资本主义。而中国传统之士，亦为一无产阶级。中山先生之意，不许有财统之成立。至于党统，中山先生谓国民党乃一"革命党"。是谓在革命时可有党，革命成功后是否仍须有党，则中山先生未之明言。惟中山先生既主政府有能，则更不须听命于党。中山先生所倡之"五权宪法"，如考试权、立法权、监察权等，皆属政统，不属党统，又可知。

中山先生之"三民主义"，乃属长期之建国纲领，而非一时之施政方针。故仍当归于道统，不属治统。此为中山先生之先知先觉，深体中国五千年相因之文化大传统而发，不得以西方人近代之思想言论相比附。此则阐扬中山先生之三民主义者必当深切体会之一大前提。而中国此后是否仍须有士之存在？又如何使士统之复兴？此则亦我国家民族大生命特有精神之所在，所尤当深切考虑讨论者。

中国之士统，既与其他民族有不同，而其所学所信之大纲大目所在，亦独有异。此则当在他篇详论之，此不及。

（一九八一年九月二十八日《台湾日报》教师节专论）

九　再论中国文化传统中之士

一

中国传统之士，其对前有崇奉，其对后有创新，二者可以相和合。孔子为中国两千五百年来学人所共奉，尊之曰"至圣先师"，但孔子亦有所崇奉，故曰："甚矣，吾衰也。久矣我不复梦见周公。"而此下儒学传统中，虽永尊孔子，亦非无创新。性与天道，孔子罕言之，而孟子主性善。孔子极推管仲，尝曰："微管仲，我其被发左衽矣。"而孟子则曰："子诚齐人也，知管仲、晏子而已矣。"又曰："仲尼之徒，无道桓文之事者。"孟子言养气之功，"养气"两字不见于《论语》。其他《孟子》书中持论，不见于《论语》者何限。然孟子曰："乃吾所愿，则学孔子。"孟子终无一言疑及孔子，而自有孟子之创新。

继孟子而起有荀卿，主性恶，持议与孟子相反。然亦同尊孔子。西汉董仲舒唱议罢黜百家，独尊周孔，乃于孟荀少崇扬。西汉末有扬雄，亦尊孔，然于孟、荀、董三人亦少崇扬。东汉晚年有郑玄，为一世儒宗，同尊孔，而于孟、荀、董、扬亦非所崇。隋代有王通，亦尊孔，然于孟、荀、董、扬、郑诸人亦未见推崇。

唐代有韩愈，以己之辟佛自比于孟子之拒杨墨，又曰："孟子大醇，荀卿小疵。"于孔门传统下乃独推孟子。然又自言："并世无孔子，则不当在弟子之列。"则其独尊孔子亦可知。宋初诸儒群尊孔，但欧阳修尊韩愈，王安石尊孟子，意见亦不同。周濂溪始为道学开山，《宋史》于"儒林传"外特出"道学传"，后人或非之。然道学终是一"新儒学"，与汉唐儒学有不同。宋、元、明三代之道学家群尊濂溪，而亦立说各不同。清儒又有宋学、汉学之分，然虽重汉学，其为学又何尝与汉儒相同！

然则列举孔子以下两千五百年之儒学传统，可谓"时各有变，人各相异"。于同一崇奉中，不害其各有创新；于各自创新中，亦不害其同一崇奉。此为中国学术思想一特点。释迦创设佛教，然崇奉释迦亦可人人成佛，并亦人人自创新说；此为佛学传统与中国儒学有大体相同处。故佛教在印度虽终衰歇，而仍盛行于中国。耶稣为上帝独生子，崇奉耶稣，不能同为上帝之独生子，而于耶稣教义亦不能多有新创立新发挥；此为耶教来中国不能如佛教之昌行之一大理由一大原因。此可见文化传统乃人心向背之所在。

二

故中国学术思想乃由四围共向一中心，其中心地位愈高，则四围向之者愈广，如孔子是已。故其中心之相同，不害四围之互异，但终见一共同向往之大同而已。

西方之学则由四围各自发展；无一共向之中心，故其为学乃日趋于相异，而卒不能建一大同处。耶教虽为一共同信仰，惟究于学术有异。一切有传统，无创新，此则乃其与自由思想之大相异处。西方学术则惟见其相异，不见其大同。天文学、地质学、生物学，界域各异。自然学如此，人文学亦然。政治学、社会学、经济学、法律学，分门别类，莫不皆然。学以致用，而所用之途则各异。学以求真，而无一大同之真理。故西方之为学，可以互不相通，乃无一共尊之对象。

其为学既各异，其为人亦各异。罗马人不同于希腊人，现代欧洲人亦不同于希腊、罗马人。抑且英国人不同于法国人，美国人又不同于英国人。亦为西方人为学终不于同处求，必向异处求，一应有之趋势。

即如宗教，耶、回不相同，而耶教中又分新旧。宗教信仰亦终难获其大同。耶稣言："凯撒事凯撒管。"耶教之所同，则只同于一教皇，是即耶稣之凯撒化。回教则更然。西方宗教之同，惟同在其"世俗化"。而孔子与释迦，则务以其教来化此世俗。此又一大不同。实则西方人不仅宗教求世俗化，即一切学术思想亦尽求世俗化。而中国人则求世俗之"学术化"。此亦一大不同。

三

今论世俗，西方则重个人主义。如喜科学或哲学与文学，皆由个人自由。甚至宗教信仰亦然。既重个人自由，则宜其惟见互异，不见大同。其大同处则仅在衣、食、住、行物质生活上。于是乃有"唯物论"哲学与"唯物史观"之出现。若其超于物外，则惟有宗教信仰灵魂天堂。但此乃一种信仰，而非人生实务中之思想自由。即如近代新兴之共产主义，亦成一种信仰，亦不许有思想之自由。此二者均与中国传统有大不同。

中国士传统并不成为一宗教，而其在实际人生中，则转抱有一"大同观"。何以故？则因中国士传统，即从孔子说起，两千五百年来，均已抱一世界生活即天下生活之观念。其同处在人生，不在物质方面。其论人则在心，不在身。此乃其主要关捩处。

孔子其先乃宋国人，殷民族之后。其祖先自宋迁鲁，遂为鲁国人。然孔子一生游踪曾至齐，后又去卫、去陈、去楚，在外周游十四年，老而仍归鲁。其弟子则多自远方来，不限为鲁国人。故孔门讲学在当时即具天下性，世界性。墨翟乃宋人，然其游踪亦遍历各国。其晚年卒地不可考。然墨家弟子亦来自列国，具世界性，天下性。孟子乃邹人，然其晚年游踪则至梁至齐，后车数十乘，从者数百人，传食诸侯。荀子赵国人，游齐，为稷下祭酒。又至秦，而晚年卒于楚之兰陵。其他先秦诸子百家，大抵皆遍游列国。惟庄周老聃，道家隐沦，不事周游，最为特出。然其意向言论，亦具世界性、天下性，不限于其所隐之一乡。故曰："父母在，不远游，游必有方。"则其时士之远游而无方，亦可知。乃有"一乡之士、一国之士、天下之士"之分别。

秦汉后，中国统一，而士多辐辏京师，老而不归其故乡。前汉一代，不胜指名。东汉益盛。如郑玄，虽老死乡土，然其游学所至，亦遍中国。魏晋以下，门第已兴，然东晋南朝诸大门第，大体皆自北方南移。而北朝门第则更多迁徙，不以乡土为限。隋唐统一，进士科第，各地士人，必群赴京师应举。及其出仕，不能在本乡，多历全国，老死不归。姑举李、杜、韩、柳为例。读其诗文集，凡其一生足迹所履，居住所在，老病所终，皆可稽考。故中国之士传统，每以天下为家，流动性极大，极少有固定于一乡一土者。下及宋代益盛。如欧阳修、王安石皆江西人，仕履所至，遍历各地，而退老亦不归故乡。如三苏，原籍四川，来汴京皆不归。东坡所到地最广，自择宜兴太湖滨为其安老埋骨之所。读此诸人之诗文集，其心情所寄，不在乡土，而在中国，在天下，岂不昭然若揭乎？

其他如周濂溪，乃湘人，而老死于赣之庐山；即以所生地有濂溪，名其终老地之一溪亦曰濂溪。明道、伊川兄弟之父，本亦江西人，仕于江西，获识濂溪，二程乃得游濂溪之门。而二程兄弟终老洛阳，亦不归其故乡。南宋朱子，父籍皖，生于闽，卒于闽，为闽人。然其足迹亦遍历南宋各地，不限于闽。同时陆放翁，足迹遍历长江上下游，老而退居故乡。及其死，乃为诗告其子曰："王师北定中原日，家祭毋忘告乃翁。"则其情意所寄，不限于家乡，仍在国与天下，亦可见矣。

此下元、明、清三代，凡为士，名列史籍，传诵人口，为中国文化传统中一士，则莫非国士、天下士，而决不为一乡一里之士，可不一一指名详述。姑举王阳明一人为例。生平足迹所至，东北出山海关，西南贬贵州龙场驿，晚年仕江西巡抚，卒于任上。其到处讲学，门人弟子亦属全国性。其为人不以地域拘，其讲学亦不以地域拘，皆属全国性，即天下性。其弟子如王龙溪之在浙，王心斋之在淮，皆不出仕，老于故乡。然龙溪足迹遍东南，心斋则在阳明生前即曾以木铎招摇京师。老归故里，父子讲学。风声所播，又岂以一乡一里为限？

晚明东林讲学，亦为全国性，非乡土性。清初诸明末遗老，黄梨洲终老故乡，然其弟子如万季野，则北上京师。颜习斋更为一乡里老儒，然足迹则经历甚广，曾北出关外，南游河洛。而其弟子李恕谷，则游踪更广。断不得谓浙东黄学与河北颜、李学非全国性，而属乡土性。关中李二曲，晚年自拘土窟中，除顾亭林外莫得晤其面。然其先亦曾足迹遍南北。王船山虽不如李二曲之自拘土窟，然隐遁湘之群山中。二人皆不以讲学传弟子,然其人其学则皆为全国性,而非乡土性。如顾亭林,则以江南昆山人去至北方,不再南归,亦不聚徒讲学,不传弟子,而其人其学则更见其为全国性,断无乡土性。

乾嘉经学诸儒,分吴、皖两派。然吴派不限于吴,皖派不限于皖。尤其如皖派之戴震,北上至京师,终老不归。吴派又分有常州派,诸儒踪迹,更遍国内。而皖派亦分有扬州派,如阮元,仕宦所历更广。湘乡曾氏,上承桐城,唱为古文,称湘乡派。其四大弟子张、吴、黎、薛,亦见为全国性,非地域性。道、咸以下,如广东陈沣,以一举人北上京师应进士试,三年一次,凡八次二十四年,南北跋涉。晚年讲学于粤。其人则显属全国性,非以粤为限。而浙人朱一新,晚年讲学于粤,亦不以浙为限。粤学有康有为,浙学有章炳麟,皆足迹遍海内外。有为旅死在外,炳麟终老于吴,此两人或粤或浙,而生平游踪皆不限于粤浙。

康有为弟子梁启超,亦粤人,足迹亦遍海内外,老死北平,未归其故里。同时有王国维,浙人,足迹亦遍海内外,亦死于北平,未归其故里。凡此皆不失中国士之旧传统。其人皆全国性,即古人所谓"天下士"。不仅读万卷书,亦必行万里路。则其为学必属"通学",即"人本位"之学,而非分门别类如西方专家之学,亦其宜矣。

今国人则谓农业社会安土重迁,老死故乡。必进入工商社会后,其人乃脱离农村,进入都市,始有活动性。不知中国传统于农村社会、工商社会外,乃有"士社会"。其活动性,则远超于工商社会，乃自古已然。孔子以下历代士人，其生平行踪见于史籍及其本人之诗文集中者，明证可稽，断非农村性，但亦非工商性。可谓之乃"人文性""天下性"。中国人之所谓"道"，即据自古以来中国"士"之一伦之行踪而可见矣。

四

今国人崇慕西化，每好以中国与西方相拟，如以孔子比希腊之苏格拉底。不论其为学，专论其为人。不论其为人之种种方面，而专论其一生之行踪。孔子周游天下，苏格拉底则为一雅典人，其足迹或未出雅典一步。则此两人见闻之广狭，心胸之宽窄，宜亦即此可推。如柏拉图，或足迹囿于雅典一市。而中国先秦诸子，则极少终其身只拘于一乡一里、一城一市之内者。惟道家如庄周，或不喜远行，然其宾朋往来如惠施，则终为一天下士。中国先秦时期，即此一节，已显与西方古希腊相异。故中国得成其为一中国，而希腊则终为一希腊。此亦论中西文化一至堪注目亦极易相比之一节。

罗马人仗其军力征服外围，而建立一地兼欧、亚、非三洲之大帝国。然罗马是否有大批学人活动于其帝国疆域之内，则其事难考，其人亦终必甚少。此则与中国之秦汉一统又大异其趣矣。中古封建时期，则更不闻贵族堡垒之内，有所谓知识分子、学术专家。惟有骑士、武士，则岂能与中国之士相比。不仅不能比之于秦汉，亦不能比之魏晋南北朝时代门第之士。今人亦称中国为封建社会，试专就士之一端言，其视西方封建，诚亦如天壤之别矣。

西方继封建社会后，有意大利半岛沿海诸城市之文艺复兴。然亦限于各城市，最多如希腊之雅典，岂能与战国之临淄相比。要之，一为地域性，而一为天下性。相提并论，岂不确然易知。

西方现代国家之兴起，则如中国封建时代之有齐、鲁、晋、楚诸邦。然在中国有其统一性，而在西方则仍只是地域性。即以学人论，英国、法国亦互有界限。其他各地均然。今国人又好以宋代之朱熹比之西方康德。不论其为学，不论其为人，专论其生平行踪之一端，康德限于一城市一学校。果使朱子亦如康德，固定一乡一地，终生讲学，则其所学所讲自宜与朱子当年之所学所讲大不同，亦断可知矣。

今专就英国论，殖民地遍天下，日光所照，莫不有英国之国旗。即如香港，为英帝国领土已达百年之久。有一香港大学，其教授主要亦来自英伦。退休年龄则较英伦本土为早，便于返英国本土后尚可活动。未闻一英国教授终老在港，不返其国者。而其家人子女，亦均不留港。如此则英国文化又何能在香港生根。

余在香港曾交一英国友人林仰山。其父为一传教士，来中国，林仰山生于中国。逮其长，返英伦受学。大学毕业后，仍来中国，侍其父母，为山东济南齐鲁大学教授。日本东侵，林仰山受拘下狱。幽囚中，读书消遣。余所著《先秦诸子系年》，即为其狱中所读书之一部。余与初识于香港，时林仰山在港大任中文系主任，得港大同人之重视。实则中国为其生长地，英伦为其游学地。彼非不欲在香港终老，而限于英国之制度法令，港大退休，仍返英伦。

学人如此，即负责行政人员亦莫不如此。余初至港，港督为葛量洪，久于其任，极得港人爱戴。但退休后亦必离港。不仅行政人员，即军人来港，任满亦必离去。余夫妇游英伦，某次在火车中，偶晤得一退休老军人，曾驻港多年，极爱港岛风景之美，人情之厚；谓能在港终老，岂不毕生一佳事？今则徒付梦寐中。偶遇余夫妇，慨叹申诉，如晤故乡人。故英国人统治香港百年之久，乃无一英国人成家成业传子传孙留居香港者。

孔子欲居九夷，其门人疑九夷陋。孔子曰："君子居之，何陋之有。""陋"即限于地域，固定不化之义。英国人果以其传统文化自傲，视香港中国人为夷狄，倘有英国君子来居香港，则庶使香港中国人亦得化而为英国人。中国古人言："夷狄而中国则中国之。"则香港而英国亦英国之，可矣。而英国人不此之图。余游新加坡、马来西亚各地，亦无一英国家庭之留居传子孙于此者。即在印度，更为英国在亚洲一至为重要之殖民地，然亦极少英国人留居。英国有名学者如穆勒父子，亦曾来印度，终亦归老英国。由此乃使英国文化终不能在印度生根，并亦不能在其世界各处之殖民地生根。故知西方之帝国主义殖民政策，乃仅有商业性，而绝无人文性、教育性。中国人言"人文化成"，西方人断无此理想，亦即此可证矣。

惟英国人之大量移殖北美洲则不然。其先以宗教龃龉去，故移殖后即不复返故土。又北美土著稀落，易于屠杀，使之灭绝，可以自建新乡土，与其来印度、香港及南洋诸地情势大异。自北美十三州创建新国，英自英，美自美。美国人亦可返英留学，但不再在英定居。英国人偶亦有赴美任教，倘不改隶美籍，则仍必归老于英。惟双方商业可以紧密往来，而双方知识界则显分畛域，不易和合。爱因斯坦在美定居，则因其为犹太人，与欧人自别。即如加拿大及澳洲，其人既离英伦，毕生不返，乃至世代不返。乃如古希腊之城市相离，终亦分别成国。唐人诗："少小离家老大回，乡音无改鬓毛催。儿童相见不相识，笑问客从何处来。"此乃中国人情况，常此一天下流通和合。此又中西一相异。故西方社会之流动性，主要在其工商业。而中国之士人，其流动性乃远超于西方之工商社会。自孔子以下两千五百年，其流动性一脉贯注，递进递盛。此一情势，史迹昭彰，乃为近代国人所忽略。

此在中西双方之语言文字间，亦有大关系。中国文字乃全国性，亦可谓乃天下性。古诗三百首，有风有雅。"风"则有十五国，若稍带有地域性。"雅"有大、小雅，西周中央政府所在地为全国性、天下性之集中点，故称为"雅"。春秋末世，鲁有鲁语，齐有齐语，而"子所雅言，《诗》《书》执礼，皆雅言也"。先秦诸子著书皆雅言。至《中庸》，乃称"书同文"。各地语言，皆隶属于文字，而有其统一性。秦汉以下，两千年递传不变。西方如希腊、罗马，语言文字皆属地域性，有俗无雅。中古以下，拉丁文仅行于宗教界，而新教则改采各地域之俗文俗语。现代国家兴起，语言文字益相分离，遂使西方文化益趋于地域性。

近代国人崇慕西化，喜言通俗，恶称大雅。惟求分裂，不务和合。各地设立大学，亦务求地域化。如武汉大学、浙江大学、四川大学，其校长必限于当地人。云南大学亦然。余抗战时去昆明，曾告云南人，倘云南大学能选全国各地有名学人来任校长，而云南学人亦得遍任全国各地之大学校长，此对云南人权利孰得孰失，不难分辨。今必争云南人为云南大学之校长，而使云南人不能出任其他省份之校长，何为必求以地域性自限？其他行政人员亦然。云南省长必由云南人任之。以前则全国各地有名人物皆得来任云南省长，而云南人亦得出任全国各省之省长；今皆失之，转以自得，又何为哉！又云南人必以其祖先为南京人自豪，自今以后，云南人以地域自封，宜再无此心情矣。

五

今再就西方人之"文化"一词论。英国人乃以轮船火车及如纺织机等流传各地，称为文化。德国人谓文化，则必涵有"土生土长"一义。然皆指"物质文明"言。惟中国人言

"人文化成"，始指"人文"方面言。故治中国历史，必兼通人文地理；而西方人则主要在治自然地理。数十年前，中国学校常设有史地课程。今则亦效西方，地理课程改隶理学院，不列文学院。而治史者，不究人文地理，则中国史亦西方化，将茫然不知此广土众民大一统之民族国家之所由来，及其所容有之一切意义之所在矣。

马克思创为唯物史观，分西方社会为农奴社会、封建社会、资本主义社会与共产社会四阶层。而谓共产社会当是世界性。则其前西方社会皆属地域性、非世界性可知。马氏之说根据西方历史，不能谓之无证。而西方之各项学术，则惟自然科学一项可谓最具世界性，不限于地域性。但自然科学亦显属唯物。故在马克思以前西方人早有石器时代、铁器时代乃至电器时代等分别，实亦同是一种唯物史观。

惟中国乃有士社会，为农、工、商社会之高层领导。而"士尚志"，不食人，而食于人。不务物质生产，亦不以物质生产之职业自任。中国亦有科学，但亦较少唯物性，又在各项学术中不居领导地位。中国学术之最具领导性，而为中国士人之所教，乃超于物质生产之上，以大群相处相安之道为主。如何立志，如何行道，而又流行活动于全社会之上层。故中国社会决非如西方中古之封建，亦不能产生资本主义。中国之士又必出身农村，故中国亦决不曾有农奴社会。而中国之士并亦决不限于地域性与职业性，而早具有广大共通之人文性与世界性。中国人对历史亦决无唯物史一观念之产生。中国社会独有士之一阶层,超于农、工、商之上。正名定义,当称为"四民社会",而为并世古今其他民族所未有。

然中国亦决非一共产社会。农、工、商皆有产,士独无产,惟受供养。而社会乃富通财性,家族通财,乡里通财,"孝、友、姻、睦、任、恤","老吾老以及人之老,幼吾幼以及人之幼","老有所终,壮有所用,幼有所长","不患寡而患不均",乃主以通财为均,而并不废私财。惟其尚通财,乃有两汉以下之门第。唐末门第尽废,宋以后遂有社仓、义庄。移民远赴国外,则有会馆。皆有通财之谊,而亦皆非政府法令之所规定,全由社会自动成立。政府止于轻徭薄赋,少收租税。其通其均,则社会自身之责,而由士教导之。

元明以下,社会有帮会,乃一种劳工组织,而亦具通财性。并通行全国,亦不限于地域性。及晚清之末,上海为五口通商一最大商埠,劳工群集,成为帮会中心。孙中山先生提倡革命,极重视帮会,其得帮会之力亦甚大。即海外侨民,如在美国,如在南洋各地,其对革命运动之扶翼,随处有之。虽非帮会,而性质亦相近似。

元明以下,遇社会动乱,又有地方团练,其实亦如帮会。团练虽有地域性,亦可不限于地域。如湖南湘乡团练,即弭平洪杨之乱。此事尽人皆知。果推溯而上,山林江湖之侠义,自古有之。中国社会特性大可于此求之。而中国古人每兼称"儒侠",韩非云:"儒以文乱法,侠以武犯禁。"此即以社会下层上撼政治,又多具全国性与通财性。即从中国古代社会之有侠,与后世之有江湖帮会，细为阐扬其性质与意义，则士阶层之在中国文化传统下，其在社会之活动性与流行性，亦可思得其半矣。

六

近代国人震于西化，凡所蕲向，一如邯郸之学步，而于自己国家民族社会传统历史传统，不再细心研寻。无本之木，无源之水，苟有成就，亦必非驴非马，丧失了自己，亦学不像他人。倘果学像，则中国应可分数十小国，成立数十政府，割裂相争，庶得近似。否则惟当求美化，不能求欧化。而此后美国犹太人、黑人与欧洲白人成为鼎足之三，中国又急切难有此希望。但国人又好以中山先生"民族、民权、民生"之三民主义，改为林肯之"民有、民治、民享"。人心如此，亦诚一无可奈何之事。要之，中国是中国，西方是西方，历史路线本属分歧。不知此下国人究当如何努力，以期彻底西化之完成。则惟有企而待之，急切间恐无意想耳。

（一九八一年十月作）

一〇 中国历史上的传统教育

一

要谈中国历史上的传统教育，首先应该提到中国传统教育中的精神和理想。此项中国传统教育中的精神和理想，创始于三千年前的周公，完成于两千五百年前的孔子。此项教育的主要意义，并不专为传授知识，更不专为训练职业，亦不专为幼年、青年乃至中年以下人而设。此项教育的主要对象，乃为全社会，亦可说为全人类。不论幼年、青年、中年、老年，不论男女，不论任何职业，亦不论种族分别，都包括在此项教育精神与教育理想之内。

在中国的文化体系里，没有创造出宗教。直到魏晋南北朝以后，始有印度佛教传入。隋唐时代，乃有回教、耶教等相继东来。中国社会并不排拒外来宗教，而佛教在中国社会上，尤拥有广大信徒。亦可说，佛教虽创始于印度，但其终极完成则在中国。但在中国文化体系中，佛教仍不占重要地位。最占重要地位者，仍为孔子之儒教。

孔子儒教，不成为一项宗教，而实赋有极深厚的宗教情感与宗教精神。如耶教、佛教等，其教义都不牵涉实际政治；但孔子儒教，则以"治国平天下"为其终极理想，故儒教鼓励人从政。又如耶教、佛教等，其信徒都超然在一般社会之上，来从事其传教工作；但孔子儒家，其信徒都没入在一般社会中，在下则弘扬师道，在上则服务政治。只求淑世，不求出世。故儒教信徒，并不如一般宗教之另有团体，另成组织。

在中国文化体系中，教育即负起了其他民族所有宗教的责任。儒家教义，主要在教人如何为人。亦可说儒教乃是一种"人道教"，或说是一种"人文教"，只要是一人，都该受此教。不论男女老幼，不能自外。不论任何知识、任何职业，都该奉此教义为中心，向此教义为归宿。在其教义中，如孝、弟、忠、恕，如仁、义、礼、智，都是为人条件，应为人人所服膺而遵守。

中国的这一套传统教育，既可代替宗教功能，但亦并不反对外来宗教之传入。因在中国人观念里，我既能服膺遵守一套人生正道，在我身后若果有上帝诸神主张正道，则我亦自有上天堂进极乐国的资格。别人信奉宗教，只要其在现实社会中不为非作歹，我以与人为善之心，自也不必加以争辩与反对。因此在中国文化体系中，虽不创兴宗教，却可涵容

一〇　中国历史上的传统教育

外来宗教，兼收并包，不起冲突。

二

在中国儒家教义中，有一种"人品观"，把人生的意义与价值作评判标准，来把人分作几种品类。即如自然物乃至人造物，亦同样为他们品第高下。无生物中如石与玉，一则品价高，一则品价低。有生物中，如飞禽中之凤凰，走兽中之麒麟，水生动物中，如龙与龟，树木中如松、柏，如梅、兰、竹、菊，人造物中，如远古传下的钟鼎彝器，以及一应精美高贵的艺术品，在中国人心目中，皆有甚高评价。物如此，人亦然。故中国人常连称"人物"，亦称"人品"。物有品，人亦有品。天地生物，应该是一视同仁的。但人自该有人道作标准来赞助天道，故曰："赞天地之化育。"中国人贵能天人合德，以人来合天。不主以人蔑天，亦不主以天蔑人。在中国传统教育中，有其天道观，亦有其人道观。有其自然观，亦有其人文观。两者贵能相得而益彰，不贵专走一偏。

中国人的人品观中，主要有"君子"与"小人"之别。君者，群也。人须在大群中做人，不专顾一己之私，并兼顾大群之公，此等人乃曰"君子"。若其人，心胸小，眼光狭，专为小己个人之私图谋，不计及大群公众利益，此等人则曰"小人"。在班固《汉书》的《古今人表》里，把从来历史人物分成九等。先分上、中、下三等，又在每等中各分上、中、下，于是有上上至下下共九等。历史上做皇帝，大富大贵，而列入下等中，乃至列入下下等的，尽不少。上上等是圣人，上中等是仁人，上下等是智人。中国古人以仁智兼尽为圣人，故此三等实是一等。最下下等是愚人。可见中国人观念，人品分别，乃由其智愚来。若使其知识开明，能知人道所贵，自能做成一上品人。因其知识闭塞，不知人道所贵，专为己私，乃成一下品人。故曰："先知觉后知，先觉觉后觉。"此则须待有教育。苟能受教育，实践人道所贵，则"人皆可以为尧舜"。人类的理想，乃使人人同为上等人，人人同为圣人。此是中国人的平等观。

中国人言人品，又常言品性、品德。人之分品，乃从其人之"德性"分。"天命之谓性"，人性本由天赋；但要人能受教育，能知修养，能把此天赋之性实践自得，确有之己，始谓之"德"。德只从天性来。天性相同，人人具有。人之与人，同类则皆相似，故人人皆能为尧舜。而且尧舜尚在上古时代，那时教育不发达，尧舜能成为第一等人；我们生在教育发达之后世，只要教育得其道，岂不使人人皆可为尧舜。若使全世界人类，同受此等教育熏陶，人人同得为第一等之圣人，到那时，便是中国人理想中所谓"大同太平"之境。到此则尘世即是天堂。人死后的天堂且不论，而现实的人世，也可以是天堂了。故说中国传统教育的理想与精神，是有他一番极深厚的宗教情趣与宗教信仰的。

中国人传统教育的理想与精神，既然注重在人之德性上，要从先天自然天赋之性，来达成其后天人道文化之德；因此中国人的思想，尤其是儒家，便特别注意到人性问题上来。孟子说："尽其心者，知其性。知其性，则知天矣。"性由天赋，人若能知得自己的性，便可由此知得天。但人要知得自己的性，该能把自己的那一颗心，从其各方面获得一尽量完满的发挥，那才能知得自己的性。人心皆知饮食男女，饮食男女亦是人之性，但人的心不该全在饮食男女上，人的性亦不只仅是饮食男女。人若专在饮食男女上留意用心，此即孟子所谓"养其小体为小人"。

人的生命，有小体，有大体。推极而言，古今将来，全世界人类生命，乃是此生命之大全体。每一人之短暂生命，乃是此生命之最小体。但人类生命大全体，亦由每一人之生命小体会通积累而来。不应由大体抹杀了小体，亦不应由小体忽忘了大体。

儒家教义，乃从每一人与生俱来各自固有之良知良能，亦可说是其本能，此即自然先天之性；由此为本，根据人类生命大全体之终极理想，来尽量发展此自然先天性，使达于其最高可能，此即人文后天之性。使自然先天，化成人文后天；使人文后天，完成自然先天。乃始是"尽性知天"。若把自然先天单称"性"，则人文后天应称"德"。性须成德，德须承性。性属天，人人所同。德属人，可以人人有异。甚则有大人、小人之别。有各色人品，有各类文化。

世界诸大宗教，都不免有尊天抑人之嫌。惟有中国儒家教义，主张由人合天。而在人群中，看重每一小己个人，由每一小己个人来尽性成德，由此人道来上合于天道。没有人道，则天道不完成；没有每一小己个人之道，则人道亦不完成。近代人喜言个人自由，实则中国儒家教义，主张尽性成德，乃是每一人之最高最大的自由。由此每一人之最高最大的自由，来达成全人类最高最大的平等，即是人人皆为上上第一等人，人皆可以为尧舜。儒家教义由此理想来教导人类，此为对人类最高最大之博爱，此即孔子之所谓"仁"。

三

中国儒家此一种教育理想与教育精神，既不全注重在知识传授与职业训练上，更不注重在服从法令与追随风气上；其所重者，乃在担任教育工作之师道上，乃在堪任师道之人品人格上。故说："经师易得，人师难求。"若要一人来传授一部经书，其人易得。若要一人来指导人为人之道，其人难求。因其人必先自己懂得实践了为人之道，乃能来指导人；必先自己能尽性成德，乃能教人尽性成德。《中庸》上说："尽己之性，乃能尽人之性。"孔子称为"至圣先师"，因其人品人格最高，乃能胜任为人师之道，教人亦能各自尽性成德，提高其各自之人品人格。

韩愈《师说》谓："师者，所以传道、授业、解惑。"其实此三事只是一事。人各有业，但不能离道以为业。如为人君，尽君道。为人臣，尽臣道。政治家有政治家之道。中国人常说"信义通商",商业家亦有商业家之道。社会各业,必专而分;但人生大道,则必通而合。然人事复杂,利害分歧,每一专门分业,要来共通合成一人生大道,其间必遇许多问题,使人迷惑难解;则贵有人来解其惑。所以传道者必当授之业而解其惑。而授业解惑亦即是传道。

孔子门下有德行、言语、政事、文学四科。言语如今言外交,外交、政事属政治科。文学则如今人在书本上传授知识。但孔门所授,乃有最高的人生大道"德行"一科。子夏列文学科,孔子教之曰:"女为君子儒,毋为小人儒。"则治文学科者,仍必上通于德行。子路长治军,冉有擅理财,公西华熟娴外交礼节,各就其才性所近,可以各专一业。但冉有为季孙氏家宰,为之理财,使季孙氏富于周公,此已违背了政治大道。孔子告其门人曰:"冉有非吾徒,小子鸣鼓而攻之可也。"但季孙氏也只能用冉有代他理财,若要用冉有来帮他弑君,冉有也不为。所以冉有还得算是孔门之徒,还得列于政事科。至于德行一科,尤是孔门之最高科。如颜渊,"用之则行,舍之则藏",学了满身本领,若使违离于道,宁肯藏而不用。可见在孔门教义中,道义远重于职业。

宋代大教育家胡瑗,他教人分经义、治事两斋。经义讲求人生大道,治事则各就才性所近,各治一事,又兼治一事。如治民讲武,堰水历算等。从来中国学校,亦重专业教育,如天文、历法、刑律、医药等。近代教育上,有"专家"与"通才"之争。其实成才则就其性之所近,宜于专而分。中国传统教育也不提倡通才，所提倡者，乃是通德、通识。故曰："士先器识，而后文艺。"有了通德通识，乃为通儒通人。人必然是一人。各业皆由人担任。如政治、如商业，皆须由人担任。其人则必具"通德"。此指人人共通当有的，亦称"达德"。担任这一业，也须懂得这一业在人生大道共同立场上的地位和意义；此谓之"通识"。通德属于"仁"，通识属于"智"。其人具有通德通识，乃为上品人，称大器，能成大业，斯为大人。若其人不具通德通识，只是小器，营小事，为下品人。

四

中国人辨别人品，又有"雅俗"之分。俗有两种，一是空间之俗，一是时间之俗。限于地域，在某一区的风气习俗之内，转换到别一区，便不能相通，限于时代，在某一期的风气习俗之内，转换到另一期，又复不能相通，此谓小人俗人。大雅君子，不为时限，不为地限，到处相通。中国在西周初期，列国分疆，即提倡雅言雅乐，遂造成了中国民族更进一步之大统一。此后中国的文学艺术，无不力求"雅化"。应不为地域所限，并亦不为时代所限。文学艺术如此，其他人文大道皆然。故《中庸》曰："君子之道，本诸身，征诸庶民，考诸三王而不缪，建诸天地而不悖，质诸鬼神而无疑，百世以俟圣人而不惑。"此项大道，其实只在一个小己个人的身上，此一人便成为君子。但君子之道，并不要异于人，乃要通于人，抑且要通于大群一般人。故曰"征诸庶民",要能在庶民身上求证。"考诸三王",是求证于历史。"建诸天地",是求证于大自然。"质诸鬼神",是求证于精神界。此项大道,惟遇圣人,可获其首肯与心印。圣人不易遇,故将"百世以俟"。但此一君子,其实亦可谓只是一雅人。雅即通,要能旁通四海,上下通千古,乃为大雅之极。故既是君子,则必是一雅人。既是雅人,亦必是一君子。但没有俗的君子,亦没有雅的小人。只中国人称"君子",都指其日常人生一切实务言。而中国人称"雅人",则每指有关文学艺术的生活方面而言。故君子小人之分,尤重于雅俗之分。

中国传统教育,亦可谓只要教人为君子不为小人,教人为雅人不为俗人。说来平易近人,但其中寓有最高真理,非具最高信仰,则不易到达其最高境界。中国传统教育,极富宗教精神,而复与宗教不相同,其要端即在此。

五

中国传统教育,因寓有上述精神,故中国人重视教育,往往不重在学校与其所开设之课程,而更重在师资人选。在中国历史上,自汉以下,历代皆有国立太学。每一地方行政单位,亦各设有学校。乡村亦到处有私塾小学。但一般最重视者,乃在私家讲学。战国先秦时代,诸子百家竞起,此姑不论。在两汉时代,在野有一名师,学徒不远千里,四面凑集，各立精庐，登门求教，前后可得数千人。亦有人遍历中国，到处访问各地名师。下至宋、元、明三代，书院讲学，更是如此。所以在中国传统教育上，更主要者乃是一种私门教育、自由教育。其对象，则为一种社会教育与成人教育。孔子死后，不闻有人在曲阜兴建一学校继续讲学。朱子死后，不闻有人在武夷五夫里，在建阳考亭兴建一学校继续讲学。更如王阳明，只在他随处的衙门内讲学，连书院也没有。中国传统教育之主要精神，尤重在人与人间之传道。既没有如各大宗教之有教会组织，又不凭借固定的学校场所。只一名师平地拔起，四方云集，不拘形式地进行其教育事业。此却是中国传统教育一特色。

唐代佛教中禅宗崛起，他们自建禅寺，与一般佛寺不同。可以没有佛殿，可以不开讲一部佛门经典。但有了一祖师，四方僧徒，云集而至。一所大丛林，可以有数千行脚僧，此来彼往，质疑问难。一旦自成祖师，却又另自开山，传授僧徒。禅宗乃是佛教中之最为中国化者，其传教精神，亦复是中国化。

近代的世界，宗教势力逐步衰退。西方现代教育，最先本亦由教会发动，此刻教会势力亦退出了学校。教育全成为传播知识与训练职业。只有中小学，还有一些教导人成为一国公民的教育意义外，全与教导人为人之道的这一大宗旨脱了节。整个世界，只见分裂，不见调和。各大宗教，已是一大分裂。在同一宗教下，又有宗派分裂。民族与国家，各自分裂。人的本身，亦为职业观念所分裂。如宗教家、哲学家、

一〇 中国历史上的传统教育　　225

文学家、艺术家、科学家、政治家、军事家、外交家、法律家、财政经济家、企业资本家等,每一职业,在其知识与技能方面有杰出表现杰出成就者,均目为一家。此外芸芸大众,则成无产阶级与雇用人员。好像不为由人生大道而有职业,乃是为职业而始有人生。全人生只成为功利的、唯物的。庄子说:"道术将为天下裂。"今天世界的道术,则全为人人各自营生与牟利,于是职业分裂。德性一观念,似乎极少人注意。职业为上,德性为下,德性亦随职业分裂。从事教育工作者,亦被视为一职业。为人师者,亦以知识技能分高下。非犯法,德性在所不论。科学被视为各项知识技能中之最高者。《中庸》说:"尽人之性而后可以尽物之性。"《大学》说"格物",其最后目标乃为国治而天下平。朱子说"格物穷理",其所穷之理,乃是吾心之全体大用,与夫国治天下平之人生大道。近代科学,只穷物理,却忽略了人道,即人生之理。原子弹、核武器,并不能治国平天下。送人上月球,也非当前治国平天下所需。科学教育只重智,不重仁。在《汉书》的《古今人表》里,最高只当列第三等,上面还有上上、上中两等,近代人全不理会。中国传统教育之特殊理想与特殊精神,在现实世界之情势下,实有再为提倡之必要。

六

而且中国传统教育理想,最重师道,但师道也有另一解法。

孔子说："三人行，必有吾师。"子贡亦说："夫子焉不学，而亦何常师之有。"可见人人可以为人师，而且亦可为圣人师。中国人之重师道，其实同时即是重人道。孟子说："圣人，百世之师也，伯夷、柳下惠是也。"伯夷、柳下惠并不从事教育工作，但百世之下闻其风而兴起，故说为百世师。又说："君子之德，风。小人之德，草。草，尚之风，必偃。"所以儒家教义论教育，脱略了形式化。只要是一君子，同时即是一师。社会上只要有一君子，他人即望风而起。又说："君子之教，如时雨化之。"只要一阵雨，万物皆以生以化。人同样是一人，人之德性相同，人皆有向上心。只要一人向上，他人皆跟着向上。中国古人因对人性具此信仰，因此遂发展出像上述的那一套传统的教育理想和教育精神。

不要怕违逆了时代，不要怕少数，不要怕无凭借，不要计及权势与力量。单凭小己个人，只要道在我身，可以默默地主宰着人类命运。否世可以转泰，剥运可以转复。其主要的枢纽，即在那一种无形的教育理想与教育精神上。此可以把中国全部历史为证。远从周公以来三千年，远从孔子以来两千五百年，其间历经不少衰世乱世，中国民族屡仆屡起，只是这一个传统直到于今，还将赖这一个传统复兴于后。这是人类全体生命命脉之所在。中国人称之曰"道"。"教统"即在此"道统"上，"政统"亦应在此"道统"上。全世界各时代、各民族、各大宗教、各大思想体系、各大教育组织，亦莫不合于此者盛而兴，离于此者衰而亡。而其主要动机，则掌握在每一小己个人身上。明末遗民顾亭林曾说："天下兴亡，匹夫有责。"其内涵意义亦在此。

七

由于中国传统而发展成为东方各民族的文化体系，韩国人的历史，至少亦该远溯到三千年以上。即根据韩国史，我想亦可证成我上面之所述。我中、韩两民族，尤其是知识分子，身负教育责任的，应该大家奋起，振作此传统精神，发扬此传统理想。从教育岗位上，来为两民族前途，为全世界人类前途，尽其最高可能之贡献。

我要特别说明，我很喜欢这"传统"二字；因这"传统"二字，特别重要。但要认识传统，其事不易。好像有些时候，我们要认识别人反而易，要认识自己反而难。而且要认识我们东方人的传统，要比认识西方人的传统，其事难。如中国有四千年、五千年以上的传统，韩国有三千年以上的传统，日本有二千年以上的传统。西方如法国、英国只有一千年传统，美国只有两百到四百年传统，苏维埃没有一百年传统。

教育的第一任务，便是要这一国家这一民族里面的每一分子，都能来认识他们自己的传统。正像教一个人都要能认识他自己。连自己都不认识，其他便都不必说了。

今天，我们东方人的教育，第一大错误，是在一意模仿西方，抄袭西方。不知道每一国家每一民族的教育，必该有自己的一套。如韩国人的教育，必该教大家如何做一韩国人，来建立起韩国自己的新国家，发扬韩国自己的新文化，创造出韩国此下的新历史。这一个莫大的新任务，便该由韩国人自己的教育来负担。要负担起此一任务，首先要韩国人各自认识自己，尊重自己，一切以自己为中心，一切以自己为归宿。

但这不是说要我们故步自封，闭关自守。也不是要我们不懂得看重别人，不懂得学别人长处来补自己短处。但此种种应有一限度。切不可为要学别人而遗忘了自己，更不可为要学别人而先破灭了自己。今天，我们东方人便有这样的趋势，急待我们自己来改进。

（一九七四年九月二日韩国延世大学讲演，
九月二十八日载台北《中央日报》副刊）

一一　中国教育制度与教育思想

严格言之,可谓中国自古无宗教。佛教传入,其事在后。故在中国文化体系中,教育所占之地位及其责任,乃特别重大。

任何一国家一民族,必有其自己一套教育,乃能使其民众忠于邦国,而亦能乐群相处,不相离散。中国民族绵延五千载。日以扩大繁昌,亦赖于此。

最近百年来,西化东渐,新教育兴起。自小学以至大学,设科分系,其制度及其内容,莫非效法欧美。在知识技能方面,择善多师,事无不可。但若以教育为立国大本,为善群要道,则必渊源自己历史传统,针对自己当前需要,善自创制。非可为邯郸之学步。纵谓中国旧有已不切时代,亦当识其来历,善为变通,斟酌改进,以求惬适。万不当于自己固有懵焉不知,谓可一刀两断,崭地更新。此在凡百措施皆所不能,而教育尤然。

本文乃在三年前，为政治大学教育研究所作连续演讲，由何君福田笔录讲辞，藏之匮箧，迄未整理。兹就何君笔录，摘要成篇，先制度，后思想。虽简率已甚，亦聊备关心当前教育问题者作参考。

一

中国文化绵历五千年。皇古难考，兹述中国教育制度，姑从西周开始。因西周已有《诗》《书》可考，决非无证不信。然距今亦已三千年。此三千年来，即教育制度一项，亦已递有变革。当即就其变革，略为分期。自西周迄孔子为第一期。此期亦已占四五百年之久。书阙有间，仅能粗枝大叶，叙述一概要。

《小戴礼·王制篇》有云："天子曰辟雍，诸侯曰泮宫。"此即言当时之学校。"辟雍"者，"辟"借作"璧"字，言其为一圆形。"雍"字当作"廱"。"邕"乃四方有水，土在其中。"广"是高屋之形。即指学校建筑，四面环水，此一建筑，乃在水中央。此乃当时天子所辖中央政府下之学校，犹今所谓国立大学。

《诗·大雅·文王有声》有曰："镐京辟雍，自西自东，自南自北，无思不服，皇王蒸哉。"《白虎通·德论》谓："辟雍所以行礼乐，宣教化。"此见学校在当时，为政治一辅助机构。四方诸侯来朝中央，在此有一套礼乐施行。然亦见当时对学校之重视。《三辅黄图》有曰："周文王辟雍，在长安西北四十里。"是至汉代，文王辟雍遗址尚在。是中国之国立大学，远当在今三千年以前。

"泮宫"者，"泮"是半圆形之水。《诗·鲁颂·泮水》又称泮宫，是为当时诸侯有泮宫之证。此为封建时代诸侯国中之大学，即如今之地方大学。国立大学，四面环水。地方大学，只三面环水。在形制上，表示了中央与地方尊卑之分。此后历代，全国各省县均有孔子庙，庙旁有明伦堂，堂前有泮水，即承古代泮宫遗制。清代秀才入学，即称"入泮"。辟雍、泮宫两名，在中国沿用，亦已历三千年勿替。

古代学校，除辟雍、泮宫外，尚有"庠序"。孟子曰："修庠序之教。庠者养也，序者射也。"古代壮丁必习射。荷矢负弓，乃男子丈夫必习之业。习射亦所以培德。射属艺，而必有礼。习射亦兼以习礼。孔子以礼、乐、射、御、书、数六艺为教。《小戴礼·射义篇》："孔子射于矍相之圃，观者如堵墙。"此证孔子之善射。《诗》毛传："水旋邱如璧曰辟雍，以节观者。"盖辟雍乃古之学校，古人在此习射，斯亦学礼之一端。水环其外，所以节观者，使不漫入也。泮宫则诸侯乡射之宫。东西门以南通水，北则无之，以示别于天子。而古代学校以习射为主。换言之，武事重于文事，亦由此可知。

庠者养也。古者天子有养老之礼，亦于辟雍、泮宫行之。行养老礼，必饮酒奏乐。《诗·大雅·灵台篇》："虡业维枞，贲鼓维镛，於论鼓钟，於乐辟雍。"《鲁颂·泮水篇》："思乐泮水，薄采其茆，鲁侯戾止，在泮饮酒。既饮旨酒，永锡难老。

顺彼长道，屈此群丑。"解者谓诸侯在泮宫行饮酒礼，延老纳言，因以谋事。则养老之礼，亦政事之一端。

古者学校又称"瞽宗"，瞽乃盲者。盲人习乐为师，如春秋时有师旷、师襄。师襄亦孔子所从学。《灵台》之诗又曰："於论鼓钟，於乐辟雍，鼍鼓逢逢，矇瞍奏公。"矇瞍即瞽者。奏乐必歌，所歌则以今所传之《诗经》三百首为主。诗中所咏，皆与政治有甚深关系，而亦具有甚深之教育意义寓其中。

古者政治上别有其他大礼节，亦多在学校行之。《鲁颂·泮水篇》又曰："翩彼飞鸮，集于泮林……憬彼淮夷，来献其琛。"此乃在学校接受外夷贡献之礼。又曰："明明鲁侯，克明其德。既作泮宫，淮夷攸服。矫矫虎臣，在泮献馘。淑问如皋陶，在泮献囚。"是又在学校行献馘献囚之礼。"馘"者，杀敌割其一耳。"囚"者战俘。古者在学校习射，出兵则受成于学，及其返，则释奠于学。凯旋之礼，亦于学校行之。

然则古代学校之于政事，乃密切相关。《白虎通》所谓"行礼乐，宣教化"，此乃政治上之莫大任务。下至汉儒，尚能恳切言之。

今当再说"学校"二字。孟子有曰："修庠序学校之教。"此因战国时，古代学校之制已破坏，故孟子主欲兴修。以训诂言之，学者，效也。孟子又曰："校者，教也……夏曰校，殷曰序，周曰庠，学则三代共之，皆所以明人伦。"可见西周教育制之规模，已远有渊源。孟子言三代共有学，其说决非虚造。又观《左传》有"郑人游于乡校，以论执政"之事。

一一　中国教育制度与教育思想

其时孔子已生,郑国乡间尚有学校,故乡人集于其中以议国事。因学校乃公共建筑,而传统上学校本亦与政治密切相连。至其称"校",因"校"字有考校、比校之义。学中习射习歌,亦必时有考校可知。以后此校字多用在军事上,而当时学校尤与军事有深切关系,亦据此校字而可知。

二

以上叙述了西周乃至春秋时代之学校概况。其次要谈到孔子以下及于战国,其间约有三百年时期。此一时期,在教育上乃有一特殊情况,亦可谓乃是一有教育而无学校之时期。亦可谓教育乃自学校中解放而归入于私家友朋集合之时期。因周室东迁,中央政府早不为社会民众所重视,列国间卿大夫渐渐有不悦学之现象,地方学校逐步废了。于是学校与教育,遂逐渐归入到平民社会中去。

孔子崛兴,以一平民,而把以前相传的贵族教育开始转移到平民社会来,开出此下平民讲学之风。后世称孔子为"至圣先师"。孔子在中国教育史上,实亦可称为开天辟地旋乾转坤一伟人。因以前教育,都限制在政治圈中。以后教育,乃脱离政治圈转入社会而自为发展。然中国此下教育,仍与政治有密切关系。此乃中国历史文化大传统所在。治中国教育思想与教育制度者,于此一节,乃尤当注意。

孔子弟子共有七十余人,来自四方。或自鲁,或自卫,或自齐，或自宋，或自陈，或自吴，此已自北方黄河流域，跨过淮水，南及长江流域。因此孔子设教，在当时，实是国际性的，不限于一国一地。

孔子的学生，有父子同来受教的，有贵族，有平民，有的很穷，有的很阔，亦有些不是好出身、不务好行业；但经孔子教育，都变为学成行尊，出类拔萃，显于当时，传于后世的一批人物。中国古代社会之大变动，不得不谓自孔子教育有以启之。

孔子以礼、乐、射、御、书、数为教，当时称之曰"六艺"。凡此六艺，都是当时贵族阶级日常事务中所必需历练的几项才干。故贵族之疏远层及民间俊秀，必先习此六艺，乃能在贵族圈中服务。当时称之谓"儒"。"儒"乃是当时社会一行业。孔子自己身通六艺，其弟子除娴习当时例行的六艺外，或通政事，或擅理财，或长军旅，或娴外交。要之，均可成为政治人物，供当时政治上之实际应用。但更重要的，孔子乃在此种种政治界实用艺能之上，发挥出一番大道理。此一番大道理，私之可以修身齐家，公则可以治国平天下。并亦永为中国后世所信守而遵行。于是在儒的一新职业之中，加进儒的一新理想。自有孔子，而中国教育内容遂超出于政治事业之上之外，而成为社会人生文化一切行为主要有理想的一项目，而孔子因亦被称为"至圣先师"。

但孔子当时传教，实没有一学校。后人称之为开门授徒私家讲学，其像样的创始，实始于孔子。《庄子·渔父篇》有云："孔子游乎缁帷之林，休坐乎杏坛之上。弟子读书，孔子弦歌鼓琴。"唐人钱起诗："更怜童子宜春服，花里寻师到杏坛。"杏坛只是一栽有杏花的高地，既非学校，亦无教室。想是孔子春日郊游，偶而到此。实则只是在家设教而已。又孔子在宋遇难，亦与其弟子习礼大树之下。可见孔子随处不怠行教，幕天席地，则莫非设教之所。行游坐息，亦莫非设教之缘。人生不忘教学，教学即是人生。孔门之教，宜即可代替世界任何一大宗教而有余。故中国教育，实亦可谓是一种宗教事业。

孔子以下有墨子，其徒三百人，其数量已远超孔子之上。孔子之出，一车两马，俭不中礼。又与其弟子饿于陈蔡之间。墨子则千里徒行，至于裂裳裹足。孔墨皆以平民讲学，在当时乃是一种非官方给养的自由职业，宜其生活贫薄有如此。但其震烁一世，影响于后代者实甚大。

再下到孟子，则已"后车数十乘，从者数百人，传食诸侯"。生活情况较之孔墨，已甚阔绰。而阔绰过孟子的，时尚多有。即如齐之稷下先生，受齐威、宣、湣王历代供养，皆赐上大夫之禄，开第康庄之衢，高门大屋尊宠之。既不预政事之烦，专以招揽弟子，讲学著书。称"先生"者逾七十人。朋徒群集，数百千人。此时则教育事业已远超在政治事业之上。但亦是得政治上崇重供养而来。即隐沦不显如庄周，亦有弟子相随，从容于论学著书，此亦决非仅借于漆园之微薪。当时教育界持论多反现实政治，而同时政治界则尽量崇重此辈讲学之人。此层亦当为研究中国历史文化传统者所应注意。

当时私家讲学，不仅成一学术集团，同时亦是一经济集团。孔子曾说："自行束脩以上，未尝无诲。"束脩只是一条干肉，用作贽见之礼。后代弟子敬师学费，仍称束脩，或称薪水，皆是极为微薄之意。抑且不仅弟子于师有敬礼，师之于弟子，亦有通财相助之谊。颜渊死，其父颜路欲请孔子之车以为之椁。此亦决非无端请乞。如孔子周游，诸弟子相从，亦皆食于孔子，可见师弟子本常通财。孔子虽不从颜路之请，但孔门弟子终为颜渊集资厚葬。至墨子赒养其弟子之事，更屡见不鲜。故墨子门下，不仅是一经济集团，同时亦是一劳工集团。通力共产，后代之有帮会，其事远从墨家集团来。至孟子时，从者数百人，皆食于其师可知。如此则私家讲学，同时岂不即成为私家养徒。一自由讲学者，同时又是一自由养徒者，其势震撼上层贵族阶层，乃始有齐威、宣以来稷下之制。而如孟尝、信陵、平原、春申四公子养士，其实亦是慕效当时讲学大师之养其门徒。直至楚、汉之际，天下大乱，叔孙通投汉高祖，随身尚带有一辈学生。若非由叔孙通给养，何能枵腹相从。此亦是古代中国社会一特有现象。

又且当时大师讲学，必兼著书，著书必用竹帛。即就经济条件言，亦不易易。又当时著书，亦多集体为之，又有累世为之者。如《论语》一书，即由孔子弟子及其再传弟子等集体记录编纂，直到战国中期后始成书。《墨子》书中如《天志》《尚同》《兼爱》等，各分上、中、下三篇，乃由墨家三派分别撰述。又有《墨经》等益后出。《庄子》有内篇、外篇、

一一　中国教育制度与教育思想

杂篇，非出庄子一人之手，亦非庄子弟子一时所成，犹必有再传三传者加入，如《论语》《墨子》之例。《孟子》七篇亦与其弟子万章、公孙丑之徒讨论集成。然则先秦之讲学团体，同时亦即是著作团体。吕不韦在秦得意，招天下宾客合撰《吕氏春秋》，此亦时代风气。集体著作乃当时常事，今乃绝不能尽知当时各书各篇各自撰著者之姓名。是则当时一学术团体，既不为利，亦不为名，乃共同宣扬一思想与理论为主。此亦中国古代社会，为此后历史文化传统开先河者一特殊现象，值得我们注意。

又当时著书，流传极速。一家成书，各家同睹，故相互间多争辨驳难。但此时一书籍流传，全赖誊抄，事亦不易。诸子中晚出如荀子，最为博通古今群籍，又广自著书。其门下，如韩国公子韩非，楚国书吏李斯，亦各远道奔凑。荀子最为齐国稷下先生之晚辈，而在彼时，曾屡次高踞稷下先生之首座。彼亦遍游列国，行踪极广，想其朋徒相随，当亦如孔、墨、孟子之例，由彼给养。是则其经济凭借，决亦非薄，故能在当时有此大气魄之讲学著书与游行之规模。同时有邹衍，其为当时所宠显尊礼，则似当更甚于荀卿。又当时诸子所著书，皆能审慎保存而久传。秦灭六国，汉继灭秦，兵祸连结，民生无宁日，亘百年之久。然迄于汉世，诸子百家言皆获存全，即观《汉书·艺文志·诸子略》所收书目可见。此又岂民间私人一手一足之烈所能然。

近人艳称战国，认为百家争鸣，可征当时思想之自由。

此乃徒拾一时口头禅，宁能捉摸到当年之真史实。自孔子以平民私人讲学，百家蹱兴，朋徒群集。虽各无专设的一所学校，却各有一私家结合的学团。本于相互共同之思想学术，激起相互共同之实行活力。我们今日不徒当探讨其学说内容，更应注意其经济实况及生活真情。惟其社会上有此种新集体之风起云涌，才能与当时正趋没落之贵族阶级接步代起，而开创出秦汉以下士、农、工、商之四民新社会。此乃中国历史上一绝大变动，绝大创造，皆由战国百家掌握其转捩之枢机。

所谓"百家"，乃如同司马迁《史记》鲁、卫、齐、晋之称为"世家"，而实是一无组织之大集团，而亦称之曰"家"，决非一夫妇子女之家。其称曰"诸子"，亦借用古代贵族阶级分爵公、侯、伯、子、男之"子"。此辈虽系平民，乃亦约略相当于封建之贵族。贵族拥有土地，有土斯有众。此辈则拥有学术思想，亦拥有信受此学术思想之一批门徒，而形成一种共同精神，附随而有一种共同生活，亦约略仿佛于同时一小诸侯，惟无封土而已。故时人遂称之曰"诸子百家"。又称此等士曰"游士"，因其非土著不安居。但若热心富贵，如公孙衍、张仪，则孟子鄙之曰"妾妇"。所以当时的平民自由讲学，乃得与封建贵族为代兴，而亦并无贵族、平民阶级斗争之迹象。此又岂近人以西方人眼光治中国史者之所能知。

就此当知，当时诸大师仅为学术思想行教化，而不为私生活私奉养作打算之精神，既已大堪佩仰。而风气感召，全社会上下尊师崇道，慕效恐后；此已不能与西周以下由政府规定出一套制度，建立起一些学校，来推行教育事业者相提并论。在此一时期，乃是由社会下层酝酿出一番风气，而并无一种制度可言。然而下层社会风气之影响力，则实远超在上层政治制度之上。

故凡属政治上具有一种真实性之制度，则必从社会风气酝酿而出。否则有名无实，有此制度，无此风尚，空制度决不能与真风尚相敌。故在当时，虽无特定制度可言，而亦可谓之是一种未成制度之制度。

以上略述中国教育制度之第二期，此下当述第三期，为秦汉时代之教育制度。秦代享国未久，当以两汉为主。

三

西周以下之教育，乃是一种"官立教育"，同时亦是一种"贵族教育"。从孔子以下，虽无教育制度，但有教育精神，其时乃是社会私家教育时代，亦可称为乃一种纯粹的"社会教育"或"平民教育"。秦代统一，似乎又想把当时社会私人教育的新风气新运动收归政府，由政府来办理。此乃一种微带有复古倾向之开始。其时乃有"博士官"之设置。博士官虽受政府禄养，但不负实际政治责任，只备顾问，供参议，而同时得收纳弟子，仍不失其为一学者传播学术之身份。此种制度，渊源于战国时代齐之稷下先生。齐国稷下先生七十人，秦博士官员额亦七十。此因孔子拥有七十弟子，故齐王、秦帝亦定此数为员额。则当时政府仍为尊重学术，尊重学者，而非如近人所谓只要巩固其私人之政权，而始设立此制度。

博士官汉初沿袭不废，待到汉武帝，又来了一次大改变。在秦始皇时，曾因博士官中有主张复行封建的，于是加以一番澄清，严禁以古非今；凡博士治古史的，几乎全都罢黜。汉武帝则一反秦旧，把凡治战国百家言的博士都废了，只立五经博士。讲求五经则是讲求古代史实的。又秦始皇焚书禁以古非今，主"法后王"，乃荀卿所主张。汉武帝表彰五经，主"法先王"，乃孟子所主张。孟、荀皆孔门儒家，而主张各异。又孟子主"性善"，荀子主"性恶"。主性善乃中国传统文化一特点，主性恶近似西方。故孟、荀相比，孟当较胜。后世常同称孔孟，而荀卿则被遗弃。故秦汉之博士制，诚亦中国历史上一大变。

秦代得天下，只二十余年。周代绵延了八百多年。专站在政治立场上，是秦代不足法。故必上研古经籍，这是当时一般人意见。其次，武帝又建立太学，五经博士在太学中正式任教，太学生又称"博士弟子"，如是乃恢复了西周官立教育之旧传统。但已非贵族教育，仍是平民教育，只由政府特立学校来推行。

西汉教育制度之重要性，乃以"育才"与"选贤"双轨并进。换言之，乃是教育制度与选举制度之配合行使。由地方学即郡国学申送十八岁以上青年入太学，受业一年，经考试，以甲乙等分发。甲等得在宫廷充皇帝侍卫，乙等回归本乡作吏。

为吏有成绩，重得选举入充皇宫侍卫，再由侍卫分派到中央及地方政府担任各职。

此一制度，形成了此下汉代政府，较之以前历史上所有之旧政府，展现了一独特之新面相。凡属政府成员，皆须太学出身，或是由太学生服务地方政府为吏之双重资格为出身。此等人，皆经政府之教育与选择。每一成员，既通经术，亦长文学，又擅吏事，汉人谓之"通经致用"。纵位极丞相，亦不例外，必备此资历。故汉代自武帝以下之政府，乃备受后世之崇重。后代政府，亦莫能自外于汉代之规模，而别创一新格。总之是受教育的始能任官职。教育地位乃显在政治之上了。

博士于五经，有兼通，有专精。但虽兼通，亦必以专经任教。惟一经亦可有几派说法，经太学博士与朝廷公卿会合审查决定。所以到宣帝以后，五经共设有十四博士，即太学中共有十四个讲座，此外不再添列。

所难者则在考试，须定一客观标准。故每一太学生，必申明其自己乃依据某一讲座之说法而作答。汉人谓之"家法"。五经共分十四家，每一经之章句训诂，必遵从某一师之家法，以为考试之答案，乃能及格。其实所谓师传家法，皆为便于考试；在学术上，其高下是非则仍待讨论，非有定案。

但太学在此后已成为利禄之途，来者日众。其先博士弟子只五十人，渐增至一百人、两百人、一千人。有人说孔子弟子三千，太学生名额遂亦增至三千人。此已在西汉之末年。

下及东汉晚期，太学生乃增至三万人。试问十四位讲座，如何能教三万名学生？太学至此，逐渐变质，失却了开始重视教育之用意。

而且既定家法，则重墨守，陈陈相因，无发明，无创辟。私人聪明反而窒塞了。于是官学遂又不受人重视。真心求学的，重又转归到社会私学去。私学即是排拒在博士讲座之外的；或是在博士家派之外，自有讲法的；或是在博士家法之中，有所融会贯通的。既非十四家法，即为太学所不容，于是只在民间设教，当时谓之"开门授徒"。太学博士所讲，以其为当时所通行，称为"今文经学"。民间所授，以其非为当时所通行，乃称为"古文经学"。古文经学无家法，可兼通，可博采。此亦都在东汉之世。私学乃又代官学而崛起。

其间最值一述者有郑玄，山东高密人，曾造太学，又自向私学从师，游学遍全国。以东方无足问者，乃西入关，因涿郡卢植介绍，投马融门下。马融门徒四百余人，升堂受业者五十余生。玄在门下，仅得高业弟子转授。三年，不获见融一面。某日，融会诸生考论图纬，闻玄善算，召见于楼上。玄因得备问所疑。既毕，辞归。融喟然曰："郑生去，吾道东矣。"玄不仕在乡，弟子自远方至者数千。曾途遇黄巾数万人，见者皆拜，并相约不敢入县境。孔融、袁绍亦对玄备致敬礼。

就历史言，无数百年不败之政治，亦无数百年不坏之制度。西周以下辟雍、泮宫等制度，今已无可详说。秦汉两代博士制度之演变，经学上今古文双方之异同得失，余已有专书详述。

惟郑玄以在野学者之身，当朝廷提倡数百年经学达于堕地将尽之际，玄之为学，不专治一经，更不专师一家，能囊括汇通，成一大结集。此下十四博士家法师传尽归散失，惟郑玄最晚出，而使经学传统不坠重光。其功绩实为两汉经生四百年来所未有。可见教育事业，主要在"师道"。师道所贵，主要在为师者之"人格"与"学问"。振衰起弊，承先启后，其能发挥绝大功能者，则多在师不在学校，又每在野不在朝，抑且在乱不在治。如郑玄之在两汉，即可为一例。故其人在中国教育史上，尤为后代所重视。

郑玄稍前，有一郭泰亦当附说。郭泰亦当时一太学生。其时太学生数万人麇集京都，博士倚席不讲，又值朝政黑暗，激起太学清议，成为当时政治上一难对付之力量。而郭泰是太学生中之翘楚。同时又有苻融，亦太学生，师事少府李膺。膺乃当时名公卿，但见融，必绝他宾客，听其言论，为之捧手叹息。郭泰家贫，从其姊夫借五千钱，远出从师。并日而食，衣不蔽形。及来太学，时人莫识。融介之于膺，时膺为河南尹，待以师友之礼。后泰归乡里，衣冠诸儒送至河上，车数千辆。泰惟与膺同舟而济，众宾望之，视若神仙。时汉政已污浊不堪，太学亦有名无实。但公卿中有贤如李膺，太学生中有英特奇伟如苻融、郭泰。其故事著之史籍，长供后人玩赏。虽无救于汉室之覆灭，但中国文化之内蕴，与夫其社会精力之充盛，可知此下尚有无穷生命，决不随一时朝政而俱燔。

郭泰可称为当时一极崇高之社会教育家。党锢事起，闭门教授，弟子以千数。经其识拔奖诱者，或值幼童，或在里肆，或事刍牧，或役邮驿，或从事屠沽，或出身卒伍，而其终皆成英彦，凡六十余人。尚有不少故事，见于史籍。后代史家评郭泰，谓：虽墨翟、孟轲不能远过。时有孟昭，尚在童年，谓泰曰："经师易遇，人师难遭。愿在左右，供给洒扫。"泰许之。夜中令作粥，进而呵之。三进三呵，昭不变容。秦乃与友善，卒成妙士。如此之类，不能备述。泰又自著一书，专论取士本末，惜遭乱丧亡。如郭泰，诚可谓在中国教育史上为师道树立一标格。今若目马融为经师，郭泰为人师，而郑玄则两者兼备，故益为后人所推重。

由此言之，论教育事业，注重制度，更该注重人物。制度可以坏而复修，人物则不可坏。制度可以随时而变，人物则自有一不可变之典型。有了制度无人物，制度是空的假的；有了人物无制度，可以随时创立制度，亦可有不成制度之制度出现。战国与东汉晚季，皆是无制度而有人物之时代。虽则人物不同，却有在文化传统下同一典型之存在。近人好言战国，忽视东汉，亦可谓终是一偏之见，应加纠正。

以上是叙述了秦汉大一统四百年之教育制度，当属中国教育史上教育制度演变之第三期。以下当续述三国、两晋、南北朝，中国六百年来分崩时期之教育制度。

四

教育制度建立在上，而社会风气则鼓荡在下。西周公立教育制度破坏了，幸有战国先秦社会风气之在下鼓荡，因而重开出两汉公立教育制度之兴建。但东汉以下，政治解体，急切不能再统一。在此一时期之教育制度，当分两项叙述：一曰门第教育，又一曰寺院教育。

士族大门第之兴起，在东汉末年已奠其根基。此下中央政府如弈棋之更置，而门第则自有传统，继绳不绝。外面战乱祸变相寻，内部则富贵安逸自如。社会重心，文化命脉，在下不在上，一皆寄托于此。逮及隋唐统一，时代开新，此辈大门第依然存在，而且有继续向荣之势。此决非无故而然。近人好言当时门第乃古代封建贵族之变相复兴。其实一种势力之获得存在而维持，必有其内在一番生命力。而当时门第之内在生命力，则正在门第中之教育。

门第惟重教育，故曰家法、家范、家教、家风。一切法范风教，均以"家"为中心。其事主持于贤父兄，赓扬于贤子弟。其时则庄老清谈，已为门第中人所竞尚，以此长为后世诟病。但庄老清谈，已实际融为当时门第中人生活之一部分，而非支持门第一力量。不论郊游饮宴，乃至婚姻喜庆，都成为清谈之场合。宾朋毕集，觞酌流连，便有人提出一论题，或在正面加以主张发挥，或在反面施以驳辨疑难。此亦人生哲理中之一番提撕与陶冶，由教育转成为游戏，在游戏中却具教育意义。此亦可谓乃人生一最高"艺术化"。其实中国儒家之"儒"字，即含有艺术意义。故亦可谓人生艺术即人生道德，人生道德即人生艺术。此乃中国文化一最高大特征。则中国士族之成为门第，亦有其甚深涵义，所当特加讨论者。

要保持门第，故对外面事变处以冷静消极态度，此乃处乱世一权宜办法。又当时门第于清谈外，又重各种文学与各种艺术之修养，在此两方面亦均有优异表现。虽不足在此大时代中培养出奋斗精神，但当时之门第，有如荒漠中一绿洲，洪流中一清渊。恬退宁静，虽于事功无建树，亦复小以保身，大以保家。庄老道家义，在当时可谓亦已运用得恰到好处了。

更有一层，为后人所忽略者，乃当时门第中之"礼教"。此则承袭儒家传统，亦是经学传统。当时门第乃能切实遵守，并因宜发挥，主要尤在"丧服"一端。此乃古人宗法与孝道之遗传，配合在当时门第实际情况下，斟酌恰当，发明合宜，其在此一方面之成绩，乃远非两汉经学所能逮。雷次宗因善讲丧服，当时举以与郑玄并尊。唐代杜佑《通典》，备载其时一切丧服上之研究，成为在经学中礼学一部分最复杂难整理之一项史料。此乃当时支持门第一重要中心，而为研讨当时社会史者所必知，其作用更在庄老清谈及各种文学艺术之上。若如近人眼光，只论当时门第所占之政治地位及其经济情形，以为如此即可把握到当时门第存在与持续之所以然，则终不免为浅识无当之尤。当知研究此者为"学术"，奉行此者为"风气"。而所以蔚成此一代之学术与风气者，则主

一一　中国教育制度与教育思想

要在"教育"。此则当时门第在教育上亦必有其一套不成制度之制度亦可知。

其次当及当时之寺院教育。佛教东来，非有大批僧人随至。换言之，其来入中国者乃教义，非教徒。教义之宏阐，教法之流布，此皆属中国僧人事。其时不断有高僧大德络续出现。尤著者，在北方有道安，南方有慧远。其人虽属方外，其教虽本佛义，然论其人物典型，则俨然一代大师，与先秦儒、墨，乃至两汉经师，面目虽非，精神则一。道安身遭乱世，山栖木食，潜遁讲学。徒众相随，四百余人。播迁流离，备历艰苦。后为朱序所拘，乃分张徒众，各随所之。临路诸长德皆被诲约，惟慧远不蒙一言。远跪曰："独无训勖，惧非人例？"安曰："如汝岂复相忧。"远遂与弟子数十人，渡江行化。习凿齿在襄阳见道安，与谢安书有曰："来此见释道安，师徒肃肃自相尊敬，洋洋济济，乃吾由来所未见。"慧远在庐山，僧人之秀群集，庐山见称为道德所居。相传其立白莲社，立誓入社者百二十三人，多方内名贤。此事真伪难定。要之，远公匡阜风教，广被南疆，并深溉后世，则断无可疑。而其先后僧人，播扬佛法，较之前世墨、孟、马、郑之往迹，衡其艰巨，决无逊让。苟非大德，则妙法莫宣。而非有教育之功，则高德名僧，亦无缘接迹而起。

又其时高僧，皆通方内之学。习凿齿称道安，"内外群书，略皆遍睹"。慧远讲《丧服经》，雷次宗、宗炳等并执卷承旨。又如梁刘勰依沙门僧祐，与居处积十余年；其为《文心雕龙》，博涉群经百家之集，亦其寺居肆力所及。当时寺院教育，亦必自有一套不成制度之制度。试读《高僧传》，籀其各人之行历，自可钩稽出一大概。故当时人物，不在门第，即归寺院。其背后各有一种教育力量致其如此。而两者间，实亦一气相通。寺院即得门第之护持，而门第中人亦多信崇佛教，或出家为僧。如刘彦和则非门第中人，其成学乃受寺院影响，事亦易知。

今若以其时门第与僧寺，拟之欧洲中古时期，以门第比彼之封建贵族，以僧寺比彼之耶教教会，则有两端显著相异：

一、在中国，虽南北分裂，亦尚各有统一政府。

二、远自西周以下，春秋、战国、秦、汉相承，一千几百年来之文化传统，书籍文物，种种皆在。

故此六百年来之学术与人物，除却新加进一种佛教教义外，实仍一线相承，既非中断，亦非特起。虽有小异，无害大同。即佛门中人，亦各有以往文化传统之血脉灌注，精神流渍。并非专信外来宗教，与中国自己传统敌对排拒，不相融贯。此亦大可注意之一端。

上面述说三国、两晋、南北朝六百年中之教育，当为中国教育制度史上演变之第四期。此下隋唐统一盛运重开，则转入为第五期。

五

隋唐统一盛运再兴，于是汉代公立教育制度亦随之复起。唐初太宗时，高丽、百济、新罗、高昌、吐蕃，都派留学生来中国，太学生多至八千余人。又有书、算、律各门专科，学制似较汉代更为进步。

但汉制须先进太学，再经选举；而唐代则教育、考试分途发展。太学出身与进士之公开竞选属于两事，把考试来代替了汉代之选举。学校出身其事易，公开竞选其事难。社会群情，都看重进士，不看重太学生。当时中央政府地位虽高，而国家公立教育则未有大振作。抑且唐代还有门第教育与寺院教育之存在。就教育言，则未见有大胜于魏晋南北朝之世。

唐代考试重诗赋，其事亦未可厚非。考试本是一种智力测验，短短一首诗，其中有学问，有抱负，有寄托，有感想；不仅智力高下，即其学问人品，亦可于此窥见。若作策问或经义，题材内容，先已有了限制，未易出奇制胜。而且陈陈相因，易于揣摩抄袭。不如诗题，层出不穷，无可准备。而应考者却得借题发挥，各尽其趣，于拘束中见才思。

唐代终于把进士考试来渐渐替代了门第势力。社会孤寒之士，亦得平地拔起，厕身仕宦，使仕途不再为门第所垄断。而寒士应考前，则常赴寺院中读书。乃有如王播"饭后钟"故事。相传播客扬州某寺，随僧斋餐。僧加厌怠，乃斋罢击钟。播作诗有"惭愧阇黎饭后钟"之句。后播显达，出镇扬州，访旧游，其所题诗，已受碧纱笼之。或传段文昌事与此相类。其他此等事，亦复屡见。

故可谓唐代仅有考试取才，而无学校养才。养才仍赖于寺院与门第。寺院所养不为世用，门第出身比数渐不如进士之多。而进士又仅尚诗赋，不免实学渐衰，流于轻薄。唐晚季，昭宗时，郑綮以为"歇后诗"得相位。彼自谓纵使天下人皆不识字，相位亦不及于我。制诏既下，曰："笑杀天下人。"又曰："歇后郑五作相，事可知矣。"或问綮，相国近有诗否？曰："诗思在灞桥风雪中驴子背上，此处那得之？"此亦可谓有自知之明。然国家岂得用灞桥风雪中驴子背上人来掌理治平。其时则已若政府社会举世无才，有才则只在寺院中作禅宗祖师去。

唐末有书院教育，此事乃门第教育之残波余影。门第没落，子弟向学无共学之人。乃于宅旁建书院，藏书其中，延纳俊秀之来者，可为子弟作师友。又为避世乱，常择名山胜地建书院，则受寺院影响。而书院之盛，则待宋代。故言中国教育史，有唐一代，实有腰虚中弱之象。此亦不可不知。

六

宋代特矫唐弊，公私教育皆特盛。其先则自社会私家教育开始。如范仲淹、胡瑗、孙复，皆先在寺庙中成学，再复从事于社会下层之私家讲学事业。范仲淹继戚同文在睢阳书院，孙复在泰山书院，而以胡瑗在苏州、湖州书院讲学为尤著。其在湖州，分设经义、治事两斋，俨如今大学之文、理分院制度。经义斋培植通才，治事斋指导专长。一时人才纷出。朝廷诏下苏湖取其法为太学制度，并召瑗为教授。宋代之国立太学，乃采用社会下层教育成轨。此亦难得。

当时所谓书院，亦渐由私立变为公立。宋初有四大书院，皆不由政府创建。其后乃如僧寺，亦受政府赐额。又如范仲淹在睢阳书院讲学，乃由晏殊延聘。胡瑗在苏、湖书院讲学二十余年，乃由范仲淹、滕宗谅延聘。地方有贤长官，始得延聘名师，书院乃得美誉，学者竞集。一时闻风继起，州县皆兴学。然在神宗元丰时，天下诸路、州、府学官，凡得五十三员，可谓寥落已甚。盖书院之主要条件仍在师资人选。惟其注重师资，于是有制度亦等于无制度。因良师不常有，未可必得。若为师者非其人，则学者裹足不至。即有至者，学校风声亦不佳。故每宁缺毋滥。空有建筑，不成学校，地方教育终于时兴时辍。

宋代太学，在神宗时立"三舍法"。始入学为外舍，定额七百人。升内舍，员三百。内舍升上舍，员百人。月考优等，以次升舍。略如近代学校有年级制。然太学既由政府官办，政污则学敝，三舍制备受诟议。要之，在中国教育史上，官办教育亦终不为人重视。

故宋代政府，虽刻意兴学，而当时教育势力，则终以私人讲学为盛。但其时门第，仅有吕、范两家，已在社会无势力。理学家崛起，乃与寺院僧侣争取教育权。其先如二程在伊洛，横渠在关中，风气初开，聚徒不盛。然彼等之讲学故事及讲学精神，则大堪与战国诸子媲美。要之是私家自由的，不受政治影响，亦不为门第与寺院所拘束。下及南宋，如朱子、象山，讲学始盛，蔚成一时风气。即地方长官兴建书院，亦必奉祀社会先贤，亦如寺院必奉祖师佛像。而尤以濂溪、二程三人，几于为大多数书院所奉祀。

书院又称"精舍"。精舍之名，其先起于东汉儒家之私门授徒。其后僧侣所居亦称精舍。最后理学家讲学又用此名。可见中国中古以来之社会教育，乃由儒、佛两家迭兴迭衰；即此精舍一名，亦可透露其中之消息。而中国教育，实际即以代宗教教育之任务，亦由此可见。

在当时，复有一事值得注意者，乃为皇帝宫中之"经筵讲官"制。王室教育，远自秦始皇帝使赵高教少子胡亥，汉高祖使叔孙通教太子孝惠帝，即已开始注意。此下贾谊力主太子教育之当郑重，实为汉代崇奖儒学启其机运。因重教育，则必重儒术。景帝、武帝皆有师，而武帝师王臧，乃儒生。武帝尊儒，乃受其幼学影响。贾谊、董仲舒皆为王子师。而东汉明、章二帝在宫中为太子时之尊师向学，尤传为历史嘉话。但宋代则帝王亦从师，乃有"经筵讲官"之设置。"经筵"一名，亦始佛门，但宋代则有侍讲、侍读诸臣，为天子讲学之称。王荆公为侍讲，曰："臣所讲是道，帝王当尊道，不当立而讲，帝王坐而听。"神宗依之，许其坐讲。及程伊川为讲官，亦争

一一　中国教育制度与教育思想

坐讲，哲宗亦许之。厥后明、清两代皆有经筵进讲。以及历史上东宫教育太子之制度，皆值注意。

元代蒙古入主，中国文化传统只在政治上受屈，在社会上则依然维持。而许衡为国子师，所教蒙古族人侍御贵近子弟，后皆为重臣，此亦可谓乃受中国传统教育制度之影响。而书院尤遍布全国，较之南宋时代更增。虽未必各处常有名贤主讲，然一时名贤，则借书院为躲藏。中国文化命脉，实赖以传递。故明初开国，朝廷文风转较汉宋远胜，惟唐初乃差堪相拟耳。

七

明太祖未定天下，即在婺州开郡学。及即帝位，诏天下郡县皆立学。府设教授一，训导四。州设学正一，训导三。县设教谕一，训导二。生员自二十人至四十人。据一时统计，全国府、州、卫、所，共得教官四千一百余员。较之北宋元丰时学官，几多近百倍。则明初注意兴学不可谓不力。

地方生员升至国学，初称"国子学"，后称"国子监"。监生分赴诸司先习吏事，称"历事监生"。亦有遣外任者。在学十余年，始得出身。洪武二十六年，曾尽擢国子生六十四人为布政、按察两使及其他高级官职，出身远优于汉之太学。又必生员入学始得应举，则学校与考试两制度亦复融合为一。此皆明制之优于前代者。即在此后，明代南、北监，常简大学士、尚书、侍郎为司成。一时名儒为国立大学校长者，项背相望。

昼则与学员会馔同堂,夜则灯火彻旦。不乏成材之士出于其间。明代国力,与汉唐相抗衡,人才辈出,亦与政府重视教育之意有关系。

然由政府办学,学校兴衰,终视政治之隆污而判。故明代之教育制度,虽可称道,而教育功效则终有限。此孟子所谓"徒法不能以自行"也。

又明代政府中,拥有大批学人,可以不负实际行政之职位。此亦兼寓有一种教育意义在内。进士及第,一甲得入翰林,二甲、三甲得选为庶吉士。因其未更事,俾先观政,同时进学。此一制度,论其渊源,实颇似于秦汉时代之有博士官。翰林犹如博士,庶吉士近似博士弟子。回翔政府,储才养望。此制为清代所沿袭。论其制度,有张有弛;论其作用,有显有晦;论其意义,在政治集团之内而别有一种养贤储才之机构与组织,此则大值重视。汉代政府之此项措施,乃受战国诸子在野讲学之影响。明代政府此项措施,则受宋元儒在野讲学之影响。唐、宋两代之政府中,亦有与汉、明大同小异相类似之措施。此见中国政治重视学术与教育之传统精神,乃无时或已。此乃中国政治史上一大特点,所当大书特书,以供后人作参考。

惟由政府来提倡学术,培植教育,其最高意义总不免偏重于政治。此已不能满足在野学术界之理想要求。而且中国传统政治,学校、选举两途并重。学校在造贤,选举在拔贤。而学校与选举之两者,均不免要以考试为标准。考试制度之在中国，递有变迁，而终于不胜其流弊。唐代以诗赋取士，其弊已如上述。明代以经义取士，其变为八股，流弊更甚。于是民间讲学，仍必与朝廷提倡相对立。

明代民间讲学，虽远承宋元，下至武宗时代王学特起而大盛。阳明政务在身，而兼亦从事讲学。其所至，学徒群集。唱为"惜阴会"，欲使学者时自集会，讲论研究。及其身后，流风益甚。各地社会，自有组织。其大弟子，年有定时，分赴各地。一面借此集会，交换心得，讨论新见；一面集合群众，公开演讲。称为"讲会"，亦称"会讲"。此与朱陆书院讲学有不同。一则讲会近似一学会，学者同志借以互相切磋。一则讲会以宣传普及为务，更近一种社会教育。循而久之，以普及代替了提高与深入。故此种讲会，虽曾一时风起云涌，而亦滋流弊，终于不可久。

最后乃有东林书院出现。此一书院之规制，更近似一学会。学者常川集合，轮流主讲，重在自相切磋。而所讲亦涉及当时之政治。逮此一学会遍及全国，更复在京师有分会，乃引起政治大波。直至明室覆灭，党祸始告结束。

下至清代，政府公立学校，无论在中央，在地方，其在传统上均已名存实亡，无一定之宗旨以为规则，以为号召。在野学者，风气亦变，无复宋、元、明三代讲学之风。而书院制度，则仍禅续不绝。主持书院者称"山长"。其时书院多数已在城市，不似以前多如僧寺之占有山林名胜，而山长之名，仍可推究其遗蜕之迹。书院有"窗课"，仅是学者作文送山长评阅。薄有"膏火"，如近代之有奖学金。其时书院之主要贡献，乃在藏书与刻书。如广州学海堂有《清经解》，江阴南菁书院有《续经解》。其从事校对者，则如今之有工读生。

然书院在当时，仍有其影响。如朱次琦为广州学海堂都讲，复讲学礼山，康有为曾从学。章炳麟在杭州诂经精舍从学于俞樾，吴稚晖亦是南菁书院之学生。

讲中国旧教育制度，应到此为结束。清末废科举，兴学校，为近代中国推行新政一大要项。前代所传各地书院遗址，几乎全改为新式学校。如作者本乡无锡之东林书院，其先改为东林小学，后则改为县立第二高等小学，东林之名亦不复存。是则唐末以来一千年之书院，其最后命运，实不如一僧寺，尚多保留遗址，并迭有兴修。书院本与僧寺为代兴，今则几乎渺无踪影可供人作凭吊。惟香港沦为英国殖民地，除香港大学外，一切学校初均沿用书院名称。礼失而求之野，此亦其一例矣。

八

今再综合上述加以回顾。中国历代政府，西周不论，两汉以下，几乎无不注意国家公立教育之建树。然惟两汉太学最为持久，并有成绩。明代国子监已不能相比。其他如唐、宋两代，虽亦曾尽力提倡，而国立教育之被重视，实仅昙花之一现。外此率皆有名无实，未见绩效。在中国教育史上，其真实具影响力者，多在社会私家讲学之一途。战国诸子乃及宋、元、明三代之理学，声光最显，绩效亦大。即魏晋南北朝以至隋唐时代之门第与佛门寺院教育，亦不能谓无贡献。此其一。

而且公私教育，常成对立之势。若论中国文化渊源，先有周公，后有孔子，此两人厥功最伟。然周公在上，先秦所谓"官学"，由其创始。孔子在下，先秦百家私学，承其轨辙。两汉太学，以六艺为教，此则作于周公，传之孔子，故汉人并尊周孔。公私融会，而周公当尤在孔子之上。故《论语》仅列于小学，五经始得立博士，入大学。是即官尊于私之意。直至唐代犹然。自宋以下，周孔乃改称孔孟，又以四书上驾五经。元、明、清三代取士，均先四书，后五经，是为私家学上驾王官学一确切之明证。此其二。

中国人常称"政统"与"道统"。尊政统则主以政治领导学术，尊道统则主以学术领导政治。自东汉之衰，以政治领导学术之信心破毁无存。下及南北朝之宋代，其时国立太学，分玄、史、文、儒四学，玄居最先，儒列最后，则周孔学已屈在庄老道家言之下。此实已见道统尊于政统之意向，盖其时视庄老为得道统之正，而周孔则似居政统之列。唐代兼崇道、佛，佛教东来，本有"沙门不拜王者"之说，唐代帝王则奉僧侣为国师，帝王转拜沙门。太学所讲虽是儒学，然儒属政，佛属道，儒不如佛已成一时公见。唐人考试，本分经义与诗赋两项，然明经出身远不如进士。进士考诗赋，则时人之视诗文学亦犹占儒学之上。唐人又崇老子，与汉人不同。汉人崇黄老，其着眼点在政治。魏晋以下崇庄老玄学，其着眼点不在政治，纯在玄学论道，其价值乃超出儒家周孔经学崇政之上。唐人承此意而来。是则此一时期已成为道统高出政统之时期。道、释出世法被视为乃道统所在。周孔经学乃入世法，仅当领导政治，不能为人生作领导。故其时僧人道士皆得称师，而儒家转不敢自称师。韩愈在太学掌教，则仅是一学官。乃为《师说》，挺身以师道自任，曰："师者所以传道、授业、解惑。"然韩愈亦仅为一古文师。其自称："好古之文，乃好古之道。"斯则韩愈亦未脱当时人重视《文选》之意见，乃提倡古文，仍欲导人由文入道。又为《原道篇》，竭论道在周孔，不在老释。此论乃上承旧传，下开宋元理学之先声。要之，唐人群认老释始是道，文、儒则皆出其下。考试以文为准，学校以儒为教，此则皆在政统一边，而政统则居道统下。故韩愈之论，实际终不得大行于世。此其三。

宋代理学家兴起，乃重尊孔孟道统。老释不言政事，政统屈居道统下，相互间事可无争；孔孟论道亦兼论政，果将以学术领导政治，则两者间终不免有争。北宋曾禁洛学，南宋亦禁朱学。阳明在明代，亦屡受政府压制。而东林则在政府间掀起大争端。清代压抑学人更甚，学者竞逃入故纸堆中，其治经仅为考古，不敢侵议政事。然而道统高出政统已成社会公见，清廷亦无奈之何。朱子在南宋，亲受伪学之禁。而在清代，则备受朝廷崇奉。学者乃以训诂考据反朱，其意端

一一　中国教育制度与教育思想

在反朝廷科举之功令。以历史大趋势言，在野讲学，其势力常超过政府所提倡，而政府亦不得不屈意以从。先秦诸子尤其著例。两汉博士今文经学，终为民间古文经学所替代。唐代考试重《文选》，韩柳古文运动亦崛起代之。清廷以理学家四书义取士，终不敌在野之汉学。此皆其荦荦大者。然则就中国文化史言，学术教育命脉，常在下，不在上。此其四。

惟中国历史传统，虽上下皆知重教育，乃从未有坚稳之学校基础。大率言之，尤其在社会之下层，除却地方乡里小学外，可称为有师长，有学徒，而可无学校。学徒亦多属成年人。主要乃在有大师之讲学。有其师，则四方学徒响应雾集。主要在获得一项为学方针，归而自学。师道殒落，则学亦中绝。此其五。

以上罗举数项特征，若问其所以然，则在此等特征之背后，正可见中国民族性、中国文化传统，乃及中国历史大趋势，具有一番精神力量，有以使然。其间自不能无长短得失。然今日从事新教育者，则于此诸项，不能不知，庶可释回增美，使当前之新教育，不至与自己国家民族文化传统历史大趋势脱节，或甚至于违背乖离。此则今日从事教育事业者，所当共同勉力以赴。

九

今再续述教育思想。全部中国思想史，亦可谓即是一部教育思想史。至少一切思想之主脑，或重心，或其出发点与归宿点，则必然在教育。中国一切教育思想，又可一言蔽之，曰："在教人如何做人。"即所谓做人的道理。如儒、如墨、如道，何尝不是都讲的做人道理。即从政做官，亦只是做人道理中之一枝一节。因此中国人看学术则必然在政治之上。亦绝不看重如西方般纯思想之思想，而必求思想与行为之相辅并进，与相得益彰。一切思想，必从人生实际行为中产生，亦必从人生实际行为中证实与发挥，最后亦必以实际人生为归宿。故中国传统思想，则必带有教育成分。中国一思想家，同时必是一教育家。中国人看重一思想家，不仅是看重其思想与著作，同时必看重其人，看重其实际人生中之一切行为。故凡属一大思想家，则必然同时成为一大师。后人读其书，必知师其人。此所谓能自得师，尚友古人。若把其思想从实际人生中抽离，即不成为思想。

此不仅儒家为然，即墨家、道家亦无不然。孔子在教人做一儒，墨翟在教人做一墨，庄周老聃在教人做一道，更要在以身作则。其他如陈仲子、许行，莫不皆然。其人之全部生活，即其人之全部思想之真实表现与其真实发挥。故各家相异不仅在思想上，更要乃在其实际做人上。故在中国，乃素无"思想家"一名称，仅称为一家派之大师。今人乃群目孔子老子诸人为思想家，若将思想与实际人生分离，则已失却其为学立说之主要精神之所在。若又称此诸人为"哲学家"，则相离更远。于是中国思想上一种最重大的教育精神，乃黯晦而不彰。

故在中国思想之后面，必有一番全部的活人生在内。如欲研究中国思想，不仅当把此思想家之为人即其真实人生加进，又必把学者自己人生加进，乃始可以有真体会，真认识。如孔子言"仁"，今人群认为是孔子思想之最要中心。然孔子告颜子则曰："克己复礼为仁。"此乃一种人生实际行为之指导，非如今人所谓乃是哲学上一特殊名词、特殊观念之界说。换言之，此乃孔子教颜子如何学做一仁人，而非指导颜子在"仁"的观念或"仁"的哲学上如何作思考与研究。颜渊请问其目，孔子告之曰："非礼勿视，非礼勿听，非礼勿言，非礼勿动。"此是教以行，非是教以知。有真行乃使有真知。非如一番哲学，可由逻辑辨证种种思考方法推演而得。道不远人，为人之道，即各在其当人之身。非礼勿视、勿听、勿言、勿动，此道即近在颜子身上。孔子之教颜子，只教其即以己身自治其身。力行有得，境界自到。此乃孔门之所谓"道"。孔子答其他弟子问仁，亦如此例。一部《论语》，全要如此读。开首即云："学而时习之，不亦说乎？"学而时习，即应是读者己身之道。只要身体力行，如人饮水，冷暖自知。今乃只用孔子思想体系、哲学观点等新名词新目标来研读《论语》，把读者自身搁放一边，则孔子精神岂所易得。至少是隔了一层厚膜，难于通透。要之，《论语》一书，竟体是一种教育思想。读其书，当如听孔子之耳提面命，乃为真切。

读《墨子》，便该知墨子如何教人"兼爱"。读《老子》，自该知老子如何教人"慈",教人"俭",教人"不敢为天下先"。当求自己如何来学得此三宝。读《孟子》,便该懂得如何"动心忍性"。读《庄子》,便该懂得如何以"逍遥游"的胸襟来处"人间世"。此等皆是诸家之所谓"道",莫不有一番人生实际工夫,亦莫不有一番教育精神寄放在内。故读者亦须把自身放入,乃可由此有得。苟有得,其自身即为一得道之人,乃可本其所得转以教人。师道从人道中来,师道不熄,人道亦不熄。中国传统文化之所以能悠久广大,日常日新,所系在此。今人自好以新观念衡评旧传统,于是孔、墨、庄、老皆成为如西方般一思想家与哲学家,而今天的我们则自有另一套教育上的新思想与新方法来领导后进。如此则中国三四千年来之文化积业,岂不将随而消失不复持续。此是一大问题,值得我们之警惕与研讨。

先秦诸子外,试举隋唐禅宗、宋明理学为例。相传达摩东来,只是面壁。一日,一僧慧可去看达摩,问如何得心安。达摩说:"将心来,与汝安。"慧可言下有悟,遂开此下数百年之禅宗。西来佛教之天下,一转而成为中国禅宗之天下。其实达摩之教,亦是即以其人之道还治其人之身。慧可反身一问己心,因而大彻大悟。此一番现前真实教训,正与中国传统教育精神有合。在佛门中禅宗大行,决非无故而然。此下禅宗祖师们,都只是一言半句,教人摸不到边际,而终于使人悟得大道。纵说禅道仍是旨在出世,与儒、墨、道诸家之道有不同;但其具有同一教育精神与教育方法,则无大相异。

宋明理学家，虽是力斥禅学，但双方之教育精神与教育方法，亦显见有极相似处。程明道、伊川兄弟，幼年从游于周濂溪，濂溪教以"寻孔颜乐处"。只此五字，便下开伊洛理学门户。明道尝言："自闻濂溪语，当夜吟风弄月而归，有'吾与点也'之意。"此亦似一种禅机。人生真理，本是俯拾即是，反身便见。由此体入，自可有无限转进。

一〇

本于上述，若我们用此一眼光来看中国全部思想史，可见其上下古今，自有一大条贯。此一条贯，即是"教育"。教育与宗教不同。宗教固亦在教人做人，但宗教先重"起信"，教育则重"开悟"。"信"在外面，"悟"在己心。教人做人，亦分内外两面。知识技能在外，心情德性在内。做人条件，内部的心情德性，更重要过外面的知识技能。孔子以六艺设教，但所重更在教仁、教恕、教乐、教不愠。风月在外面，吟弄则须在自己心情上。外面尽有好风月，己心不能吟弄，即不归入人生境界。《大学》八条目，格物、致知、诚意、正心、修身、齐家、治国、平天下，身家国天下，皆是实际人生，但皆在外面。格致诚正在内面，更实际。修齐治平，须种种知识技能；但无内面一番心情，则外面种种知识技能皆将运用不得其所。小学教洒扫应对，是外面事，但亦要从外面事情透悟到内面心情上。小学是由外以入内，大学则由内以及外。内圣外王,本末精粗,一以贯之。中国人教育思想之后面,乃有一套人生大真理存在。此处不拟深入细讲。

但不妨略一粗说。教育重在教人,但尤重在教其人之能自得师。最高的教育理想,不专在教其人之所不知不能,更要乃在教其人之本所知、本所能。外面别人所教,乃是我自己内部心情德性上所本有本能。如是则教者固可贵,而受教者亦同等可贵。教者与受教者,自始即在人生同一水平上,同一境界中。此是中国教育思想上最主要纲领。此种所谓教,则只是一种"指点",又称"点化"。孟子曰:"如时雨化之。"一经时雨之降,那泥土中本所自有之肥料养分,便自化了。朱公掞见明道于汝州,归谓人曰:"某在春风中坐了一月。"花草万木,本各有生,经春风吹拂,生意便蓬勃。此番生意,则只在花草万木之本身。在春风中坐,只是说在己心中不断有生机生意。中国人称教育,常曰"春风化雨",所要讲究者,亦即春风化雨中之此身。

故《中庸》乃特地提出一"育"字,曰:"万物育焉。"又曰:"万物并育而不相害,道并行而不相悖。"又提出一"化"字,曰:"小德川流,大德敦化。"一切人事皆须有外面之教,而人生之内在则必须有育。故《易》曰:"果行育德。"天地功能则曰"化育"。化则由外向内,育则由内向外。育即是一种内在生命之各自成长。只在外面加以一启发,加以一方便。故又曰:"十年树木,百年树人。"培育人类内在生命之成长,乃用百年长时期作一单位来计算,不如树木之短期十年可冀。中国教大理想在此，文化大精神亦在此。

——

由此连带引伸，可以说中国教育特所注重，乃一种"全人教育"。所谓全人教育，乃指其人之内在全部生命言。贯彻此内在全部生命而为之中心作主宰者，乃其人之心情德性。因此中国教育，比较上常忽视了一种偏才教育。人各有才，因才成学，各有其用；但不免各有其偏，不能相通。其相通处，乃在其人本身之外，而不限在其人本身之内。自外面人事言，虽亦相通；自内部人生言，则一切知识才艺，固是各不相通。故孔门四科，德行为首，言语、政事、文学皆其次。因人生相通惟在其德行上。言语、政事、文学皆属人事方面，则各自分别，不易相通。故孔子虽以六艺教，而曰："志于道，据于德，依于仁，游于艺。"其教人终以道德为重，才艺为轻，显然可见。其告子夏，曰："汝为君子儒，无为小人儒。"子夏长文学，终是落在一偏，故孔子勉其自务于广大。樊迟请学稼，又欲学为圃，孔子称之曰"小人"。因其亦是志于一偏。凡属知识技艺，则终必偏至。惟人之所以为人，为其全生命之主宰与中心，属于心情德性方面者，则贵于得"大全"，贵于能"相通"，尤为人类所以贵有教育之最大宗本所在。孔子此一教育宗旨，后世莫能违，成为中国教育史上一大趋向。

孔子又说："有教无类。"古今中外所有教育，皆可各别分类。孔子以前有贵族教育，魏晋南北朝、隋唐有门第教育与寺院教育，此皆有类可分。有类斯有囿，先自加一圈子，把范围缩小了，不能遍及全人群，又不能遍及人之全生命。又如各种专门性的知识技能，在汉、唐时代，亦有律法、天算、礼乐、医药、书画各种专门教育，古者谓之"畴人""畴官"。"畴"即是类。各以专业，或父子相传，或师弟子相授，成为世袭，此谓"畴人之学"。皆各以其学备世用，然与各人内在生命成长之教育有不同。中国人乃向不之与全人教育相等视。专门教育惟以教事，全人教育乃以教人。所谓畴人，乃是人各因其所学而分畴分类，则不惟道术将为天下裂，而人自相别为类，亦已四分而五裂。此决非人类教育最高理想所在，亦可知。

其他如宗教，虽亦是教人，非教事；然信佛，便不能信道。同教中又各分宗派，相互生活各有隔阂。惟堪出世，不堪为人世大公之教。今日世界各宗教，岂不便是把世界人类分裂一好例。近代有国民教育，则是教人以一种狭义的国家民族观，亦将把人类各自分歧。又称公民教育，乃教导其各为一国家之公民而止。在共产主义下，则惟有阶级教育，所教必限于无产阶级。又有职业教育，此乃一种市场教育，乃生活所需，非生命所在。凡此种种，皆是"有类"之教。其教有类，乃使人各分类。此等教育，虽各应一时一地之需，然终将为全人类横添障壁。

孔子教育理想，则是一种"人"的教育，"全人"的教育，

一一　中国教育制度与教育思想

可包括上列诸项教育在内，而必超出此诸项教育之上。孔子教育宗旨，乃为"全人类"，为全人类中每一人之全生命。一部《论语》，无国别，无民族别，无老无幼，无各业专家，无各宗教信徒，皆可阅读研寻，从此能自得师而完成其生命之全体。亦使人类生命获得融凝，相与合成一大生命。中国人奉孔子为至圣先师，此中实有一番大真理。中国文化之可贵乃在此。

今日世界棣通，文化交流，各种教育制度日新月异，纷歧杂出。中国原所自有之教育思想与教育制度，其将一切弃置，不理不问乎？其将仅为治史者钩沉稽古，作为一套博闻之资乎？其亦可以通其意而求其变，去腐生新，以参加进现代潮流，而重获其发扬光大之机乎？特略述梗概，以供国人之参考。

（一九六八年四月政治大学教育研究所讲演，一九七〇年摘要成篇，载《中华文化复兴月刊》三卷四、五两期）

一二　中国历史上之考试制度

一

孙中山先生的五权宪法里，特设"考试"一权，其用意在如何选拔贤能，以补选举之不足。西方选举制度，只在选举人方面加以限制。在美国，曾有一博学的大学教授与一汽车夫竞选，而失败了。选举原意，在如何获取理想人才，俾可充分代表民意。单凭群众选举，未必果能尽得贤能。故中山先生主张，被选举人亦该有一限制，遂以考试补选举制度之不足。他说："一切公职候选人，都该先受国家公开考试，获取其竞选之资格。"此层用意，却正与中国历史传统恰相吻合。中国历史上之考试制度，本从选举制度演变而来，其用意本在弥补选举制度之不足。故唐杜佑《通典》，考试制度即归"选举"项下叙述。今天我们要讲中国历史上之考试制度，仍该从选举制度说起。

中国史上很早便有选举制，远从西汉时起。那时的选举，大概可分为三类：

一、定期选举。
二、不定期选举。
三、临时选举。

选举用意，即在希望全国各地人才，都能有机会参加政府。中国传统政治理论，重责任，不重主权。在理论上，主要的不是政府主权之谁属，而是政府究该负何种责任。既望政府负责，自该选贤与能，需要全国各地人才参加，才能切实负起理想上政府的重大职责。故汉代选举第一项目是"贤良"，以近代话说，即是杰出人才。此项选举，并无定期，每逢新天子接位，或遇天变，或逢大庆典，随时由政府下诏，嘱政府各部内外长官，各就所知，列名推荐。被选人不论已仕未仕，膺举后，政府就政治大节目发问；被举贤良，各就所问，直抒己见；是谓"贤良对策"。政府就其对策，甄拔录用。其次举"孝廉"，孝子廉吏，重德行，不重才能。政府用人德才并重，然贤良乃政府所需求，孝廉则寓有提倡奖励之意。当时社会风气，重视贤良，竞愿膺选。对孝廉，则颇加鄙薄。武帝时下诏切责，谓郡国长吏，在其治区，乃竟无孝子廉吏可应国家选举，可证其职责之未尽，遂下令议不举者罪。自后郡国遂按年察举孝廉，成为故事。于是贤良为不定期选，而孝廉则成为一种定期选举。此外复因政府临时需要特殊人才，如出使绝域，通习水利，能治水灾等。大体西汉选举，主要不出此三类。

汉代仕途，大体都从郎署转出。郎署是皇宫中侍卫集团。郡国举人，多半先进郎署，自后再转入仕途。汉代郡国一百余，若按年察举一孝子，一廉吏，即每年有被选人二百以上进入郎署。那时郎署无定员，总数大约不会超出三千人；如是则不到二十年，郎署充斥，即已无余额。政府用人既先从郎署选拔，郎署人多，即不再须外求，于是贤良及奇才异能各项不定期选与临时选自会逐渐稀疏，只有按年定期选举即孝廉一项，遂成为汉代入仕唯一之途径。此项演变，则须到东汉时始确立。

汉武帝时，又新定太学制度，设立五经博士，郡国俊才年在十八岁以上，均得送太学为博士弟子。一年以上，即得考试。甲科为郎，乙科仍回原郡国为吏。吏治有成绩，仍得按年有被举希望，以孝廉名义再入郎署。故汉代仕途，首先当受国家教育；毕业后，转入地方政府服务；凭其实际成绩之表现，乃始得被选举资格。

惟汉代选举，与今日西方选举制度不同者，在西方为民选，而在汉代则为官选。地方长官固须采酌社会舆论、乡土物望，然选举实权则掌握在地方长官手中，此一节为中西选举重要之不同点。然在中国传统政治理论下，亦自有其立场。政府既在为民众负责，而实际参加政府之人员又全为国内各地所选拔之人才，则政府与民众早成一体，政府即由社会民众所组成；政民一体，而非政民对立。在理论上言，不能谓一行作吏，其人便不可靠。官选民选，手续不同，其用意在获取贤才，并无异致。中国乃一广大之农村国，直接由民众选举，在当时有种种不便。授其权于各地之长官，由其参酌舆情，推荐贤才。若选举徇私不称职，政府自有纠劾。政府既由民众组成，政府与民众同属一体，如何谓民众决然是，政府决然非？民选则一定可靠，官选则一定不可靠？在野者便可信任，在朝的便不可信任？故就中国传统政治理论言，汉代之官选，也自有其未可厚非处。

惟汉代郡国选举，到东汉时究已成为唯一入仕之正途，奔竞者多，流弊自不免；于是政府乃不得不逐步加上了限制。最先是限额，每一郡国户口满二十万以上者得察举孝廉一名，四十万以上者二名，百万以上者五名，不满二十万者两年一名。稍后又有限年之制，非到规定年龄者，不得膺选。又后复加以一度之考试，以检核被选举人之相当学养。如是，则"孝廉"二字，遂完全成为当时一种获得参政资格之名号，与原来奖励孝子廉吏之意义不复相应。

以上是汉代选举制度之大概，而考试制度亦相随成立：如贤良对策、如太学生考试、如孝廉膺选后之吏部考试皆是。惟此种考试，皆仅为选举制度中一种附带之项目。关于孝廉被选人应受政府考试一节，乃当时尚书左雄所创定。先后反对者甚众。然左雄终因坚持此项新制，而见称为录得真才。此制遂终于沿袭，不受反对而废弃。

二

汉末之乱，地方与中央失却联系，交通既不方便，而许多地方亦并无施政之实际权力，选举制度遂告崩溃。政府用人，漫无标准。陈群为曹操吏部尚书，遂定"九品中正"制，以为两汉乡举里选制之代替。此制备受后代人责备，然就创立此制之原意言，则亦有苦心，并亦有相当之实效。所谓九品中正制，实际是一种人才之调查与评核。先就中央政府官长中有德望者，分区任命一中正。又在大中正下分设小中正。中正之责，即在就其所知本乡人才，登列簿册，册分九等：上上、上中、上下、中上、中中、中下、下上、下中、下下，不论已仕未仕人，都可列入，送吏部凭册任用。此制与汉代选举不同之点：

第一，是汉代选举，其权操于郡国之长官；九品中正则由中央官兼任。

此因当时四方荒乱，人才都流亡集中于中央政府之附近，地方长官不克行使选举职权，故暂以中央官代替。

第二，则汉代选举，只举未入仕者；而九品中正之名册，则不论已仕未仕，全部列入。

此亦别有用心。因当时用人无标准，尤其是军队中，各长官都任用亲私。此刻吏部只凭中正人才簿，名列下等者，就其本乡舆论，可以按名淘汰，改授新人。曹魏因此制度，而用人渐上轨道。

惟此制本为一种乱世变通权宜的办法，一到西晋，全国统一，各地方政权均已恢复，而九品中正制依然推行，则流弊自所难免。

第一，是全国各地人才，多必奔凑中央，广事交游，博取名誉，希望得中正好评。如此则失却汉代安心在地方政府下恳切服务之笃实精神。

第二，九品簿不论已仕未仕，一概登列；亦有未经实际政治磨练之名士，品第在上中高级，彼即存心一跃便登高位，不愿再从下级实际政治上历练，如此更易长其浮竞虚华之风气。

第三，汉代用人选举与铨叙分别，选举仅为入仕之途，必待其正式入仕后，再凭实际政绩，由政府铨叙升黜。九品制则全凭中正名册。此项册籍，每三年改换一次，名誉佳者升，名誉劣者降，吏部凭之迁黜。如此则人人都骛于外面虚誉，在其职位上服务成绩实际甚差，而转得美名，品题升迁。而埋首服务，实际政绩虽佳，因不为中正所知，而反成降黜。如此之类，在所不免。因此魏晋以下人，全务清谈虚名，不能像汉代吏治风尚厚重笃实，此制实大有关系。至于中正而不中正，此乃人事，不关制度，可不详论。

就上所述，可见每一制度，断不能十全十美，可以长久推行而无弊。每一制度，亦必与其他制度相配合，始能发挥出此制度本身之功效。九品中正制之创始，用意并不差。而其时门第势力已成，六朝以来，此制遂转成为门第势力之护符。虽多经反对，终未能彻底改革。其时人才政风之不如西汉，此制实有影响。

三

隋唐统一，将此制完全废弃。当时亦有主张恢复汉代乡举里选，仍将察举权交付于各地行政首长者。然在汉代，此制已有流弊。地方长官选举不实，权门请托，营私滥举，因而选举之后不得不再加以政府一番考试检核。则何如径废长官察举一手续，完全公开，由各地人民自量智能，自由呈报，径由政府考试录用？此为中国史上正式由选举制转入考试制之由来。我们若认汉代为中国历史上考试制度之先行时期，则隋唐是中国历史上考试制度之确立时期。汉代是选举而附带以考试，隋唐则完全由考试来代替了选举。

但唐代用人，亦并不全凭考试，仍有学校出身一项。然学校按年受业，年满即无不毕业而去。考试是公开竞选，亦可有永远应考而不获中选者。因此社会重视考试，不重视学校。人才竞求于考试中露头角，于是学校制度渐渐不为人才所趋向。唐代考试，又分两步：先由礼部主考，录取后未能即登仕途，须再经吏部试，才始正式录用。考试既在获取人才，则自难专凭一日之短长，因此唐代考试极为宽放。应试人到中央，往往各带其平日诗文著作，先期晋谒中央长官中之负有学术文章大名为当时所重者，如韩昌黎之流。此项著作，名为"公卷"。若果才华出众，中央长官中之学术名流先为揄扬，则到考试发榜定可录取。

唐代考试，主取知名之士。亦有主考人自守谦抑，认为对此届考试，应考人平日学问文章造诣所知不详，可以托人代为拟榜。唐代名此为"通榜"。最有名的，如袁尹应举，主考人杜黄裳恳拟榜第，袁尹即自列为第一名状元；一时推服，传为嘉话。当知国家考试，本为求取人才。服务政府之官长，如确知应考人中有杰出之士，先为延誉，并非即是营私通关节。主考官苟自问对学术界新进人士所知不熟，托人代定榜第，亦并非即是颟顸不负责。中国传统政治，另有一番道德精神为之维系主持，种种制度，全从其背后之某种精神而出发，而成立。政府因有求取人才之一段真精神，才始有选举制度与考试制度之出现与确立。若政府根本无此精神，则何从有此制度？

西方近代民主政治之起源，正因当时政府并不注意民情，一意征敛，民众遂要求政府许纳税人推举代表，审查预算，通过税额，再覆核其决算；如是推演而成今日彼方之所谓"政党政治"。中国政府，则自汉以来，即注意在全国各地求取人才，共同参政。而且整个政府，即由此辈求取的人才所组织。除却皇帝外，政府中人，自宰相以下，全由各地选举考试而来。

所以唐代有人说，礼部侍郎权重于宰相。因宰相亦必经国家公开考试录取，然后得历级迁升，做成宰相。而考试权则掌在礼部侍郎手里，非经礼部侍郎之手，绝进不得仕途，做不成宰相。这岂不是礼部侍郎权重过了宰相吗？若不明白中国这一番传统精神，而空论其制度，则断不能明白得此各项制度之真相真意义所在。同样道理，我们若没有西方人那番精神，而凭空抄袭他们的制度，亦决不能同样获得他们那种制度之成效。

唐代考试主要偏重诗赋，此层亦有种种因缘。最先亦如汉代对策般，就现实政治上大纲大节发问。但政治问题有范围，按年考试，应举人可以揣摩准备，说来说去那几句话，不易辨优劣高下。诗赋出题无尽，工拙易见，虽则风花雪月，不仅可窥其吐属之深浅，亦可测其胸襟之高卑。朱庆餘上张水部诗："洞房昨夜停红烛，待晓堂前拜舅姑。妆罢低声问夫婿，画眉深浅入时无？"此是当时谒举送公卷，乞人评定，附上的一首小诗。但设想何其风流，措辞何其高洁！诗赋在当时不失为一项最好的智力测验与心理测验的标准。

唐代科举最要者有两科：一是进士科，以诗赋为主。一是明经科，则考经义。但所考只是帖经墨义。"帖经"是把经文帖去几字，令其填补。"墨义"是就经文上下句或注疏中语出题，令其回答。此亦是测验之一种。但专习一经，字数有限，几年即可成诵，亦不易辨高下，定人才。大抵唐代考进士，旨在求取真才。考明经，则旨在奖励人读经书。进士如汉代之贤良，明经如汉代之孝廉。唐代社会重视进士，进士科遂为人才所趋，明经则为人卑视。人才既群趋进士科，自然政府也只有重用进士。因于此项制度之继续推行，而社会好尚都集中到诗赋声律，所谓："《文选》熟，秀才足。《文选》烂，秀才半。"此系事势所趋，并非政府有意用此无用之诗赋文艺来浪费人精力，埋没人才。后人不解，自生曲说。此与当时推行此制度之原意，并不相干。

但唐代的考试制度，也不免有流弊。在汉代先经国立大学一番教育，再经地方服务之练习成绩，经察举后再加以考试；求取人才，凡分三项步骤。唐代则专凭考试一项，自不如汉人之精详。惟唐代初期，大门第势力方盛，子弟在大门第中养育成长，既经家庭严肃之礼教，如"柳氏家训"之类，又有政治上之常识，如南朝所传"王氏青箱"之例；由此辈青年参加考试，易于成材。考试制度仅是一种选拔人才之制度，而非培养人才之制度。自经此项制度推行日久，平民社会，穷苦子弟，栖身僧寺，十年寒窗，也可跃登上第。渐渐门第衰落，整个政府转移到平民社会手里。但此等平民，在先并未有家庭传统之礼教，亦更无政治上之常识，一旦仅凭诗赋声律崛起从政，第一是政事不谙练，第二是品德无根柢，于是"进士轻薄"遂成为当时所诟病。当知在门第教育下，附加以一种考试，故见考试之利。现在门第衰落，更无教育培养，仅凭考试选拔，则何从选拔得真才？可见仅凭某一项制度，少却其他制度之配合联系，该项制度亦难有大效。

又该项制度推行日久，报名竞选的愈来愈多，而录取名额有限，授官得禄的更有限。造成应试的百倍于录取的，录取的又十倍于入仕的。于是奔竞之风愈演愈烈，结党分朋，各树门户，遂有唐代牛、李之党争。当时党争背景，便因于政治公开，引起了社会的政治热，于是转向人事派系上求出路。李德裕是代表门第势力之一人，他竭力反对应举，又主张政府该用门第子弟，不该专取轻薄无根柢的进士。在他当时此项议论，亦不能说他不针对着时弊。但考试制度，究竟是开放政权，为群情所向，门第势力终于要经此制度之打击而崩溃。李德裕自己是贵胄子弟，他个人虽才力出众，在政治上确有建树，但哪能因制度之流弊，而就把此制度根本推翻呢？

唐代与考试制度相辅而行的，尚有一种官吏的考绩法，此在汉代谓之"考课"，到唐代谓之"考功"，此即以后之所谓"铨叙"。唐代由门第来培养人才，由考试来选拔人才，再有考功制度来登用人才。凡经考试及格录用的人才，均有一种客观的考功制度来凭其功绩升迁降黜。此项制度，由汉至唐，发展到极精详，运用到极高明。这是唐代政治上一大美迹。迨及门第衰落，人才无培养之地，而士人充斥，分朋立党，考课亦难严格推行。于是单凭考试，既选拔不到真才，又不能好好安排运用；在外是军阀剥据，在内是朋党争权，人才是进士轻薄，担当不了实际大责任，唐代终于在如此形势下没落。

四

五代十国，是中国史上最黑暗的时期。那时则几乎只有骄兵悍卒，跋扈的将帅。连轻薄的进士，也如凤毛麟角。天地闭，贤人隐。那时急得在和尚寺里出家的高僧们，也回头推崇韩昌黎，改心翻读修身、齐家、治国、平天下的儒家经典。社会私家书院也在唐末五代时兴起。宋初开国，一面是"杯酒释兵权"，解除军人干政恶习。一面极端奖励考试制度，重用文臣，提倡学风。那时进士登第，即便释褐，立得美仕。状元及第，荣极一时。经由国家之提倡，五六十年之后，社会学术重兴，才始有像胡安定、范文正一辈人出世。范文正、胡安定都是在和尚寺、道士院中苦学出身。范从事政治，胡专心教育。苏州、湖州的讲学制度，后来由政府采纳，变成太学规制。范文正为副宰相，颇想彻底改革时政。一面是提倡兴建学校，从基本上培植人才；一面是严厉革除任荫法，好重新建立铨叙升黜之客观标准。一到王荆公当政，遂又进一步计划考试制度之改进。

科举规制之日趋严密，其事始于宋代。公卷风气已不复见，又有"糊名"法，杜绝请托，严防舞弊。于是尚法的意义胜于求贤。此亦风气所趋，不得不然。然考试制度之主要目的，本在求贤。究竟政府该如何从考试制度中获取真才呢？王荆公对此问题，主张改革考试内容，废去明经，专考进士。而进士科则废去诗赋，改考经义。在荆公之意，政治取人当重经术，不重文艺。自是正论。然当时反对派意见，亦有立场。大致谓诗赋、经义均是以言取人，贤否邪正同难遽辨，而诗赋工拙易见，经义难判高下。况以经术应举，反教天下以伪，欲尊经而转卑之。王荆公又自造《三经新义》为取士标准。此层更受人反对，谓其不当以一家私学掩盖先儒。大体中国传统意见，只能由在野的学术界来指导政治，不当由在朝的政府来支配学术。经术虽当尊，然定为官学，反滋流弊。汉代五经博士，渐成章句利禄之途，此乃前车之鉴。南北朝、隋唐学术分裂，社会尊信的是佛学，门第传袭的是礼教与政事。一到宋代，门第已衰，佛学亦转微，私家讲学代之而兴。王荆公主张复古制，兴学校，此似最为正见。然当时依然是私学盛，官学微。学校由政府主持，总之利不胜害。王安石当政，人人言经学；司马光当政，又人人言史学。学术可以与政治相合，却不当与利禄相合。政府当为学校之护法，却不当为学校之教主。荆公自信太深，昧于人情。至后蔡京当国，太学分舍，显然以利禄牢笼，于是范仲淹、王安石兴学精神到此终于一败涂地。幸有私人讲学，在社会下层主持正气。然朝廷则视之为伪学，加以抑制驱散。教育制度不能确立，则考试制度终是单枪匹马，功效有限。何况经义取士，亦未见必较诗赋为胜。即荆公亦自悔，谓："本欲变学究为秀才，不料使秀才转成学究。"学术败坏，人才衰竭，而北宋亦终于覆亡。

到南宋，考试制度，一仍旧贯。朱子曾慨言："朝廷若要恢复中原，须罢科举三十年。"然科举乃中国自唐以来政治制度中一条主要骨干，若无科举，政府用人凭何标准？朱子理论终难见之实际。却不料到元代，遂专以朱子四书义取士，此下明、清两代相沿不改。直到清末，前后七百年，朱子《四书集注》遂为中国家诵户习人人必读之书。其实朱子四书义，亦如王荆公《三经新义》，不外要重明经术。只荆公是当朝宰相，悬其学说为取士标准，遂为学术界所反对。朱子是一家私学，元、明以来只是崇敬先儒，此与荆公亲以宰相颁其手著之《三经新义》情势不同。此刻姑不论王、朱两家经义内容，只就政治学术分合利弊而言，则荆公《三经新义》势不可久，而朱子四书义则悬为政府功令垂七百年。此亦治国史者，所当注意之一大节目。一制度之确立，亦必体察人情。以学术与利禄相合，在人情上易于有弊。荆公本人亦是一大贤，只为不察此层，遂招当时之反对，并滋后世人之疑议。至考试内容，不当以经义为准，此层亦到明代而大著。

五

明、清两代考试内容，均重经义，而又以朱子一家言为准。因诗赋只论工拙，较近客观；经义要讲是非，是非转无标准，不得不择定一家言以为是非之准则。既择定了一家，则是者是，非者非，既是人人能讲，则录取标准又难定。于是于四书义中，演变出"八股文"。其实八股文犹如唐人之律诗。文字必有一定格律，乃可见技巧，乃可评工拙，乃可有客观取舍之标准。

此亦一种不得已。至于八股流害,晚明人早已痛切论之。顾亭林至谓:"八股之害,等于焚书,其败坏人才有甚于咸阳之坑。"然清代仍沿袭不改。但若谓政府有意用八股文来斲丧人才,此则系属晚清衰世如龚定庵等之过激偏言。治史贵能平心持论,深文周纳,于古人无所伤,而于当世学术人心,则流弊实大。若论经义祸始,应追溯到王荆公。然荆公用意实甚正大。即此一端,可见评论一项制度之利弊得失,求能公允,其事极难。而创制立法,更须谨慎。又贵后人随时纠补。制度既难十全十美,更不当长期泥守。此非有一番精力,不能贯注。否则三千年前出一周公,制礼作乐,后人尽可墨守,何须再有新的政治家?

明初开国,亦颇曾注意整顿学校,然终是官学衰,私学盛。私家讲学,自不免有时与政府相冲突。张居正为相,严苛压制,此乃张居正不识大体。此后东林讲学,激成党祸,人才凋落,国运亦尽。政府专伎考试取士,而与学校书院为敌,安得不败?然明代亦尚有较好之新制度,可与考试制度配合,即为进士入翰林制。明、清两代都从此制下培养出不少人才。学校培养人才,在应考之前。翰林院培养人才,则在应考及第之后。此制值得一追溯。

在中国历史上,政府常有一派学官(此"学官"二字,并非指如后代之教谕训导而言),专掌学术图籍,不问实际行政;而政府对此项学官,亦能尊重其自由之地位,仅从旁扶植,不直接干预。此在春秋时有史官。战国以下,私家讲学大兴,政府网罗在野学者，设博士官。秦代博士官，其实略如唐初之翰林院，杂流并汇，政府普加供养，并不搀入政府之态度与意见来抑此而伸彼。李斯焚书，始对博士官加以一番澄清淘汰。及汉武帝设立五经博士，政府对学术界之态度与意见更趋鲜明。

然中国政府本身与西方传统大有不同。西方近代一面有宗教超然于政治之外，其社会意识又常抱一种不信任政府时时欲加以监督之意态，此可谓之"契约性"的政权。中国则自来并无与政治对立之宗教，社会对政府又常抱一种尊崇心理，圣君贤相常为中国社会上一种普遍希望。因此中国政权，乃是"信托式"的，而非契约式的。与西方社会传统意态大异。政府既接受了社会此种好意，亦必常站在自己谦抑地位，尊师重道，看重社会学术自由。政府所主持者乃制度，非学术。制度必尊重学术意见，而非学术随制度迁转。若政府掌握了学术是非之最高权衡，则在中国社会中，更无一项可与政府职权相抗衡之力量；此种趋势，必滋甚大之流弊。因此政府对学术界，最好能常抱一种中立之态度，一任民间自由发展，否则必遭社会之反抗。此种反抗，实有其维系世道最重要之作用。

汉武帝时代之五经博士，即是政府对学术表示非中立态度之措施。不久即生反动。汉儒经学有所谓"今古文之争"。今文即是政府官学，古文则为民间私学。其实今文经学未必全不是，古文经学未必全是。然而东汉末年朝廷所设十四博士之今文经学，几乎全部失传；而郑康成遂以民间私学，古文学派，成为孔子以后之第一大儒。魏晋南北朝，佛学入中国，宗教与政府相对立，政府所主持者仍是制度，学术最高权威则落入僧寺。唐人考试尚诗赋，诗赋仅论声律工拙，在学术上依然是一种中立性的，并不表示政府对学术是非之从违。宋代王荆公改以经义取士，则显然又要由政府来主持学术，走上中国历史卑政尊学趋向之大逆流；而翕然为社会推敬者，依然是程朱私学，朱子遂成为郑康成以下之第一大儒。及元明以朱子四书义取士，阳明讲《大学》根据古本，即与朱义对立。此后清代两百六十年考据之学，无非与朝廷功令尊宋尊朱相抗。然四书义演成八股，则经术其名，时艺其实；朝廷取士标准，依然在文艺，不在义理；仍不失为是一种中立性的。此就考试项目言。

至论学官，则魏晋南北朝、隋唐皆有。大体如文学编纂、图籍校理之类。政府只设立闲职，对学人加以供养，恣其优游，不限以涂辙，不绳其趣诣。唐代有翰林院，最先只是艺能杂流，内廷供奉。此后遂变成专掌内命，一时有"内相"之号。宋代翰林学士掌制诰，侍从备顾问。又有经筵官，则为帝王师傅。又有所谓"馆阁清选"，亦称"馆职"。此皆在我所称之为学官之列。大抵集古今图书，优其廪，不责以吏事；政府借此储才养望，为培植后起政治人才打算。明代之翰林院，连史官、经筵官均并入，又有詹事府，主教导太子，与翰林院侍讲、侍读同为王室之导师。翰林责任，大体如修书视草，议礼制乐，

一二 中国历史上之考试制度

备顾问，论荐人才；都是清职，并不有实权负实责。明代始规定进士一甲及第入翰林，二甲、三甲为庶吉士，亦隶翰林院，须受翰林前辈之教习。学成，再正式转入翰林院。其他亦得美擢。清代沿袭此制，用意在使进士及第者，得一回翔蓄势之余地，使之接近政府，而不实际负政治责任。使之从容问学，而亦无一定之绳尺与规律。明清两代，在此制度下出了许多名臣大儒，或为国家重用，或偏向学术上努力。即如曾国藩，初成进士，其时殆仅通时艺。看其家书报道，可以想见其为进士在京师时，一段如何进修成学之经过。此种环境与空气，皆由翰林院与庶吉士制度中酿出。

汉代是先经地方政府历练，再加以察举。唐代是礼部试及第后，颇多就地方官辟署，必待吏部试再及第，始获正式入仕。大抵汉唐两代，都有实际政事历练，与考试制度相副。宋代以下进士，在先未有政治历练，一及第即释褐，失却汉唐美意。故明清两代有此补救。若使明清两代仅仗科举，更无翰、詹为养才之地，则八股时艺如何能得真才？而更须注意者，明清两代之翰林院，仍系中立性的；并不似汉代博士，限于学术功令。考试只是遴才，翰林进士只在养才；政府职权仍在制度一边，并未侵犯学术之内容。此层为查考中国史上考试制度演变中一绝应注意之节目，故在此稍详申说。

考试制度演变到清代，愈趋严密。自宋以来，秋试在八月，春试在二月，元明沿袭未改。万历时，曾有人主张，春试改三月，原因是二月重裘，易于怀挟。当时经人驳斥，终未改期。

但到清代，真改春试在三月了。一说是天暖不须呵冻，但另一因，却是人穿单袂，可无怀挟。其他如截角、登蓝榜、弥封、编号、朱卷、誊录、锁院，出题、阅卷种种关防，全像在防奸，不像在求贤。清初几次科场案，大批骈戮，大批充军，更是史所未有。而到中叶以后，进士入翰林，专重小楷，更属无聊。道光以下，提倡废八股废考试的呼声，屡起不绝。此一制度绝对须变，自无疑问。然此一制度，究竟自唐以下一千年来，成为中国政治社会一条主要骨干。其主要意义可分三项陈述：

一是用客观标准，挑选人才，使之参预政治。中国因此制度，政府乃经由全国各地所选拔之贤才共同组织。此乃一种直接民权，乃一种由社会直接参加政府之权。与近代西方由政党操政，方法不同，其为开放政权则一。

二是消融社会阶级。因考试乃一种公开竞选，公平无偏滥。考试内容单纯，可不受私家经济限制。寒苦子弟，皆得有应考之可能。又考试内容，全国统一，有助于全国各地文化之融结。按年开科，不断新陈代谢。此一千年来，中国社会上再无固定之特殊阶级出现，此制度预有大效。

三是促进政治统一。自汉以来直到清末，无论选举考试，永远采取分区定额制度，使全国各地优秀人才，永远得平均参加政府。自宋代规定三岁一贡以来，直到清末，每历三年，必有大批应举人，远从全国各地，一度集向中央；全国各地人才，都得有一次之大集合。不仅政府与社会常得声气相通，即全国各区域，东北至西南，西北至东南，皆得有一种相接触相融洽之机会。不仅于政治上增添其向心力，更于文化上增添其调协力。而边区远陬，更易有观摩，有刺激，促进其文化学术追随向上之新活力。

即举此三端荦荦大者，已可见此制度之重要性。至其实施方面，因有种种缺点，种种流弊，自该随时变通。但清末却一意想变法，把此制度也连根拔去。民国以来，政府用人，便全无标准。人事奔竞，派系倾轧，结党营私，偏枯偏荣，种种病象，指不胜屈。不可说不是我们把历史看轻了，认为以前一切要不得，才聚九州铁铸成大错。考试制度之废弃，仅其一例。

六

西方人在十八世纪时，却看重中国考试制度。但他们自有他们的历史渊源，不可能把中国制度彻底抄袭。英国最先模仿中国考试制度，但只事务官须经考试，各部门行政首长则仍由政党提名。照理论言，海军应用海军人才，外交应用外交专长，都该经政府客观考试录用。但西方却只采用了中国考试制度之下半截。海军、外交各部之事务官，须经考试；其主持海军、外交各部行政首长，却不须考试，仍由政党提名。岂非在理论上像似讲不通？此正为政党政治乃西方历史渊源中自生自长的东西，若连此废了，势必发生政治上大摇动。此是政治元气，不可遏塞。任何一种外国制度，纵其法精意良，也只可在本国体制中酌量运用。西方人懂得此层，采取中国考试制度之一枝半截，成为他们今天的文官制。中国何尝不可也采取西方制度的一枝半截，把皇帝废了，再加上国会代表民意，而考试制度则依然保留。政府一切用人，仍该凭考试，只在内容上方法上再酌量改进。

但当时中国人意见不同，学西方便得全部学。其实如日本，又何尝是全部学了西方？他们依然还有一个万世一统尊严无上的皇帝，反而日本维新，早有富强实效。中国赶不上，回过头来主张，不仅政治制度要全改，连文化学术也该全改，甚至连文字最好也全改。日本还未废绝汉学，中国则主张改用罗马拼音。一面又盛赞西方，如英国之善用习惯法，却不许自己尊重自己习惯法。只有海关、邮政、电报各机关，因经由外国人主持，仍用考试制度，不致大扰乱。其他中国近代各机关一切用人，连像曹操、陈群时的九品中正制也没有。政治安得上轨道？而反肆意抨击中国传统政治之专制黑暗。于已往一切制度，漫不经心。政治无出路，回头来再打击历史学术文化，认为整个社会，均得从头彻底改造始得。结果造成今日共产主义对历史文化一笔抹杀、社会礼教一体推翻之狂妄风潮。

于此我们不得不推尊孙中山先生。只有他能高瞻远瞩，他的"五权宪法"，正也恰合于西方人采用中国制度半截的办法，他也想在中国自己传统制度下采用西方近代民主政治之一枝半截。但他的理论之精深博大，至今未为国人所注意，所了解。此层并不专限在考试制度之一项目上。若不明了孙先生五权宪法之精意所在，单单再来添进一考试制度，依然是要有名无实，难生大效。

中西考试制度，在方法上，复有一至要之歧点。西方考试只重专家，只如汉代辟召奇才异能之例。至于政治人才，则贵有通识，尤胜于其专长。此等人才，西方则在国会中培养。中国传统考试着重在通识，不在专长。中国科学不发达，考试制度亦预有关系。如在金元统治时期，异族君临，政权不开放，考试制度松弛，有名无实。但中国社会其他各专门学术技能，如医药、天算、水利、工程、艺术、制造诸项，反而有起色。此后中国考试制度，自应在录取专长方面，积极注意。然如何培植政治通才，此事依然重要。即如明清两代之翰林院制度，即在此方面颇著绩效。可见每一制度，其背后必有一段精神贯注，必有极深微的用心所在；哪里是随便抄袭，即能发生作用？

这里更有一种重要关键。我常说西方民主政治重选举，是偏于"人治"精神的；一切政制均可随大众意见而转移，政府须常常受民众监督，这非人治精神而何？中国传统政治，重考试制度，是偏于"法治"精神的；政府一切用人，全凭客观标准公开竞选，再凭客观标准按例铨叙，中国人想把整个政府纳入一种法度规范之内，如是则便可减轻人治分量。中山先生之五权宪法，及其"权""能"分职之理论，正是无意中走上了中国政治传统精神之老路。其实人治、法治，亦各有长短,各有得失。大抵小国宜人治,大国宜法治。即以英、美两国言,英国制度偏多人治意味,美国则偏多法治意味。今天中国人论政制,只高喊法治空口号,又心上终觉考试是中国土货,选举才是舶来新货,因此不免过分看轻了考试,过分看重了选举。政府虽有考试院,却尚未能深切发挥中山先生五权宪法中重视考试一权之内在精神。此等处,决非一枝一节,单凭一项制度来讨论,而不贯通到全部政制之整体精神者所能解决。

创制立法,应该通观全局。我们今天实有对政治理论再行细加探究讨论之必要。否则总是多方面采撷几许法条规章,临时拼凑,临时粉饰;将永远建不起一个规模,永远创不成一种制度。中国的考试制度,在历史上已绵历了一千年,若论其最早渊源,则已有两千年的演变。这自然应该遭受研究讨论将来中国新政治制度发展趋向的人的绝大注意了。

以上叙述考试制度之用意及其成效所在。但有不尽然者,每一制度则无不皆然。考试制度特其一例而已。中国古人言:"士先器识,而后才艺。"场屋取士,才艺则较易认取,器识则甚难判定,此其一。抑且考试与教育,事业大不同。果使孔子复生于后世,主持一场考试,岂能得德行、言语、政事、文学之七十群贤?又岂能得"惟我与尔有是夫"之"贤哉回也"其人?此皆孔子毕生教育之所成,而岂场屋考试之可获?抑且刘先主三顾诸葛于草庐之中,以此较之场屋取士,所胜何啻千万倍!然而刘先主亦未能于诸葛终身大用。八十三万大军沿江东征，诸葛默尔未敢发一辞，乃终招致白帝城托孤之悲剧。会合此三例观之，则考试制度在政治方面之应用，宜亦可得其为用之限度矣。

考试制度乃中国传统政治中重要一项目，其为效乃如此，其他可以类推。然则为政究何当重？曰"为政以德"，岂外在制度之可尽。西方政治则又惟知重视几项外在的制度，故曰"法治"。此又与中国传统政治大不相同。

（一九五一年冬，台北考试院讲演，载《考诠月刊》一期）

一三　中国历史人物

一

讲文化定要讲历史，历史是文化积累最具体的事实。

历史讲人事，人事该以人为主，事为副。非有人生，何来人事？中国人一向看清楚这一点。西方人看法便和我们不同，似乎把事为主，人为副，倒过来了。因此，西方历史多是纪事本末体。中国虽有此体，但非主要。中国史以列传体为主，二十四史称为"正史"，最难读。一翻开，只见一个一个人，不易看见一件一件事。如读《史记》，汉代开国，只见汉高祖、项王、张良、韩信、萧何许多人，把事分在各人身上。《尚书》是古代的纪事本末体。此下要到宋代袁枢才有《通鉴纪事本末》，只便初学，进一步再读编年史如《通鉴》，更进一步始读正史列传。今天我们一切学术教育都学西洋，因此学校讲历史都重事,不重人。如讲楚、汉战争,汉高祖怎样打项羽?固然要讲到人,但只以事为主。有一年,我在美国亲同他们一位史学家辩论过这一问题。他说:"历史固应以人为主,但此人若无事表现,如何跑上历史?"我说:"此事难说,因其牵涉到中西双方整个文化体系上面去。我且举一个明显的例。在中国有很多人没有事表现而也写进历史,而且这类人决不在少数。"我们今天不论大学乃至研究院,讲史学虽是分门别类,注意都在事上。如讲政治制度,没有一个绝对是与好的制度。制度总是要变,并无千古不变,亦无十全十美的制度。如讲社会经济,一切有关经济的理论思想及其事实,也都随时而变。在坏制度下,有好人总好些。在好制度下,有坏人总不好些。思想要有事实表现,事背后要有人主持。如果没有了人,制度、思想、理论都是空的,靠不住的。而所谓人之好坏,此一标准,则比较有定不易变。此刻把历史分类讲,政治史、社会史、经济史、外交史、军事史等,一切完备;却不注重历史里面的人,至少是隔一层,成为是次要、不是主要的。制度由人来,某些人起来了,才有此制度。思想亦由人即思想家来。所以我今天特别要讲历史上的人。最大希望,要我们都能变成历史人物。要来维持历史,复兴历史,创造历史,都得要有人。

讲到历史人物,当然要讲历史。世运与人物总是相随而来的。时代不同,人物也跟着不同。中国人一向看历史总要变,故说"世运"。历史时时在变,世运总是不能停在一个状态下。

我们把历史上一切时代大体分别，不外有两种；不仅中外如此，古今如此，以后也如此；某种时代，我们称之为治世，太平安定，慢慢地变成了盛世。某种时代由盛而衰，由衰而乱，变成为衰世与乱世。历史千变万化，不外这一个治乱盛衰。当我小孩子时，学校老师告诉我，中国历史一治一乱，西方历史治了不再乱。我当时虽很年幼，听了那位先生的话，觉得这是一个大问题，如何使中国历史也能治了不再乱。但我后来读了历史，渐认为在西方，治了也会乱，盛了也还衰。我到今天短短七十多年生命，亲眼看到西方社会之由盛而衰，由治而乱。欧洲自第一、第二次世界大战以来，一切大变。特别刺激我的，如英国。当时读世界地理，所用地图是英国制的，只要这地方由它统治，都画上红色。譬如香港一个岛，也画上一条红线。一张世界地图，到处都有红颜色。英国被称为是一个太阳不会掉下去的国家，全世界有英国国旗，太阳永远照在他们的国旗上。可是今天呢？

　　我年龄慢慢大了，又听人讲，可惜我们生在这时代，是一个衰世乱世。即如对日抗战到今天，到处奔跑流亡，可说是只在国家偏安局面内生活。若我们生在太平盛世不好吗？但我们读史，好像治世盛世历史人物该是又多又好，否则怎样会治会盛？衰世乱世，该是人物又少并坏，否则怎样会衰会乱？而实际并不然。但也只能看中国史。西洋史专重事而忽略了人，打仗胜败不同，国家强弱不同，只见了事，不见事背后之人。今天我们社会一般知识分子，慢慢接受西方影响，只论治乱强弱，却把一般中心的主持人物也忽略了。若使我们把二十五史来作一统计，我能先告诉你们一结论。中国史上第一等大人物，多在乱世衰世。所谓大人物，他不仅在当世，还要在身后，对历史有影响，有作用，这才是大人物。影响作用愈大，此一人物也就愈大。而所谓人物，起于衰世乱世的反而更多更大，起于盛世治世的反而更少更差一点。这不奇怪吗？实亦不奇怪。若使衰世乱世没有人物，或人物不够伟大，此下怎会又变成治世盛世？中国历史之所以能一盛一衰，一治一乱，正因为在衰世乱世有人物，下边才开创新历史，由乱返治，由衰转盛。若我们不注意人物，重事不重人，那么天下衰了乱了，更没有人了，此下便会没办法。希腊罗马之没落便在此。此刻的英国法国何时再复兴，也是问题。今天轮到美国与苏俄，成为世界上两强。然而从历史过程论，治下仍然定会有乱，盛后定然会仍有衰。即如美国，但论人物，如华盛顿林肯这些人，似乎到今天便不易得。

在中国最可说是乱世的，即如春秋，孔子即生在此时。尧、舜、禹、汤、文、武、周公，都是在治世，孔子却是在衰世乱世。但孔子学生说："夫子贤于尧舜。"此论人，不论事。乃论身后，不论生前。孔子对历史的影响与作用，远胜过尧、舜、禹、汤、文、武、周公，此刻是证明了。

春秋以后有战国，更衰更乱。但我们讲中国历史人物，战国要占第一位。我不能把战国人物从头讲，但如孟、荀、庄、老这许多人，只讲思想一方面，其影响后代中国实是大极了。

汉代中国一统，当然是治世盛世，可称为中国历史上的黄金时代；但汉代人物显然不如春秋战国。汉代之盛，还是受了春秋战国时代的人物影响。

再把汉朝整个来讲，东汉不如西汉，然而人物却比西汉多，而且有大人物。姑举学术上人物来讲，东汉最伟大的经学家郑玄，西汉便无其比。汉武帝表彰六经，罢黜百家，西汉一代，经学盛起，也不能说他们没有贡献。然在两汉经学家中，人物最伟大，对将来最有影响、最有作用的却是郑玄。郑玄死在东汉末年，黄巾之乱，董卓到洛阳，东汉快亡了。郑玄一生正在东汉的衰世乱世中，然而却成为一最伟大的经学家。若使我们承认儒家经学对中国文化中国历史有大影响、大作用，那么论其影响作用之最大的就该是郑玄了。

说到唐朝，也是一个治世盛世。但论唐代人物，就不如后面的宋朝。宋朝纵不说是乱世，却始终是一衰世。我说唐不如宋，不是讲他们的开国时代。唐高祖唐太宗下面这一批人，这一个集团，我们暂置不讲。在唐玄宗开元之治以前的人物，实不如天宝之乱以后的人物来得多，来得大，表现得更像样。论宋代，比较太平当然是北宋，然而最伟大的人物却出在南宋。单从学术上讲，如朱子，他在学术史上的地位还当在郑玄之上。明朝又是盛世，可是人物更衰落。清代也算是一个盛世，最盛在乾嘉，而乾嘉时代人物却较逊。论其经学，仅如此刻在图书馆里一个写博士论文的，哪比得清初一些大人物。那是明代快亡，大乱已至，人物却竞兴迭起。

我们试再讲衰世。春秋战国以后有三国分崩，可说是一个乱世，可是三国就出了很多人物。又如元代，蒙古人跑进中国来，而元代也出了很多各方面的人物。元代只有短短八十年，明太祖起来，他下面如刘基、宋濂一大批人跟他打天下，却都是在元代培养起来的。唐代也一般，跟唐太宗起来打天下的，都是隋代人物，远由南北朝时代培养而来。唐代兴国，一切规模制度，都由北周至隋订下。再往上推，由汉高祖到汉武帝，西汉初年人物，一切都从战国时代人的脑筋里酝酿成熟，到汉初才表现出来。因此我们可得一结论，但这只是照中国历史讲，西方历史似乎并不然；这一结论，便是中国文化最特别的地方，即其在衰世乱世，人物更多更伟大，胜过了治世盛世的。

二

大体上说，历史有上层，有下层。我们当知，历史不是一平面。像一条水，有其浮面，有其底层。浮面易见，底层不易见。如说政治上轨道，同时必是社会也上了轨道。社会不上轨道，单要政治上轨道却不易。上面政治人物都从下面社会起来。我们可以说，底层比浮面更重要。我们讲历史人物，也可分作一部分是上层的，另一部分是下层的。跑到政治上层去的人物，是有表现的人物，如刘邦项羽都是。还有一批沉沦在下层，他们是无表现的人物，但他们在当时以及此下历史上，一样有影响，有作用。可能他们的影响作用更胜过了那些有表现的。如读《左传》，那是春秋时代二百四十年一部极详尽的历史。但孔子在《左传》里不占地位。《左传》里讲到孔子，可说是微不足道，哪能和其他人物相比？孔子在《论语》中所称赞的春秋人物，前面有管仲，后面有子产，都是在当时有表现的。我们读《左传》，上半部就注意到管仲，下半部就注意到子产。大国有人物，如管仲之在齐。小国也有人物，如子产之在郑。若论人物价值，子产并不定差于管仲。大国人物有表现，小国人物一样有表现。孔子却像是一无表现的人物。纵说有表现，也是微不足道。但《左传》里还找得到孔子，却找不到颜渊。颜渊虽不见于《左传》，对将来中国历史仍有他的大影响，大作用。孔子颜渊的影响作用，还胜过了管仲子产。因此我们可以换句话说，管仲子产是一个时代人物。历史上不断有时代之变，秦变汉，隋变唐。但时代变了，历史仍不变。至少一部中国历史是如此。所以我们讲历史，不要太着重其上层浮面的，我们还该更着重其底层下面的。我们读《左传》，不要只知道有管仲子产，更要当心，那时还有孔子，甚至有颜渊。只是孔子颜渊没有在那时的浮面上层参加过大事情，所以不入历史记载。若把整部中国历史来看，孔子地位，远在尧舜之上。而颜渊虽一无表现，对后来中国有影响，有作用，也并不比管仲子产弱了。所以所谓有表现与无表现，也只就狭义来讲。如果没有表现，怎样在历史上直传到今天？他表现的便是他这个"人"，而非表现在他做的"事"。此所谓事，也是狭义的，只是历史上浮面上层的事。

再讲三国，乌七八糟，可说是乱世，而且乱极了。但在中国历史上，除了战国，中国人最喜欢读的应是三国史。今天任何一个中国人，都知道些三国史。也许是因为有罗贯中作了《三国演义》，但罗贯中为何来作《三国演义》？《三国演义》为何能如此流传？正因为三国时代人物多，而且真算得人物。即如曹操，那是历史上的反面人物，他也有影响，有作用；只是些反影响，反作用。像近代袁世凯，也是反面人物，把他与孙中山先生一比便知。在当时，大家有表现，但孙中山先生是一个历史人物，袁世凯只是一个时代人物，而且是一个反面人物。此刻再来讲三国时代的正面人物。诸葛亮就了不得，有了一个诸葛亮，全部三国历史就光明了，一切都变成有色彩，有意义。但中国后来人品评三国人物，却推管宁为第一人。管宁在那时一无表现，天下乱，他跑了，流亡到辽东。曹操也是了不起，听说有个管宁，无论如何要他回来。管宁不得已回来了，但绝不在曹操政权下有表现。说是病了，不能出来做事。曹操派人到他家里去察看，回来把管宁的日常生活作一报告，这一报告却记载在历史上。曹操说："既这样，我们也不必勉强他。"管宁年轻时，与一朋友华歆共学，门外有车马声，华歆说："什么人经过呀！"出门去看。回来，管宁与之割席而坐，说："尔非我友也。"后来华歆做了魏国大官。由此可知，一个了不起的人物，不一定要有表现。有表现的,或许还不如无表现的。我们下面且慢慢讲。

三

所谓表现,有表现而成功的,也有表现而失败的。普通我们说,中国人喜欢表扬失败英雄。其实失败了还有什么值得表扬?我们当认识失败的无可表扬,也不该表扬。国家民族要成功,历史也要成功。可是历史上确有失败的人,这等人或许也有人称他为人物或英雄。如西方历史上,古代有亚力山大,近代有拿破仑,都不曾成功。更如近代德国希特勒,更可怕。不只是他个人失败,而且其遗害于国家民族,乃及四围人群者,亦不小。这等人何该学。所以失败英雄不该表彰。但是,在法国首都巴黎,一切市容建设,以拿破仑作中心,环绕凯旋门八条大道四面分布,形成了巴黎市区。另一部分,以拿破仑坟墓作中心。巴黎市容所表现的,就是一个拿破仑。好像法国人认为拿破仑还是他们的第一号人物。今天的戴高乐,就想学拿破仑,失败显然放在面前。今天大家希望德国人不要再学希特勒,连西德人也怕希特勒精神之复活。美国首都华盛顿一切市容建筑模仿巴黎,由国会法院一条大道直往华盛顿铜像,这是整个市区的中心;白宫只是旁边一个小建筑。华盛顿是一个成功人物,但华盛顿市容究是以国会为主,这是西方人重事业表现更重过于人物完成之一证。但美国究比法国前途有希望。只以两国首都建设为例，即可说明。英国伦敦又是另一样，西敏寺代表着神权时代，白金汉宫代表着王权时代，国会代表着民权时代，三个建筑并存。这是英国精神，而其重事不重人则可知。虽亦有很多名人埋葬在西敏寺里，究已是第二等。最受大家注意的，自然是西敏寺，是皇宫与国会，是一些物质建设。

再论在中国史上的所谓失败人物，其实是并未失败。即如南宋岳飞，他若成功，南宋就可复兴，然而岳飞失败了。但岳飞只在当时是失败，他在后世有成功。又如文天祥，倘使没有一个文天祥，那将是一部中国历史的大失败。蒙古人跑进中国来，出来一个文天祥，他虽无助于南宋之不亡，然而文天祥可以维持中国民族精神直到今天，因此他还是未失败。换句话说，就他的个人论，他是失败了。从整个历史论，他是成功了。所以我们说历史人物中，还该有"时代人物"和"历史人物"之分别。

今再说成功失败关键何在？我可说，失败是由于他的外在条件，而不在他本身内在的条件上。岳飞事业之失败，不是失败在岳飞本身之内在条件，不是他自己这个人失败了。宋高宗、秦桧，一切外在条件，使岳飞失败。而岳飞个人之内在条件，则使岳飞成功了。成功的乃是岳飞这个人。文天祥的外在条件根本不能讲，比起岳飞来更差了，他当然要失败。蒙古军队来，当时的南宋，是无法抵抗的了，然而文天祥还是要抵抗；文天祥自己这个人是成功了。他的内在条件并没有欠缺,留下他这一个人在历史上,对将来中国贡献大,有大影响,大作用。单只一件事,事是留不下来的。因历史一定要变。孔子若做了鲁国宰相,当了权,他的成绩可能比管仲更大,或许孔子可与周公相比。然而纵是周公政绩伟大,也只表现在事上。一切都得变,西周仍变了东周。倘使做了一件事,可以永远存留,永存不变,那么也没有了历史。从前人的事业都做好在那里,我们将无可再表现,更没有什么事可做。但人就是要做事,没有事可做,又要这些人何用?人到没有用,历史自然也断了。所以我们并不希望每一件事可以永远留传,我们只希望不断有新人,来做新事,有新的成功。历史存在依人不依事,而人则是永可以存在的。西方人能在历史上永远存在的,比起中国来是太少了。耶稣钉死十字架,他是一个失败的人,然而耶稣实是永远存在,所谓的十字架精神也永远存在。到今天,信耶稣教也好,不信耶稣教也好,都不能不承认耶稣之伟大和他的成功。最成功的还是他自己这个人。他说他死了要复活,他这一个人永远流传到今天,还是存在,不是他复活了吗?我们也可说,岳飞的风波亭精神,岳飞是复活了。到今天,岳飞还在这世上。至少我们中国人了解岳飞,岳飞还在我们中国人心里。

中国人的人生理想,有一个最高要求,就是"只许成功,不许失败"。但成功有许多是要外在条件的。而我们有一个办法,使一切外在条件不足以屈服我,只要我有内在条件便得。若说不要内在条件,这也无所谓成功与失败了。上帝生人也有条件，若说不要一切条件而能成功，也就不成其为人。做人不能无条件。我们希望的，只讲内在条件，不讲外在条件，而也能有成功。上帝只生我们一个可能，每个人都可能做孔子与耶稣。孔子说："十室之邑，必有忠信如丘者焉，不如丘之好学也。"好学是他的内在条件。忠信之性，是上帝给他的，是他的外在条件。但只有这一个基本条件是外在的，而同时又是内在的。难道如曹操以至如袁世凯，就天生他是一个不忠不信的人吗？中国人不承认这句话。生下来都一样，这是一可能。再加上一切内在条件，其他外在的可以不妨事。今天我们都嫌外在条件不够。我们生在衰世乱世，外在条件当然不够。然即是生在盛世治世，外在条件还是会不够。我们今天说要改造环境，就得充足我们的内在条件。你先得成一个人物，才能来改造环境，来充足一些外在条件。若你没有成一个人物，内在条件不够，一切外在也没有法改，纵使有了外在条件也不行。

似乎西方人是太着重外在条件的，然而我们看西方历史，还是和中国历史一般。耶稣时候的犹太人，在罗马帝国统治下；我们读耶稣的《新约》，他没有讲到罗马统治，似乎外在条件不在他脑筋里，不在他考虑之列。然而外在条件毕竟在书中也讲到，譬如税吏，是罗马派来的，耶稣便无奈何他们。所以耶稣说："凯撒的事让凯撒去管。"这是当时犹太人的一项外在条件。到今天，世界只有信耶稣的人，更没有了耶稣，而凯撒则仍可到处遇见。你若说，定要打倒了凯撒，才能完成一耶稣，也没有这回事。我们还可以另换一句话来讲，还是美国人争取得了自由与独立，才有一个华盛顿的呢，还是由华盛顿来为美国争取到自由和独立的呢？照中国人想法，则更有进者。应该是拿去了华盛顿的事业，还有华盛顿这样一个人，他还可能是一个了不起的人。

但这也不是中国人看轻了事业。即如我们国父孙中山先生，倘使他没有能创造成中华民国，即就他个人来说，如他的思想和言论，还是一个孙中山先生，或许他会更伟大。因把一切事业功名放在他身上，好像他这个人就圈在他事业功名的里面，为他的事业功名所束缚，他所表现的好像就在这范围内。周公不如孔子，不在别处，只在周公其人为周公的事业所限，限在这事业里面。要是懂的人，自知周公怎样会有他这一番事业，在他事业背后还有他这个人。如此来真了解周公的是孔子，孔子也希望能像周公般在这世上做一番事业，然而外在条件不够。在政治上，在历史上层，孔子等于无所表现。然而后来人看孔子，反少了一束缚，一范围。而孔子之为人，转因此而十足表现出来，比周公更清楚。今天我们来讲周公，自然要讲周公这一番事业。但讲过他的事业就完了，在其事业背后之这个人，反而忽过了。来讲孔子，孔子无事业可讲，就只得讲他这个人。然而"人"的影响胜过了"事"的影响，所以孔子在后来历史上的作用，反而在周公之上。因此我来讲历史人物，特地希望我们要看重人，拿人来做榜样，做我们一个新的教训、新的刺激，可以感发我们，使我们大家各自来做个人。有了人物，哪怕会没有历史？

一部二十四史，把许多人试为分类，有治世盛世人物，有衰世乱世人物，有有表现的人物，有无表现的人物，有成功人物，有失败人物。但读者不要认为我只讲某一边，不讲另一边。今试再来讲中国的历史人物。

四

上面分法，都从外面看，此下当从人物之内面看。我认为中国历史上人物，大体说只有两种，一是"圣贤"，一是"豪杰"。直到今天，中国人一路讲圣贤，但究竟如何才算得一圣人与贤人，其间自有不少争论。此刻且不讲。再讲第二种，中国人所谓之豪杰。我们看历史人物，无论其在政治上层或社会下层，有表现与无表现，成功与失败，或在太平盛世，或在衰乱世，得成为历史人物的，大体说来只有两种，即圣贤与豪杰。豪杰又与英雄不同，如拿破仑与希特勒，可以说他是一英雄，但并不很合乎中国所想的豪杰人。朱子讲过："豪杰而不圣人者有之，未有圣人而不豪杰者也。"同时陆象山极称此言以为甚是。此刻我想把朱子此语再略修改，因我们说"圣贤"，并不像说"圣人"。单说圣人，似较严格；兼说圣贤，则较为宽泛。我想说：圣贤必然同时是一豪杰，豪杰同时亦可说是一圣贤，二者貌离而神合，名异而实同。其实圣贤豪杰也和我们平常人一般，就其和平正大能明道淑世言，则谓之圣贤。就其崇尚气节能特立独行言，则谓之豪杰。我们此刻来讲中国历史人物，请读者不要太重看了"圣贤"二字，我们且先看重"豪杰"二字。我们纵不能做个圣贤，也该能做个豪杰。尤其在这衰世乱世，做人总要有点豪杰精神，不然便会站不住脚，挺不起腰。做豪杰，便是做圣贤的一条必由之路。不从豪杰路上行，绝不能到达圣贤地位。圣贤就是一个豪杰，只让人不觉其为一豪杰而已。我在下面将慢慢讲出豪杰如何是圣贤、圣贤如何是豪杰的道理。

今试问：圣贤与豪杰，既然有此两个称呼，则其分别究在哪里？我想这个分别，简单地讲，只在其表现上。圣贤一定要能"明道淑世"。这个世界在他手里，他就能把这个世界弄好，这叫"淑世"。要淑世，当然先要能明道，使此道明扬于世。如我们生在汉武帝时代，汉武帝表彰六经，罢黜百家，你要来明道淑世，做一个董仲舒，当然省力。你如在唐太宗时代，来做一个魏徵、房玄龄、杜如晦，也较省力。因外在条件配得上。这些人，纵不能说他们便是圣人，但至少也该说他们是贤人。可是在某种环境下，外在条件配合不上，种种不如意，那么你至少要有一本领，能"特立独行"。不论外面条件，我还是我。这样他便是一豪杰了。孔子孟子，何尝不从特立独行的路上过，不然也不成其为孔子与孟子。要能特立独行，从外面看，便是"尚气立节"。人总得要有一股气。孟子所谓："吾善养吾浩然之气。"一个豪杰，正为他有一股气。这"气"字，不能拿现代的科学生理学或物理学来讲。中国人普通讲话，常说这人有"志气"，志下连带一气字；其实气只是其志。要立志便不容易。有人说，我未尝无此志，只恨外面条件不够。如此之人，则是虽有志而没有气，所以志也不立，就没有了。又如说"勇气"，勇也要有股气。没有气，怎能勇？"三军可夺帅也，匹夫不可夺志也。"中国人讲智、仁、勇三德，智与仁之外，还要有勇。孔子说吾十有五而志于学，一直到他老。孔子正为有一股气，所以这个志立了不倒退，到老不衰。只在圣人身上，比较不着痕迹。一个豪杰之士，则显然看出他的一股气来，随时随地随事都见他尚气；又比较显露，或比较有偏，所以他是一豪杰。有志有勇，所以能立节。"节"是有一个限度，有一个分寸。不论世界衰乱，我做人必有限度，必有分寸，那便是一豪杰。因此豪杰必讲气节，能特立独行。到得圆满周到处便是圣贤。圣贤便能明道淑世。但道德也定要从气节来，气节也必要站在道德上。若说人身生理，有血气，有骨气；从血气中有勇，从骨气中见志。人不能做一冷血动物软骨汉，人之死生也只争一口气。天下不能有无血无气无骨的道德，也不能有无血无气无骨的圣贤。我们也可说，中国历史是一部充满道德性的历史。中国的历史精神，也可说是一种道德精神。中国的历史人物，都是道德性的，也都是豪杰性的。

只要他是个圣贤，可不问他的功业。只要他是一个豪杰，也可不论他的成败。中国最大圣人孔子，他的品评人物，也是双方面的。尧、舜、禹、汤、文、武、周公是一面，另一面则是孔子讲到吴泰伯。"泰伯其可谓至德也已矣,三以天下让,民无得而称焉。"孔子称许吴泰伯是道德中最高的一级了,甚至社会人群无法称赞他。孔子共说了两个民无得而称的人,一是吴泰伯,另一个是尧。"惟天为大,惟尧则之,荡荡乎,民无能名焉。"尧的伟大,无事可举,说不出来。舜则有好多事可举。但尧舜同为大圣。孔子当然很看重文王周公,而孔子也看重吴泰伯。吴泰伯是文王的老伯父。吴泰伯兄弟三人,最小的就是王季历,王季历的儿子就是文王。吴泰伯三兄弟的父亲太王,很喜欢这个小孙,说他将来大了有用。到了太王有病,吴泰伯对他的二弟仲雍说:"我们跑了吧。我们跑了,父亲可把王位让给三弟,将来可以传给小孙,可以完成父志。"因此他们两人就跑了。孔子对吴泰伯十分称赞。父子各行其是,说孝却不像孝,说让也不见让。道大无名,无法称赞他。孔子就把吴泰伯来上比尧。

第二个孔子称赞的是伯夷叔齐。孔子说:"伯夷叔齐,古之仁人也。"孔子不轻易用"仁"字来称赞人,但却称赞了管仲,又称赞了伯夷叔齐。他们是孤竹君之二子,父亲要把王位传给叔齐,父死了,伯夷说:"父亲要你继位,你继位吧!我跑了。"叔齐说:"你是哥,我是弟,你不做,我也不做。"也跑了。君位让给了中间的一个。遇到周武王伐纣,伯夷叔齐从路上大军旁站出,扣马而谏,说:"你不该去伐纣,你是臣,他是君,此其一。你父亲刚死,该守孝,不该去打仗,此其二。"周武王手下要把两人拿下,幸而姜尚说:"这两人是义士,放了他们吧！"放了以后，周朝得了天下，可是这两人说："我们不赞成。"但大势已定。他们不吃周粟，到山上采薇而食，终于饿死在首阳山。孔子大为佩服，说他们是"古之仁人"。孔子也并没有反对周文王和周武王，更是极尊崇周公，自己还要复兴周道，曰："吾其为东周乎！"可是孔子又讲那一边，直从吴泰伯到伯夷。当知要做吴泰伯、伯夷，也得有志有勇，有气有节，特立独行，毫不苟且。此等人一样在历史上有影响，有作用。汉代太史公司马迁崇拜孔子，把孔子作《春秋》的道理来写《史记》。《史记》里有三十世家，七十列传。世家第一篇，不是鲁、卫、齐、晋，而是吴泰伯。吴国要到春秋末年孔子时代才见到历史上，而太史公乃特立之为三十世家之第一篇。列传第一篇则是伯夷。中国人的历史人物观，孔子以下，经太史公这一表扬，一面是尧、舜、禹、汤、文、武、周公，同时另一面还有吴泰伯、伯夷。其实孔子自己，正是兼此两面，所以成为中国之大圣人。

五

上面说过，中国人重人更重于事，西方人重事更重于人。如西方人说，这人是政治家，或哲学家，或科学家，或宗教家，或艺术家；总在人的上面加上事，拿事来规定着这人。中国人则向来不这样说。如说"圣人"，这圣人究是一政治家呢？军事家呢？外交家呢？经济家呢？却没有一个硬性规定。又如说贤人、君子、善人，都是讲的赤裸裸地一个人，不带一些条件色彩在上边。但中国人却又把人分等级，善人、君子、贤人、圣人，其间是有阶级的。西方人用事来分等，便没有人的等级观念。究竟是西方人看人平等呢？还是中国人看人平等？中国人认为，人皆可以为尧舜，即是人人可做一理想标准的圣人。然而为何人做不到圣人，这责任在个人自己。但西方人做人，要外在条件，要机会，要环境。这是双方显然的不同。

人怎样才叫做"圣人"呢？似乎孔子很谦虚，他的学生问他："夫子圣矣乎？"他说："圣则我岂敢。我只有两个本领，学不厌，教不倦。"他的学生说："这样你就是圣人了。"到了孟子，又提出中国古代之三圣人。但他所提，不是尧、舜、禹、汤、文、武、周公。这三圣人，是伊尹、伯夷、柳下惠。孟子说："圣人者，百世之师也。"一世三十年，百世就是三千年。孔子到现在也不过二千五百多年，圣人至少三千年可以做我们榜样。孟子举出三人，却是性格不同，表现不同。孟子把"任""清""和"三字来形容。孟子说："伊尹圣之任者也。"伊尹有志肯负责任，积极向前。他生的时代也是一个乱世，夏之末，商之初。《孟子》书里讲他"五就桀，五就汤"。夏桀哪能用伊尹，伊尹为要使这个社会变成一个像样的尧舜之世，一次去了不得意，再去。再不得意，三去、四去、五去。他从桀处回来，又到汤处去。商汤也不能知得他，他只是耕于有莘之野一农夫。五次到汤那里，终于当一个厨师。汤极满意他的烹调，慢慢同他接谈，觉得他了不得，以后便帮助商汤平天下。汤死了，下一代太甲继位，不行，伊尹说："你这样怎可做皇帝？"把他关闭起，说："我来代替你。"太甲后来忏悔了，伊尹说："你回来吧。"又把皇位交回他。

孟子说："伯夷圣之清者也。"一切污浊沾染不上他。武王伐纣，他反对。到后全中国统一，他宁饿死首阳山。柳下惠是一个耿介之人，但却很和平。伊尹有大表现，而有大成功。伯夷特立独行，表现了一个无表现。孟子说："柳下惠圣之和者也。"他同人家最和气。他是鲁国人，在鲁国做了官，罢免了又起用，又罢免，如是者三。这和伊尹不同。倘伊尹罢免了，还要自己向上爬。也和伯夷不同。伯夷是请不到的，一些条件不合，他绝不来。柳下惠那时已是春秋时代，列国交通，有人劝他："你在鲁国不能出头，何不到别的国家去？"但柳下惠回答道："直道事人，焉往而不三黜？枉道而事人，何必去父母之邦？"我只要直道，同样不合时，还是会罢免。若我能改变，枉道事人，我在鲁国也可以得意。可见柳下惠外和内直。所以孟子称赞他，说："柳下惠不以三公易其介。"他不以三公之位来交换他的鲠直耿介，他也是能特立独行的，只知有直道，不走枉道。但柳下惠在外表上所表现的，却完全是一个"和"。

孟子说这三人都是圣人。伊尹建功立业，开商代七百年天下，不用讲。孟子又有一条文章并不讲伊尹，只讲伯夷、柳下惠。他说："圣人百世之师也，伯夷、柳下惠是也。故闻伯夷之风者,顽夫廉,懦夫有立志。闻柳下惠之风者,鄙夫宽,薄夫敦。"一个顽钝人,没有锋芒,不知痛痒,听到伯夷之风,也能有边有角,有界线,到尽头处就不过去。懦夫,软弱人,也能自己站起。三个人在一块,两个人反对你,你就没勇气。倘在一个大会场,全场两三百人反对你,你就不能有坚强的立场。伯夷在当时,可称是全世界都反对他。后来韩愈说,伯夷却是千百世人都反对他。因从伯夷死了,到韩愈时,谁不说周文王周武王是圣人,然而伯夷要反对。谁不说商纣是一个坏皇帝,然而伯夷不赞成周武王伐商。孔子也没有反对周武王,韩愈也没有反对周武王,然而孔子、韩愈也不得不敬仰伯夷其人这一种特立独行的精神。我此处用"特立独行"四字,就是引据韩愈的《伯夷颂》。一个顽钝无耻的懦夫,不能自立,一听到伯夷之风,自己也会立住脚,也会站起来。一千年也好,两千年也好,这种故事在三千年后讲,虽然其人已没,其风还可以感动人,使人能兴起,所以说他是"百世之师"。有些气量狭窄的鄙夫,一点小事也容不下。有些人感情浅,是薄夫,一回头把人便忘。鲁国三次罚免了柳下惠,柳下惠不在乎,还不愿离去父母之邦。所以闻他之风,则薄夫可以厚,鄙夫可以宽。孟子所谓顽、懦、薄、鄙,这四种人,时时有,处处有。孟子不讲伯夷、柳下惠之知识学问地位事业等,他只是讲那赤裸裸的两个人。

孟子所举的三圣人,三种不同性格。一是"任",近似"狂者进取"。一是"清",近似"狷者有所不为"。此两种性格正相反。孟子又举一种，非狂非狷，而是一个"和"。柳下惠之和，像是一中道，而仍有其特立独行之处。此三种性格，却如一三角形，各踞一角尖。我们若把全世界人来分类，大概也可说只有这任、清、和三型。孟子又说："其至，尔力也。其中，非尔力也。"他们之伟大，伟大在做人彻底，都跑在一顶端尖角上，个性极分明。人的个性，千异万变，但不外以上所说的三大型：或是伯夷型，或是柳下惠型，或是伊尹型。此三种姿态，三种格局，做到彻底，孟子都称之曰"圣"。有些人则不成型，有些处这样，有些处那样，一处也不到家，不彻底。你若是一鄙夫、薄夫、懦夫、顽夫，那也不是天生你如此，是你为外面条件所限，不能发现你个性。《孟子》和《中庸》都说"尽性"，要尽我们自己的性，做到百分之百，这在我自己力量应该是做得到的。不用力便不算。若用一个机器来做一件东西，也得要加进人力。若果我们要做一个第一等人，要做一圣人，怎样可以不用力？力量在那里，只在我们自己内部，这是内在条件。但我们还得要进一步，不但要做一顶端尖角的人，更要做一圆满周到之人。要处处中乎道，合乎理。等于射一枝箭，射到这靶上，可是没有射到这红心。射到靶上是你的力量，射到红心不但要力量，还要你的技巧。伯夷、柳下惠、伊尹，这是我们做人的三大规范，是要用力量的。只有孔子，在力量之上还有技巧。孔子无可无不可，但都得到家，此即《中庸》之所谓"至人"。有时像伯夷，有时像柳下惠，有时像伊尹。他一箭射出去，总是中到红心。有力量若不见其力量,有规范若不见其规范。等于伊尹射向上面,伯夷射向右下方,柳下惠射向左下方;伊尹在上面一方位是圣人,伯夷在右下一方位是圣人,柳下惠在左下一方位是圣人,但却有偏缺不圆满,不是一个大圣人。

孔子有时也做伊尹,有时也做伯夷,有时也可以做柳下惠,故孟子说:"孔子圣之时者也,孔子之谓集大成。"今天我们只说孔子集了尧、舜、禹、汤、文、武、周公的大成。孟子是说孔子集了伊尹、伯夷、柳下惠之大成。故不仅尧、舜、禹、汤、文、武、周公是圣人。若一定要如尧、舜、禹、汤、文、武、周公,我们不登政治高位,我们自己的责任都可交卸下。我又不做皇帝,又不做宰相,外面条件不够,哪能做圣人!幸而孟子另举出三圣人,都是由其内在条件而成为圣人的,使人谁也逃不了自己的责任。人类中有此三种性格,有此三种标准。而孔子则兼此三者而融化汇通为一完全之人格。他积极向前,有时像伊尹。他一尘不染,有时像伯夷。他内介外和,有时像柳下惠。所以孟子称孔子为"集大成"之至圣。孟子自己说:"乃我所愿,则学孔子。"若说圣人,伊尹、伯夷、柳下惠都是,可是终于限止在一格,孟子不想学。经过孟子这一番说话,中国后世只尊孔子为圣人,又称之为"至圣"。而伊尹、伯夷、柳下惠,后世似乎都只称之为"贤"。孟子也只是一大贤,亦有称之为"亚圣"的。于是中国遂留下来一个圣人系统,自尧、舜、禹、汤、文、武、周公、孔子以至于孟子。这是唐代韩愈《原道篇》所提出的。但我们从孟子这番话来看伊尹、伯夷、柳下惠，实在也就是圣人，而同时即是一豪杰。你看伊尹把太甲关起，说："你不行，我来代你。"这种气魄，不十足是一豪杰典型吗？后人说："有伊尹之志则可，无伊尹之志则篡。"须是有"公天下"之赤忱，夹着一些私意便不成。伯夷也算得一个豪杰，饿死首阳山，那是何等坚强的节操！柳下惠如打太极拳，工夫深了，运气内行，实际满身是劲，也是个豪杰之士。孟子说他"不以三公易其介"，这还不是个豪杰吗？

我们再来看孔子。他曾随鲁君与齐会夹谷。在这段故事上，他正如秦、赵渑池之会的蔺相如。不过孔子是大圣人，此等事，我们讲孔子的来不及讲到，也就不讲了。夹谷之会以后，齐国来归侵鲁之地，但又一面送了大队女乐到鲁国。鲁国君相迷恋着去听歌看舞，一连三天不上朝。孔子告诉他学生说："我们跑吧！"孔子生这一口气，现在我们不懂，似乎他不像一圣人，一点涵养都没有。其实这就是孔子所以为圣之所在。一跑跑到卫国。卫灵公听孔子到来，他说："鲁国怎样待孔子，卫国也照样。"卫多贤人，有些是孔子的老朋友，孔子就耽下了。卫灵公知道孔子无所不能，有一天，问孔子打仗的阵法。孔子一听，说："我没学过呀。"明天又对他学生说："我们跑吧。"孔子的气真大，一跑跑到陈国。后来在陈蔡之间绝粮，没有饭吃，大家饿着肚子。孔子的学生子路生气了，说："先生老讲君子，君子亦有穷乎？也会走投无路吗？"那时孔子却不生气了，好好向子路说："君子也会穷，也会前面无路的。

不过小人前面没路便乱跑，君子没有路，还是跑君子的一条路。"孔子在外十余年，鲁国人想念孔子，要请他回来，又怕孔子不肯，于是请他一个学生冉有先回。冉有是孔子学生中一个理财专家，回到鲁国，在权臣季孙氏家里做管家，然后再把孔子和一批同学接回。冉有给季孙氏家种种经济弄得很好，孔子却又生气。冉有常到孔子讲堂来，有一天来迟了，孔子问他："怎么这般迟？"冉有说："因有些公事没完。"孔子说："什么公事？你所办只是季孙家私事。你把季孙一家财富，胜过了以往周天子王室之首相。"孔子便对一辈学生说："他不算是我学生，你们可鸣鼓攻之。你们大家可以反对他，可以打着鼓公开攻击他。"其实孔子垂老返鲁，还是这个学生的力量。在这种地方，我们要看孔子这口气。一般人老了气便衰，孔子那口气愈老愈旺。人没有了"气"，哪会有道德仁义？若只从这些处看，孔子岂不也是一豪杰吗？

再讲孟子。孟子见梁惠王，梁惠王在当时是一位了不起的国君，他对孟子十分敬礼，开口便说："老先生，不远千里而来，亦将有以利吾国乎？"孟子却一口冲顶过去，说："王何必曰利？亦有仁义而已矣。"孟子也是一个能生气的人，也是个豪杰。他学生问他："公孙衍张仪，岂不算得是大丈夫了吧？"孟子说："这辈人是专做人家小老婆的，哪配叫大丈夫。"诸位试读《孟子》七篇，至少也可以长自己一口气。他的全部人格，都在他的话里，一口气吐出了。今天我们要讲追随潮流，服从多数，孔子孟子所讲仁义道德，我们置而不讲。

一三　中国历史人物

圣贤我们不服气，也该懂得欣赏豪杰。豪杰没有新旧，敢说敢做，不挠不屈，这才是一个豪杰。没有了豪杰，那社会会变成奄奄无生气。两脚提不起，尽说有新的，如何般来追随。

中国下层社会拜老头子，似乎是从墨子开始。墨翟以下，墨家的老头子，当时称为"钜子"。上一代钜子死了，换第二代接上。墨子死后，传了两三代，那时的老头子是孟胜。楚国有一贵族阳城君，他自己亲身在楚国朝廷做官，慕墨家之名，请孟胜去为他守城。楚国大乱，阳城君被杀，楚国朝廷派人来，叫孟胜交出阳城。孟胜说："我奉阳城君命守这城，没有阳城君命就不交。"他学生们劝他，他说："我不死，不能算为一墨者，将来也再没有人看得起我们墨家了。"他学生说："你是墨家老头子，不该死。"他派两个学生去齐国，告诉他们说："我这钜子的位，传给齐国的田襄子。"这两人去了，楚国派兵来攻城，孟胜死了，他学生一百八十人相随而死。两人到齐国，告诉田襄子，传了钜子位，便要回去。田襄子说："你们不能回去，应留在这里。"两人不肯，田襄子说："现在的钜子是我。你们该听我话。"两人说："别的都可听，这话不能听。"回去就自杀了。这也不是墨家才如此，孔子门下也一样。子路在卫国，卫国乱了，子路进城去讨乱，被人把他帽子带打断。子路说："君子当正冠而死。"站在那里，好好把帽子带结正，乱兵刀矢齐下，就这样死了。诸位当知，要讲道德，临死也得讲。即在生死存亡之际，仍有道德存在。但道德也非奇怪事，我们谁没有道德？谁不该遵守道德？孔子说："十室之邑，必有忠信如丘者焉,不如丘之好学也。"不是每一个子弟都不孝,每一部下都不忠。时穷节乃见,这种表现,却都在最艰难的状态下才发现。所谓"杀身成仁,舍生取义"这两句话,孔子的学生能做到。墨子反对孔子,但墨子学生也同样能做到。我们该从这一标准看去,才知道所谓的中国历史人物。这一种精神,便是我们的历史精神,也即是我们的民族精神和文化精神。但却是一种豪杰精神,亦即是一种圣贤精神。近人不了解,乃说要"打倒孔家店"。没有这番精神,空读《论语》"子曰:'学而时习之,不亦说乎。'"学而时习,又哪见得便是圣贤、便是豪杰呢?孔子跑出卫国,一般学生饿着肚子跟着他,跑到宋国郊外一大树之下,孔子说:"我们在此学舞学歌吧。"宋国桓魋听了,赶快派军队去,要抓住杀他们。孔子闻得此消息,说:"我们走吧,天生德于予,桓魋其如予何!"这不又是一番豪杰精神吗?

六

战国时代的豪杰之士,真是讲不完,且不讲。秦汉之际,有一齐国人田横。历史上所谓山东豪杰群起亡秦,田横也是其中之一。汉高祖派韩信把齐国打垮,田横逃在一海岛上。汉高祖即了皇帝位,听说田横在海岛上,派人向田横说:"你来,大则王,小则侯。不来,当然要不客气。"田横答应了,带了两人同去。一路到河南,距离洛阳三十里。这时汉高祖在洛阳,这已是最后一站。田横告诉他手下两人说："从前我与汉王同为国君，现在他是天下之主，我到他那里去拜他称臣，就不必了。"他说："汉王要见我一面。从此地去不过三十里，快马一忽便到。你们把我头拿了去，他看我还如活时一般，岂不就好了吗？"田横自杀了。两人带着他头，到洛阳见汉祖。汉高祖大惊说："这哪是我意呀！"于是以王者之礼葬田横。田横下葬了，跟着田横来的两人也自杀了。汉高祖更为惊叹说："田横真是一了不起人，他手下有这样二士。我听说在海岛上还有五百人，赶快去请他们回来。"海岛上这五百人知道田横死了，也就集体自杀了。这一故事，真够壮烈呀！

孟子说："圣人百世师。"使百世之下还能闻风兴起。我小时喜读韩愈文，韩愈年轻时有几篇文章，一是《伯夷颂》，一是《祭田横墓文》。他进京赴考，过洛阳，在田横死处，写了一篇文章祭他。从汉初到唐代韩愈时，至少已一千年。伯夷更远了，至少已到两千年。当时中国后代第一大文豪，在少年时还如此般敬仰此两人，这真所谓圣人为百世师。豪杰就应该如此。韩愈在当时，提倡古文，这不亦是一豪杰行径吗？若我们只读韩愈《原道》，纵使信了他所说之道，没有他一番精神，那道也不能自行呀！若非韩愈少年时即知敬慕伯夷田横，哪能即成为文起八代之衰一大文豪。

再说汉代历史人物，也是指不胜屈，且举一个苏武来作例。他出使匈奴，匈奴人看重他，劝他留下，苏武不答应。匈奴人把他幽置地窖中，没有饮食，苏武啮雪与旃毛并咽，几天没有死，匈奴人更敬重他。送他去北海，即今西伯利亚的贝加尔湖去牧羊，是公的羝羊。说："等羝生小羊，就放你。"苏武在那里掘野鼠和吃草为生，这样他就一留十九年。手中持着汉节，始终不屈。在匈奴，有他一好友李陵。李陵是中国历史上一个军事奇才，以五千步兵对抗人家八万骑兵。匈奴下令："这人须活捉，不许杀了。"结果李陵被擒，降了。降匈奴的也不是李陵第一个，在前有卫律，也得匈奴重用。卫律、李陵都来劝苏武降，苏武不为动。苏武在匈奴，既未完成使命，回来后，当一小官，也无表现。我们今天的小学历史教科书，似乎更都喜欢讲张骞班超，因他们有表现。但苏武在以前受人重视，尚在张骞班超之上。我们相传的戏剧，多只唱苏武，不唱张骞班超。张骞、班超当然也了不得，但是我们向来传统更重视苏武。因成功须受外在条件，际遇人人不同，无可学。若如苏武守节不屈，却是人人可学的。尧、舜、禹、汤、文、武、周公之际遇不可学，没有际遇的如孔子却该人人可学。所以司马迁《史记》说："高山仰止，景行行止，虽不能至，心向往之。"若把此几句来赞尧、舜、文、武，岂不是笑话。《汉书·苏武传》把李陵来合写，两人高下自见。李陵是数一数二的军事奇才，然而在人格上，哪比得上苏武。苏武其实已为汉朝立了大功，使匈奴人从心中崇拜汉朝，比起打一胜仗更功大。《汉书》上又嫌把苏李合传太明显，因作《李广苏建列传》，从李广写到李陵，从苏建写到苏武。隐藏着作史者之用心，却使读史者感动更深。这些是中国相传之"史法"。

我们再讲下去，不一定要讲不成功的人，也不一定要讲无表现的人，总之要讲几个具备豪杰性气的人。具备豪杰性气，即是具备了作圣作贤之条件。苏武不能不说他是一个贤人，若要说他是一个圣人，他也得和伊尹、伯夷、柳下惠为等俦。他已在一点一角上是圣人，十九年守节不屈，做得彻底，做到了家。虽不能同孔子大圣相比，宁能说他不得比伊尹、伯夷、柳下惠？此刻且不必争，也不必叫他是圣人，他总是一贤人，总是一豪杰。

下到东汉，我不想再举刚才说过郑玄那样的人，我且举一个军人马援。只要我们到广西、越南西南一带边疆上去，还始终流传着马援故事。马援是光武中兴时代一位将军。光武的中兴集团，大多都是他的太学同学，马援却是西北一个畜牧的人，牧牛羊为生。马援有几句话一向流传。他说："大丈夫穷当益坚，老当益壮。"而马援也真能做到此八字。他从事畜牧，正是他穷时。但他有了马牛羊几千头，种田积谷几万斛，在边疆上成了一个大财主，他又说："我要这许多财产什么用呀！我该能赒济贫穷，否则不过是一个守钱虏而已。"看守一笔钱财，自己等如那一笔钱财之奴隶，此"守财奴"或"守钱虏"三字，也是马援说的。后来汉光武见到了他，大为器重，可是马援封侯还是在后来。他平越南封了侯，年龄也老了，汉朝又要派军去讨五溪蛮。马援要去，汉廷说他老了，怎么能再去边疆？论当时的交通，那边的气候，一切一切，派一个少壮军人去，当然更适宜。但马援说："我并没有老。"他又说："男儿要当死于边野，以马革裹尸还葬耳。

何能死于床上，在儿女子手中耶？""马革裹尸还"这五字，直传到今天，也是他说的。马援是个大豪杰，闻其风，一样百世可以兴起。不要钱，不享老福，情愿马革裹尸还葬，还不算是一豪杰吗？惟其他能具有这套豪杰之气，才能表现出一个最高人格来。

但我们讲中国历史上人物，不能说如伊尹、伯夷、柳下惠乃至田横、苏武、马援，便是顶尖出色人物了。上面还有孔子、颜渊、孟子许多人在那里。这些人都从一大源头上来，从中国古人的最高理论，中国的最高文化理想上来。

下面讲到南北朝，我且举一人，那是一出家和尚。中国没有大和尚，佛教怎会在中国发扬？相传佛家有三宝。一是"佛"，没有释迦牟尼，就没有佛教。一是"法"，那就是释迦牟尼所讲的一套道理。然而要信仰这套道理，肯照他做，便得还有一宝，就是"僧"。没有僧人，佛也好，法也好，一堆空东西，什么也没有。今天我们要复兴中国文化，孔子是一佛，《论语》是一套法，但没有孔家和尚的话，三宝缺其一，这两宝也有若无。只有把此两宝权放在那里，将来总会有大和尚出来。我不信佛教，但我很崇拜中国一些大和尚高僧们。我只拿一个普通的人格标准来看和尚高僧，来看他们的表现。但中国高僧们，很少写进二十四史。中国历史人物实在太多，二十四史写不尽。中国另外有《高僧传》。《高僧传》一续、二续、三续一路记下，我今天只讲一个竺道生。和尚出家没有姓，因佛教从印度来，印度那时翻作天竺，所以他姓一个竺字，叫竺道生。也有和尚只姓一个释迦牟尼的释字，到今天我们和尚都姓释。那时中国人尊崇和尚，不把他名上下二字一并叫，故竺道生又称生公。只有到了"五四运动"以后，孔子不叫孔子，也不叫孔仲尼，叫孔仲尼已经太客气，必该叫"孔老二"。倘使你仍称孔子，便是落伍。儒家思想，也该改称"孔家店"。那是我们近代的事。生公当时，《小品泥洹经》初翻译到中国。《泥洹经》有大本、小本，小本的叫《小品》，只有八卷。大本的是全部，有三十四卷。小本中有一句说："一阐提不得成佛。""一阐提"是毁谤佛法的人。竺道生却说："一阐提也得成佛。"当时北方和尚大家起来反对说："经上明明讲一阐提不得成佛，你怎能讲一阐提亦得成佛。"召开大会，把他驱逐。竺道生当然只得接受大家决议。但他说："若使我话讲错，我死后应进拔舌地狱。倘我话没有错，我死后还得坐狮子座，宣扬正法。"佛寺中大佛像，有坐狮子、坐象、坐莲花的，竺道生在此中间特别欣赏狮子。诸位当知，出家当和尚，也得具备豪杰性气，否则和尚也不成为一宝。幸而当时中国分南北，他渡过长江，跑到南朝来。结果《大品涅槃经》翻出来了，下面讲到一阐提亦得成佛，竺道生的说法终于得到证明。

七

唐、宋两代，一路有人物，惜于时间，且略去不讲。我举一个元代人作例。宋朝亡了,元朝起来,中国有一人郑思肖所南,他没有什么可传。据说他常作画,只画兰花,却根不着土。别人问他,他说:"没有土呀。"他住宅门上题四个大字,"本穴世界",拼上凑下,实是一个"大宋世界"。他著一本书,称《大无工十空经》,实也还是"大宋"两字。他还有一部《心史》,用铁函封了,沉在苏州一寺中井底,在明崇祯时出现了。他也是一豪杰之士,应该归入孟子三圣人中伯夷的一路。

明代人物也很多,即如王阳明先生,诸位读阳明《年谱》,就知他也是一个豪杰。再讲一人海瑞,他是琼州海南岛人,一生正直,自号刚峰。今天的大陆,有话也没得讲,把海瑞故事来重编剧本。海瑞当时,市棺诀妻上疏。上海老伶周信芳,唱出海瑞骂皇帝。吴晗写了一本《海瑞罢官》。你若不说海瑞是圣贤,他该是一豪杰。

清初,我想举一人李二曲,他是陕西一种田汉。他讲阳明哲学,名大了,清代皇帝定要笼络他,派地方官送他到北京应博学鸿词科。他说生病,不肯去。朝廷下命,生病便好好用床抬着去。路上防备甚严,无寸铁可以自杀。他只有饿死一法,不吃东西。地方官也受感动,说他实有病不能来,把他送回去。他说:"我实为名所误。"从此一生绝交,地下掘一土室,不见任何人。只顾亭林到陕西,可下土室见他。一谈一半天,不知谈了些什么。清末时,大家起来革命。读者莫要认为这都是法国美国革命来领导我们,其实明末遗老如李二曲等故事，也发生了极大作用。今天我们要复兴文化，大家又来谈西洋文艺复兴，其实也该在中国历史上多举几个可资效法的先例来号召。

再讲到最近代人。我到台湾来就发现了两人。一是郑成功，一是吴凤。有此两人，我们来到台湾也不寂寞。我去美国，又知道一人。在他们南北战争时，有一位将军退休了，家住纽约。这位将军脾气不大好，一生独居，所用佣仆，一不开心就骂就打，工人来一个跑一个。有一中国山东人，名叫丁龙，来到将军家。这位将军照样打骂，丁龙生气也跑了。隔不几时，那将军家里起火，房子烧了一部分。丁龙又来了。那将军诧异说："你怎么又来了？"丁龙说："听说你房子被火烧了，正要人帮忙。我们中国人相传讲孔子忠恕之道，我想我应该来。"这位将军更惊异说："孔子是中国几千年前大圣人，我不知道你还能读中国古书，懂你们中国圣人之道。"丁龙说："我不识字，不读书，是我父亲讲给我听的。"那位将军就说："你虽不读书，你父亲却是一学者。"丁龙说："不是，我父亲也不识字，不读书，是我祖父讲给他听的。连我祖父也不识字，不读书，是我曾祖父讲给他听的。再上面，我也不清楚，总之我家都是不读书的种田汉出身。"那将军甚感惊异，留了丁龙，从此主仆变成了朋友，那位将军却受了感化。两人这样一辈子。等到丁龙要病死了，向那主人说："我在你家一辈子，吃是你的，住是你的，还给我薪水。我也没有家，没有亲戚朋友，这些钱都留下。现在我死了，把这些钱送还你，本来也是你的钱。"这位将军更惊异了，想："怎样中国社会会出这样的人？"于是他就把丁龙这一小笔留下的薪金，又捐上自己一大笔，一起送哥伦比亚大学，要在那里特别设立一讲座，专研究中国文化。这讲座就叫"丁龙讲座"。在全美国大学第一个设立专讲中国文化的讲座，就是哥伦比亚。现在美国到处研究中国文化，我想主要还该研究如何在中国社会能出像丁龙这样的人。其实这故事并不简单，非深入中国文化内里去，不易有解答。我若说丁龙是一个圣人，该是孟子三圣人中柳下惠一路。若说吴凤也是一圣人，该是孟子三圣人中伊尹一路。此也未尝不可说，至少他们都是一贤人。换句话说，都是一豪杰之士。明代人说，"满街都是圣人"，端茶童子也是圣人。中国社会上圣人多得是。圣人外流，跑到海外去，一个跑到台湾，就是吴凤。一个跑到美国，就是丁龙。在祖国，山东武训，不也是个圣贤吗？至少也是个豪杰之士。他讨饭，碰到人跪下，请你帮助，要去办学校。

八

这种故事太多了，不胜讲。诸位若把这标准来看中国二十四史，除了政治家、军事家、财政家、艺术家、学问家、宗教家等等，历史上还有很多人物，只是赤裸裸地一个人，没有什么附带的，也不要外在条件，只靠自己堂堂地做一人。现在我们大家要外在条件，觉得我们百不如人。若从历史上讲，时代不够外在条件、人物不够外在条件的也多得很。但孔子也是没有外在条件，碰到鲁哀公，卫灵公，碰来碰去总是不得意，然而孔子成为一大圣人。把我们今天的社会，和孔孟时代相比，或许还好一点。比南宋亡国蒙古人跑进来，明朝亡国满洲人跑进来，那更要好得多。比吴凤从福建来台湾，比丁龙从山东去美国，我们也要好得多。我们且莫太讲究外在条件，应该注意到我们内在的条件。这样始叫我们每个人都可做一个历史的主人翁。每一人也有每一人的一段历史，纵说是一段小历史，如吴凤、如丁龙，把这些小历史合拢来，便成为一部中华民族的大历史。我们的历史理想，其实即是我们的人生理想。若把我们的历史理想、人生理想都放在外面去，则权不在我，也不由我作主，试问哪还有何理想可言？

可是我们今天的社会风气，却愈转愈离谱。我在香港新亚书院时，有一学生从大陆来，上我课，听到"君子无人而不自得"一句话，他觉得这真是人生最大要求所在。他问我这个道理，我说："你且慢慢听，慢慢学。"他见我散步，也要学散步。他说："我读书程度浅，来不及，散步总该能。看你怎样散，我也怎样散，我散步庶亦可以自得其乐。"那学生极诚恳，极有志，可是别的同学有些会笑他，骂他。后来他觉得中国社会到处跑不进，转进教会，外国人却懂得欣赏他。现在他做了牧师传教，见了我，要来向我传教。他说："先生，我得你好处不少，我该同你讲讲耶稣吧。"唉！今天的中国社会，偏偏中国道理不能讲，要讲就给人家笑骂，要逼得你特立独行，只有学伯夷；那怎了得！所以今天我们至少要大家负起一些责任，隐恶而扬善，来转移风气。至少要使年轻人有条路走，不要弄得像今天样，除了去外国，好像前面无路。"文武之道，未坠于地，在人。"我们到乡村老百姓圈子里，在无知识人身上，或许还有一点中国文化影子。我们受这时代潮流的冲激太大了，我们都要变成一现代人，而我今天却特别提出"历史人物"这题目来讲。当然我不过随便举几个例，希望我们将来学校小学中学乃至大学的教科书，多讲一些人物，讲一些中国历史传统所看重的，即如何做人。要讲一个无条件的，赤裸裸的，单凭自己便能做到的"君子无入而不自得"的这一套。

（一九六八年十二月国防研究院"思想与文化"课讲演，
一九六九年八月《东西文化月刊》第二十六期刊载）

一四　中国历史上之名将

中国文化传统上有一特殊之点，即对"文""武"观念向不作严格之区分。历史上名将大帅，带兵打仗，赫赫当时，垂誉无穷的，极多数是文人学士，儒雅风流，而非行伍出身的专门人物。明太祖时，百司请立武学，明祖曰："文武不分途。"明祖崛起草莽，文武均非堪当，但他却说准了中国历史上的文武关系。本文正要从中国历史来证明明祖这句话。

在上古封建时代，贵族阶级内执政柄，外总兵戎，文武绾于一身。而且亦惟贵族，才有当兵资格。所以男子生则悬弧门外，成为古人之习俗。春秋时，晋、楚战于城濮，晋文公将出师，谋元帅，赵衰曰："郤縠可，说礼乐而敦《诗》《书》。"举此一例，可概其余。

下逮战国，有《孙子兵法》，其书著者尚不详，然至今备受欧美各国崇重，定为他们最高武学校的教本。此书并不专讲军事，亦可谓所讲乃兼及最高的人生哲学与政治哲学。军事本是人生中一事，而附属于政治。不懂得人生，不懂得政治，哪懂得军事。故最高军事哲学，必从最高人生哲学、政治哲学中发挥而来。孔子曰："吾道一以贯之。"庄子曰："技而进乎道。"只有在中国传统文化内，始有此成就。西方则各尚专门，乃有所谓军事专家。与中国观念自宜大不相同。

燕国有乐毅，后人以与春秋齐管仲合称管乐。其生平武功姑不论，其《报燕惠王书》，乃战国时数一数二享高名受传诵的大文章。不单因其文章好，乃因在其文章中所透露的君臣知遇，出处去就，功名恩怨，他个人所抱持的高风亮节，大义凛然，为千古莫能及的人格表现。因此，一大军事家，同时可即是一大政治家，亦是一圣贤俦伍中之大哲人。

下到汉代，出于胯下的韩信，萧何称之为"国士无双"。他能诵兵法，能驱市人而战，而且能多多而益善。他又懂得要师事败将李左车。而且他拥重兵，独王一方，却誓不背汉王。据这些事，他真是一名将，一大将，而且亦可称是一儒将风范。

在西汉将才中，如周亚夫抗拒吴楚七国，如严助浮海救东瓯，如赵充国西羌屯田，细读他们的史传，自知他们都不仅是一武人。尤其如赵充国的文章，条理明备，干练通达，俨似一近代式的专家。

东汉光武中兴，一时部伍，如王霸、吴汉、耿弇、寇恂、邳彤、冯异、岑彭、邓禹、马援那一伙人，何尝有一个是经受军事训练出身的军事专才。只为通人事，亦自通政事，兼

一四　中国历史上之名将

通军事，因缘时会，勋绩彪炳。也可说，中国历史上多出军事天才，正为中国人一向懂得尊重人事，讲究人事，所以成为一"通情达理"之人，遂亦能当一理想的军人。班超以一低级下吏，出使西域三十六国，扬名国外。只因他历练了吏事，吏事亦是人事。虽属文事，却可由此兼通了兵事和武事。

三国时，如曹操、诸葛亮，莫非胸罗群书，文采斐然，为一辈文人所弗及。他们的军事杰出，今不论。关羽治《春秋》，也是人人皆知。此外难更仆数。而使后人低徊向往的，有如魏羊祜与吴陆抗之对垒，使命常通。抗遗祜酒，祜饮之不疑。抗求药于祜，祜与之，即服，曰："岂有酖人羊叔子。"以此较之诸葛亮、司马懿阵前交际，闲情雅量，更不知要胜几许倍。若我们读《春秋左氏传》，便知此一风范，也是其来有自。此之谓"文化传统"。但在衰乱世的军事对抗中有此嘉话，邈在云天，高不可攀，真使人想望而无已。

杜预平吴，他的《春秋左氏传注》，被列入《五经正义》乃及《十三经注疏》中，至今不替。史传称其"身不跨马，射不中的，而用兵制胜，诸将莫及"。那更可当得一学者型的将才了。

陶侃为东晋征西大将军，在军中，尝语人曰："大禹圣人，乃惜寸阴。至于众人，当惜分阴。"此语流传千古，至今人人称道。其运甓故事，亦人人皆知。尝治船，竹头木屑皆令人籍记典掌，到后随处有用。时人称其"机神明鉴似魏武，忠顺勤劳似孔明"，陆抗诸人不能及。陶侃正是在处理人事上能居第一等，移之处理军事，自然绰有余裕。

桓温亦是一文人，兼是一能将。但以"大丈夫不能留芳百世，亦当遗臭万年"，一念之错，身败名裂。所以在后代，陶侃可比诸葛亮，桓温只能比曹操。可见军人还如其他一切人，兵事、政事、人事，干济、学问、修养之外，最高还要有一"人品"在。此乃中国文化传统中，至高无上的特点。

唐太宗李世民，神武英明，古今莫匹。但他本只是当时太原留守李渊的一个官家子。随父参加军事，尚在青年。有一次，他在军中，不食二日，不解甲三日。军中有一羊，与将士分而食之。此若小节，然堪当大将之任者即在此。今另举一端言之，他在军中即有大批僚属，房玄龄、杜如晦皆在。房善谋，杜善断，是他们在军府中之表现，并不是以后掌国柄后始知。太宗有十八学士，皆在军府中。凡中国历史上大将之才，必能善知人，善用人。所知所用，不仅是前线武人，更要是幕中文人。若使自不通文，何能知人善用。楚霸王叱咤风云，震压一世，但有一范增而不能用。汉高祖临阵远不敌楚王，但能用韩信、张良、萧何，一任前敌大统帅，一任总参谋，一任后勤。近代西方，始知军事上当有此三大任务之分类，但汉高祖用人早与暗合。汉光武军中幕僚，即是其开国元勋。魏武帝幕府人才之盛，文士谋臣之分途广而为数多，则尤在汉光武之上。唐太宗更然。而如近代曾国藩之幕府宾僚，更为一时艳称。军府乃一大集团，汇合各色人才之群策群力，以济一时之用，则军府即是一小政府，而岂匹夫之勇之所能胜任！

又如安史乱时，颜真卿、颜杲卿，皆以文人牵进军事，而皆卓然有表现。更如张巡守雍丘，雷万春为将，于城上与寇将令狐潮相闻。弩射其面，中六矢，不动。疑其乃木人。嗣知其非，乃大惊。潮语巡曰："向见雷将军，知君军令矣。然如天道何！"巡告之曰："君未识人伦，焉知天道。"后转睢阳，与许远同守，以一孤城屏障江淮，保留此下唐代元气，关系以后一千几百年来之中国历史者甚深且巨。张巡、许远与雷万春、南霁云之徒，虽同以身殉，而庙食江南；迄于余之幼年，犹亲祭拜焉。惟新文化运动乃斥之曰"礼教吃人"。是亦"未识人伦，焉知天道"也。而明祖文武非两途之说，亦由此益证其不误。

又如吴元济蔡州之乱，李愬平之。史称其"俭于奉己，丰于待士，知贤不疑，见可能断"，所以成功。凡中国历史上称道一武将成功，决不专重在其临阵打仗上。而韩愈《平淮西碑》，乃多叙裴度事。愬不平，诉碑辞不实。诏磨之，由段文昌重撰。此事极滋后人之讥议。李商隐有《读韩碑诗》曰："公之斯文不示后，曷与三王相攀追。"苏轼诗："淮西功业冠吾唐，吏部文章日月光。千载断碑人脍炙，不知世有段文昌。"其实东晋淝水之战，领兵当前线者乃谢玄、谢石，而当时及后世，群推谢安。安与玄山墅围棋，永为历史上美谈。玄是安之兄子，石乃安弟。安特举此两人。有人说："安违众举亲朋也。玄必不负举，才也。"已而果然。中国人意见，文事必先于武力，安内必先于攘外，故政治必先于军事。汉高祖亦有功臣、功狗之喻。裴度与谢安同是文人，而史臣亦以韩碑意赞裴度。但却不能说此乃中国人之重文轻武。而如张巡之与雷万春，尤更显然。此亦所谓人伦之一端。人伦即天道，何谓文武高下，而又岂昧者之所识乎！又如柳公绰亦文人，亦在蔡州役中有贡献。此等事全部二十五史到处可觅，姑举于此，以当一例。

宋代如寇準劝真宗渡河亲征，论其情势功绩，亦当上媲谢安、裴度矣。其下如韩琦、范仲淹，皆以文人主边防。边人为之谣曰："军中有一韩，西贼闻之心胆寒。军中有一范，西贼闻之惊破胆。"及南宋，如韩世忠之梁夫人，黄天荡亲操桴鼓，又为中国历史上女子从军之一例。而岳飞则与关羽同尊为武圣。史称："飞览经史，雅戏投壶，恂恂如诸生。"其所填《满江红》词，到今传诵。其所书诸葛《出师表》，可睹其笔法之精。而曰："文臣不爱钱，武臣不怕死，则天下太平矣。"即此一言，便足不朽，更何论于立德立功！则其人又岂得专以一武人目之？

吴玠兄弟在蜀，只以文人领军事。玠善读史，往事可师者，录置座右。积久，墙牖皆格言。虞允文采石之捷，刘琦执其手曰："朝廷养兵三十年，大功乃出一儒生。"宋祖鉴于五代之弊，重用儒臣，一时若有文武分途之观念；然儒臣报国，不下于武臣；而武臣修养，亦无逊于文臣。中国文化传统之精义，赖以重光。至文天祥，亦以文人绾军符。其《正气歌》，尤足以感天地而泣鬼神。国社虽覆，而民族精神则不坠益张。

明代如于谦之对付也先，王守仁之平宸濠，俞大猷、戚继光之御倭寇，皆文人，而功在邦国，辉赫史乘。戚继光之《纪效新书》《练兵纪实》，尤为谈兵者所遵用。下逮晚清，曾国藩平洪杨，亦取法焉。而尤如袁崇焕之经略关外，卢象昇之剿僇流寇，可歌可泣，沁人肺腑。而至于史可法扬州殉难，在中国近代史上，堪与岳飞、文天祥齐称为民族精神之三良。而乌有所谓文武之分途乎？惟败于政事，不败于疆场，尤更使读史者感慨悼念于无已。

中国人尤有一名言，曰："将在外，君命有所不受。"此又与上述廊庙重于疆场之意适相反。非深晓于中国人传统观念中，有关于军事观念、政治观念以及人生哲学之大义深旨者，不能晓。非其人，亦不当妄援此语以自恣。曾国藩在晚清，亦以文人参戎务。其讨平洪杨，先定一通盘之作战计划，治水师，造战船，自武汉而九江而安庆，沿江东下，卒克金陵。然皆出于其职分与命令之外。清廷遇急需，每有调遣，国藩无不宛转逃卸，而终不转变其逐步推进之大方针，揽大江上下游之权重于一身，而终克有成。若一依君命，则事功成败，渺不可必。然国藩固非好擅权，好违命。迄其成功，而其身所训练之湘军，相率解甲归田。此下继剿捻匪，已早为筹划安排了淮军之新起，以终其大任。以一在外疆吏，而统谋全局，中央命令，置之不顾。论其志虑所存，则一切为公不为私。论其部署所定，则一切惟私自专，君命不以屑怀。此之谓"文武才德"。如国藩，可谓其通文武、兼才德而有之矣。此又岂临阵决胜负之一将之勇之所能望其项背乎！

即如最近美国名将麦克阿塞，于南北韩交兵时趑趄不前，终以老兵资格召还，而南北韩亦于汉城近郊板门店议和。迄今不仅美国、南韩受其害，世界其他非共国家之同受其害者，又何可胜数。果使麦克阿塞亦能明及中国传统此一名言，则当前之全世界，岂不当为之改色？此亦诚一至堪惋惜之事矣。附识于此，亦是中国传统文化之未可妄恣轻薄之一端。

以上拉杂陈述中国历史上之名将风范，智、仁、勇三德兼备，军务、政事乃至于人生大道之融通一气；此之谓"明体达用"，乃中国文化传统中之理想人格，大圣大贤之规模，而岂以搏斗格杀为能事，以暴虎冯河为果决之所堪同日并语。故中国文化传统中之将才武德，非熟读历史上之名将事迹，则不足知之。而如《孙子兵法》之宏深哲理，苟非具此知识，亦不能真切了解。如赵括之徒读兵书，则仅足供人以嗤笑与鉴戒。

今日国人，率认中国文化重文轻武，又谓中国传统积弱不振。诚使其然，又乌能有此绵历数千年，广土众民，一举世无伦之大国家之屹然常在。中国人又曰："止戈为武。"此即《孙子兵法》所谓"以不战屈人之兵"也。非此文德，又乌足以言武事？今日国人，亦率知中国民族爱好和平；然非能止戈屈人，又乌有和平之可期？当今大难当前，吾负责护国卫民之三军将士，其共研此义。而亦待全国上下，共晓此义，

一四 中国历史上之名将

乃能相与以有成。苟使武人而不通文，文人而不习武，亦惟有愧对吾民族先人而已。蒋公复兴文化之号召，亦此物此旨也。敬撰此文，以应《青年战士报》二十有五周年纪念大典之庆祝。一九七七年之十月。

（一九七七年十月台北《青年战士报》载）